Maverick 03

Titolo originale *Klimaungerechtigkeit: Was die Klimakatastrophe mit Kapitalismus, Rassismus und Sexismus zu tun hat*

www.einaudi.it

ISBN 978-88-06-26524-3

Friederike Otto

Ingiustizia climatica

Perché combattere le diseguaglianze può salvare il pianeta

Traduzione di Armando Canzonieri

Einaudi

Ingiustizia climatica

Capitolo primo

Mettere a fuoco l'ingiustizia

Dall'inizio della rivoluzione industriale, la temperatura media globale è aumentata di oltre un grado. Il fatto che all'inizio del 2023 il riscaldamento globale, rispetto all'inizio dell'Ottocento, sia arrivato a 1,2° Celsius* può sembrare una cosa di poco conto, ma non è cosí. Per un pianeta – e anche per tutti gli esseri che lo abitano – c'è una enorme differenza se la temperatura media rilevata sulla terraferma e sulle acque è di 14° o di 15,2°. Lo stesso discorso vale per un corpo umano: c'è un'enorme differenza tra una temperatura corporea di 37° o di 38,2°. Il nostro pianeta non è mai stato cosí tanto caldo nella storia della civiltà umana quanto lo è oggi.

Nel mondo nel quale viviamo l'incremento della temperatura che ha accompagnato la rivoluzione industriale ha subíto una drammatica accelerazione verso la fine del XX secolo. E anche oggi, nel primo quarto del XXI secolo, procede a velocità sostenuta. Se da un lato rappresentiamo il cambiamento climatico attraverso un numero che indica, in modo astratto, la temperatura media globale, dall'altro lo avvertiamo concretamente nell'innalzamento del livello dei mari, nello scioglimento dei ghiacciai, nello spostamento delle stagioni. Ma non c'è dubbio che questa presenza sia percepita in modo ancora piú marcato durante le ondate di caldo, nei periodi di siccità, durante le inondazioni (eventi che hanno un ruo-

* Tutte le temperature segnate all'interno del testo sono espresse secondo la scala Celsius. L'unità di misura non verrà piú espressa per facilitare la lettura [*N.d.T.*].

lo molto importante all'interno di questo libro). Tutti questi eventi meteorologici estremi stanno subendo delle modificazioni, si presentano spesso in modo piú violento, e anche la loro frequenza sta aumentando.

Questo non significa che il nostro pianeta non abbia mostrato già all'incirca cento anni fa dei sintomi connessi a questa specie di febbre, e che le persone non abbiano già da allora dovuto affrontare il cambiamento climatico per sopravvivere. Le ondate di caldo che negli anni Trenta del Novecento (durante il periodo del cosiddetto Dust Bowl) hanno letteralmente trasformato le immense praterie degli Usa in una conca di polvere, causando la morte di molte persone in Oklahoma, Kansas, Texas, New Mexico e Colorado, o mettendo a repentaglio le condizioni base della loro esistenza, sono state cosí violente anche per via del surriscaldamento globale[1]. Allo stesso modo, la drammatica inondazione della città sudamericana di Huaraz, che nel 1941 è stata quasi completamente distrutta da una valanga di fango, avrebbe avuto, senza il cambiamento climatico, un impatto meno distruttivo, causando, verosimilmente, anche un numero minore di vittime[2]. In breve: le ondate di caldo ci sono sempre state ma, a causa del cambiamento climatico, come proverò a mostrare nei prossimi due capitoli, stanno diventando sempre piú pericolose. Questo significa che per tutte le piante e gli animali che non sono stati in grado di adattarsi velocemente e sufficientemente negli ultimi decenni ogni soglia di sopportazione è già stata oltrepassata. Lo stesso discorso vale, naturalmente, anche per l'essere umano.

Una situazione del genere può essere considerata accettabile?

Una simile domanda non è stata per molto tempo neanche posta in modo esplicito, oppure si è risposto, implicitamente, con un forte e chiaro «sí» attraverso l'uso sempre piú massiccio di combustibili fossili.

Nel frattempo, in molti paesi, il dibattito su quale sia la soglia-limite dell'incremento della temperatura media globale si è fatto strada, arrivando a occupare un posto centrale all'interno della società. L'accordo sul clima di Parigi del 2015 ha posto questo limite «ben al di sotto di 2° rispetto ai livelli preindustriali», e in quell'occasione i paesi firmatari hanno sottoscritto l'impegno per perseguire «l'azione volta a limitare tale aumento a 1,5° rispetto ai livelli preindustriali»[3].

Questa cifra è diventata da allora l'etichetta identificativa della lotta al cambiamento climatico e ha dato una forma al modo in cui noi parliamo del nostro futuro. Nei media, in politica o anche in contesti privati si discute continuamente di questo «obiettivo 1,5°» e della febbre come sintomo della malattia. La comunità scientifica che si occupa del clima sottolinea di continuo che 1,5° non è assolutamente un proposito, ma una soglia ultima e oltrepassarla potrebbe avere delle conseguenze catastrofiche. Per rendere l'idea si usa spesso la metafora di un'auto che corre senza freni verso un muro o di un asteroide che potrebbe precipitare sulla Terra. Sono metafore che possono essere d'aiuto se si vuole rendere chiara la gravità del problema, eppure sono del tutto inappropriate per farci capire il tipo di problema con cui dobbiamo, effettivamente, fare i conti.

Quando l'aumento medio della temperatura globale avrà oltrepassato la soglia di 1,5°, la maggior parte delle persone che stanno leggendo queste pagine verrà a saperlo solo attraverso dei report (e alcuni di questi saranno piú illuminanti di altri). Moltissime altre, però, non saranno altrettanto fortunate, perché avranno già perso tutto a causa di un'inondazione – quando il termometro planetario segnerà +1,3° –, oppure, raggiunta la soglia di +1,4°, avranno perso la vita a causa di un'ondata di caldo. Se trattiamo questo «obiettivo 1,5°» solo come una soglia fisica, allora le morti e le perdite rischiano di non essere completamente percepite, cosí come il fatto che dobbiamo investire in strategie di adattamento. E questo perché anche se riuscissimo a non superare la soglia di 1,5° la Terra diventerà comunque un luogo non piú ospitale per moltissime persone. La magica cifra di 1,5° indica un compromesso. Un compromesso fra morti, danni, perdite, da una parte, e profitti provenienti dai combustibili fossili, dall'altra. Si tratta, quindi, di un obiettivo politico. Tale cifra non indica qualcosa di meramente fisico, ma una soglia sociale.

Ogni incremento del surriscaldamento globale di un decimo di grado porta a danni e perdite sempre piú ingenti, eppure il fatto che questi ricadano *sulla pelle di determinate persone* e *come* vengano percepiti dipende solo in minima parte dalle condizioni meteo e dal clima.

Momenti istruttivi.

Come ricercatrice mi occupo di eventi meteorologici estremi, dal momento che sollevano questioni cruciali; tra queste, anche quella relativa all'incidenza effettiva che il cambiamento climatico ha sulle condizioni meteo. Quando ho iniziato a occuparmene, la maggior parte degli scienziati e delle scienziate ritenevano che non fosse possibile rispondere a una tale questione. Una convinzione che aveva da un lato delle ragioni tecniche, in quanto per lungo tempo la ricerca sul clima non ha avuto a disposizione dei modelli meteorologici in grado di mappare tutti i processi che ne dipendono in modo abbastanza dettagliato (processi che i ricercatori e le ricercatrici avrebbero dovuto esaminare per stimare il ruolo del cambiamento climatico). Dall'altro lato però dipendeva anche da ragioni che hanno poco a che fare con la ricerca pura e semplice. Proviamo a immaginare, ad esempio, delle inondazioni a Monaco di Baviera, Roma o Londra e delle piogge torrenziali nelle baraccopoli nei pressi della città costiera sudafricana di Durban. Il modo in cui le persone in luoghi diversi vivono queste condizioni meteo estreme dipende, come vedremo in modo piú dettagliato in seguito, dalla situazione economica e sociale che caratterizza quegli specifici luoghi e quindi, fondamentalmente, dalla loro situazione politica. Studiare il meteo – e il ruolo del cambiamento climatico – nel modo in cui io cerco di farlo, è quindi anche, sempre, una questione politica, ed è questo a rendere tale oggetto di ricerca scomodo agli occhi di molti scienziati e scienziate. Per mostrare che entrambi gli ostacoli, sia quello tecnico sia quello politico, possono essere superati ritengo sia importante sottolineare da un lato che i nostri modelli climatici sono diventati nel tempo sempre migliori, dell'altro che anche nella comunità scientifica è ormai assodato che non si possa fare ricerca restando lontani da ciò che accade nel mondo reale. Considero gli eventi meteo alla stregua di *teachable moments*, cioè come momenti istruttivi che mostrano in modo molto chiaro come il cambiamento climatico colpisca concretamente le persone e come venga percepito da queste nei luoghi in cui si manifesta.

Il concetto di *teachable moments* proviene dalla sociologia e sta a indicare un momento in cui è possibile apprendere qualcosa in modo particolarmente efficace e semplice. Possiamo pensare a un bambino che fa esperienza per la prima volta della neve: si tratta di un momento perfetto per apprendere qualcosa sui diversi stati di aggregazione dell'acqua. Gli eventi meteorologici estremi sono, piú che altro, una complessa sfida istruttiva, in quanto chi li indaga è portato a chiedersi sia che cosa possono insegnarci sia, soprattutto, chi può apprendere qualcosa da essi. All'inizio ritenevo che le ondate di caldo o le inondazioni avrebbero potuto mostrarmi sostanzialmente qualcosa in merito alle modificazioni provocate dal cambiamento climatico nell'atmosfera. Il mio ragionamento era: riuscendo a comprendere meglio le ripercussioni atmosferiche, avrò anche appreso un po' sul meteo nell'epoca del cambiamento climatico. Ma di fatto mi sono trovata a imparare molto di piú.

Ad esempio, ho compreso la complessa relazione tra eventi meteo estremi e rischio. E questo perché per poter sapere con esattezza che tipo di pericolo ci sia nel vivere un periodo di siccità in un certo luogo, e quali persone ne sono interessate, abbiamo bisogno di un'enorme quantità di informazioni. I fattori che entrano in gioco sono soprattutto tre: il pericolo naturale, il modo in cui vi siamo esposti – si parla in questo caso di «esposizione» – e la vulnerabilità, cioè il grado di fragilità con cui affrontiamo il pericolo naturale.

La sede di Bonn dell'Ufficio delle Nazioni Unite per la riduzione del rischio di catastrofi (Undrr) nel 2022 ha definito i pericoli naturali come dei fenomeni che «possono causare la morte, lesioni o altri impatti sulla salute, danni alla proprietà, disfunzioni sociali ed economiche o degrado ambientale»[4]. Un pericolo naturale di questo tipo si è presentato nel 2022 nell'Africa occidentale, quando la popolazione di intere regioni ha dovuto affrontare drammatiche inondazioni durante la stagione delle piogge (che si estende da maggio a ottobre). Queste inondazioni sono state causate, in parte, da forti precipitazioni superiori alla media che, come abbiamo scoperto il mio team e io, sono state significativamente piú intense per via del cambiamento climatico[5]. Le precipitazioni quindi sono senza dubbio un pericolo naturale, ma il cambiamento climatico causato dall'essere umano le ha rese cosí intense da trasformare tale pericolo in qualcosa che non è piú solo naturale.

A contribuire in modo significativo alle inondazioni, in particolare in Nigeria, è stata l'apertura di una diga nel vicino Camerun, che ha inondato vaste aree del delta densamente popolato del fiume Niger. In un'area che corrisponde appena a un terzo della superficie del Regno Unito, una popolazione di oltre trenta milioni di persone (che è quasi la metà di tutta la popolazione britannica) si trova a essere particolarmente esposta alle precipitazioni, e con essa, naturalmente, anche gli ecosistemi locali, gli edifici e le infrastrutture (ponti, strade, acquedotti). Questa condizione di rischio rispetto ai pericoli meteorologici e naturali non è un segreto. E infatti proprio nella parte nigeriana del delta del Niger avrebbe dovuto esserci una diga di sbarramento, che avrebbe potuto fermare l'acqua. Eppure la diga non è stata mai costruita[6] e cosí le persone, sia a causa delle scarse infrastrutture sia dell'elevato tasso di povertà, risultano essere particolarmente fragili o *vulnerabili*, e quindi il loro margine di adattamento ai pericoli è molto piú ristretto.

La questione è quindi: come le condizioni meteorologiche si trasformano in una catastrofe?

Negli ultimi anni abbiamo appreso molte cose in merito alle diverse sfaccettature del rischio. Ad esempio, oggi sappiamo con chiarezza che a causa del cambiamento climatico le ondate di caldo variano in modo piú marcato rispetto ad altri fenomeni meteorologici (come vedremo nel secondo capitolo). Ogni studio condotto da me e dal mio team cerca di rispondere, per una piccola parte della popolazione mondiale, proprio a questa domanda: che cosa significano concretamente queste variazioni? All'interno delle nostre ricerche – in ambiente accademico si parla di «studi di attribuzione» – non analizziamo solo lo storico dei dati meteo e i dati meteo attuali, ma prendiamo in considerazione anche informazioni sulla densità della popolazione, sulle strutture socioeconomiche e sugli aspetti piú disparati legati all'evento in questione, cosí da avere un'immagine il piú possibile dettagliata di ciò che concretamente è accaduto e di chi è stato colpito. Solo in un secondo momento ci chiediamo se il cambiamento climatico abbia avuto una qualche incidenza. Per portare avanti le nostre ricerche lavoriamo con differenti set di dati che includono un elevato numero di prospettive diverse: lo sfruttamento del suolo, le attività vulcaniche, la naturale variabilità meteorologica o i livelli dei gas serra e di altri inquinanti e molto altro. Con il supporto di modelli climatici simuliamo, detto in modo grossolano, due diversi mondi: uno nel quale il cambiamento climatico di natura antropica è presente e uno nel quale è assente. In conclusione calcoliamo, con l'ausilio di diversi metodi statistici, quanto siano frequenti o intense le ondate di caldo in uno specifico luogo, sia nel mondo dove il surriscaldamento causato dall'essere umano è presente sia nel mondo in cui questo fattore è assente. Prendiamo ad esempio l'ondata di caldo che ha colpito la Siberia nel 2020: nella località di Verchojansk, situata nella Siberia orientale – uno dei cosiddetti «poli del freddo» dell'Asia, che a lungo è stata considerata l'area abitata piú fredda del pianeta –, sono state registrate temperature record di 38°. Le analisi di attribuzione indicano che senza il cambiamento climatico causato dall'essere umano un tale caldo sarebbe stato quasi impossibile in quei luoghi. E ciò vale anche per i 40° registrati durante l'estate londinese del 2022.

A determinare il fatto che un fenomeno meteorologico si trasformi in una catastrofe o meno sono, però, la vulnerabilità e l'esposizione. Gli effetti degli eventi meteo estremi dipendono sempre dal contesto; quindi valutare chi è in grado di proteggersi e le modalità con cui può farlo è sempre di fondamentale importanza. Ed è per questo che la nozione di «catastrofe naturale» è del tutto inappropriata, nonostante venga continuamente usata dai media e nei dibattiti politici. Inoltre, è possibile che piú eventi estremi che hanno luogo contemporaneamente, o che si susseguono l'uno all'altro, si sovrappongano dando vita a fenomeni complessi, le cui ricadute, spesso, non hanno nulla a che fare con il meteo, come nel caso della pandemia da Covid-19. Ognuno di questi eventi contribuisce a indebolire le persone, le comunità e le società.

Un nostro studio del 2021 ha dimostrato, ad esempio, che nel Sud del Madagascar l'insicurezza alimentare connessa alla siccità fosse stata causata principalmente dalla povertà, dalla mancanza di strutture sociali e da una forte dipendenza dalle precipitazioni, e non dal cambiamento climatico di natura antropica (nel quinto capitolo ci ritornerò in modo piú dettagliato). Eppure all'epoca i report e i resoconti internazionali rispetto a ciò che stava accadendo in Madagascar hanno menzionato solo il meteo e il clima, proprio come nel caso delle inondazioni in Nigeria. Seguendo i media internazionali era quasi impossibile desumere che le infrastrutture rimaste incompiute per decenni avessero contribuito in modo decisivo alla catastrofe alluvionale.

Il modo in cui gli eventi estremi vengono descritti, e quindi anche ciò su cui viene principalmente posta l'attenzione dai media, non influisce solo su quelle che riteniamo essere le contromisure da prendere. Influisce anche rispetto a chi riteniamo essere responsabile nell'attuazione di questi passi necessari. Descrivere gli eventi meteorologici estremi come momenti che ci raccontano esclusivamente qualcosa sul cambiamento climatico finisce per occultare fattori che influiscono in misura analoga se non ancora piú intensa di questo; e tutto ciò offre un comodo argomento di discussione alle classi politiche che cercano di distogliere l'attenzione dalle decisioni non prese e dalla mancanza di pianificazione a livello locale. Studiare il meteo, dunque, ci insegna molte cose che non riguardano strettamente il clima.

Il fatto che le infrastrutture sia in Madagascar sia in Nigeria siano cosí carenti, fragili e spesso completamente assenti, ad esempio, ha a che fare in particolare con due aspetti: con la profonda distruzione delle strutture sociali che caratterizza quei luoghi – distruzione avvenuta sotto la dominazione coloniale inglese, francese e, in parte, anche tedesca – e, allo stesso tempo, con una condizione di estrema disuguaglianza all'interno della popolazione. Disuguaglianza tra i generi, tra poveri e ricchi, tra differenti gruppi etnici. È solo per via di tutti questi fattori che il cambiamento climatico diventa un problema cosí rilevante. Accanto alle palesi forme di disuguaglianza, causata dalla mancanza di infrastrutture e dalla povertà, ci sono anche molti altri ambiti in cui questa rende le persone vulnerabili agli eventi estremi, anche se risulta meno visibile (come vedremo in seguito).

Chi si occupa di studiare gli eventi meteorologici estremi punta una sorta di lente d'ingrandimento sulle società e osserva come l'interazione tra meteo, clima, condizioni geografiche, informazione, comunicazione istituzionale, strutture governative e condizioni socioeconomiche porti a una catastrofe; e in particolare osserva su chi poi questa ricade. Ciò che ho appreso, soprattutto grazie allo studio degli eventi estremi, è che la crisi climatica, sin dalle sue origini, è una crisi profondamente influenzata dalla disuguaglianza e dal predominio di strutture patriarcali e coloniali mai messe in discussione[7]. Fenomeni come le precipitazioni piú intense o l'aridità del suolo hanno, quindi, effetti solo indiretti. Detto in modo sintetico: il cambiamento climatico è un sintomo, e non la causa, di una crisi globale che riguarda la disuguaglianza e l'ingiustizia. Le catastrofi connesse al clima non hanno a che fare con la sfortuna o con il destino, ma sono essenzialmente intrecciate con un qualche torto e una qualche forma di ingiustizia che qualcuno ha subíto e continua a subire. Questo vale nel piccolo, laddove ad esempio le strutture patriarcali permettono che le donne in gravidanza, nelle società tradizionali, lavorino all'aperto durante le ondate di caldo estremo, perché il lavoro nei campi per il sostentamento viene valutato come un «lavoro da donne» (si veda a tale riguardo il terzo capitolo). Oppure quando i sussidi vengono versati al capofamiglia (maschio) e non arrivano mai nelle mani di chi deve portare il cibo a tavola. Ma l'ingiustizia si mostra anche su scala diversa e globale. Se guardiamo, infatti, il campo scientifico legato al clima, notiamo che è dominato da maschi bianchi con un background quasi esclusivamente focalizzato sulle scienze della natura, che conducono soprattutto ricerche sui fattori fisici del clima, mentre lasciano in ombra, sullo sfondo e non indagate parecchie altre questioni. Cosí soltanto un numero sin troppo esiguo di studi si confronta con l'azione reciproca a livello globale tra modificazioni atmosferiche e sociali nel quadro di un clima in trasformazione. Non c'è da stupirsi dunque se tuttora mancano risultati di ricerca solidi, che possano darci informazioni su basi scientifiche rispetto alle questioni relative ai danni e alle perdite dovuti alle politiche climatiche globali. Questo quadro rende ancora piú difficile riuscire a mostrare come le pratiche coloniali, che il Nord del mondo ha condotto per secoli nei confronti dei paesi del Sud, continuino ad influenzare il nostro modo di vivere, pensare e agire.

La maggior parte della popolazione del pianeta soffre maggiormente l'impatto della crisi climatica, proprio perché è stata abbandonata a se stessa dai paesi del Nord globale. Il cambiamento climatico deve essere compreso solo a partire da questo sfondo, e non saremo in grado di gestirlo se non sapremo porre rimedio alle dinamiche di ingiustizia radicate nella storia mondiale.

Prima di iniziare a occuparmi degli eventi meteorologici estremi e delle loro conseguenze, io stessa non ero cosciente di quanto il nostro mondo fosse ancora plasmato dall'idea di dominio: il dominio dell'«Occidente» sul resto dell'umanità, ma anche sull'intero pianeta.

Proprio per via di questa idea di dominio il mondo per molti di noi è proprio come dovrebbe essere: un mondo che brucia combustibili fossili perché può permettersi di farlo. Un mondo nel quale molte persone continuano a mangiare tutta la carne di cui hanno voglia, senza curarsi delle conseguenze. Ci interroghiamo troppo raramente in maniera critica su uno stile di vita che per molti è ancora l'immagine di un'esistenza di successo. Ancora piú di rado indaghiamo le radici del nostro modo di pensare e su che cosa l'abbia reso cosí pervasivo. Tutto ciò comporta che noi oggi ci concentriamo solo sulle sue conseguenze, ignorandone le cause sociali, politiche e culturali. Ci impegniamo nel misurare le emissioni di gas serra e l'incremento della temperatura globale, calcoliamo le conseguenze sull'atmosfera della combustione di materiali fossili per produrre energia e del disboscamento delle foreste. Cosí facendo il cambiamento climatico diventa quell'asteroide, una sorta di minaccia ambientale con la quale ha senso lottare attraverso i piú diversi espedienti tecnologici (grandi dighe di sbarramento, biocarburanti e fantomatici carburanti a idrogeno), oppure attraverso giochi aritmetici relativi alla compensazione delle emissioni di CO_2. Ma finiamo per dimenticare che la posta in gioco non è la fine del pianeta, né quella dell'intera umanità. Il pianeta continuerà a esistere. Cambierà aspetto e cambieranno aspetto anche molti dei suoi ecosistemi. Forse, un giorno, non sarà piú dominato dai mammiferi e, probabilmente, sarà un mondo essenzialmente abitato da insetti. Oppure l'essere umano sarà l'unico mammifero a sopravvivere, in un deserto grigio dove ogni altro essere sarà sottomesso e sfruttato come fonte di alimentazione. Visti dall'esterno scenari del genere non sono né buoni né cattivi. È dal punto di vista umano che il cambiamento climatico è negativo e questo non perché ci metta in pericolo come specie, ma come società. Ciò che dobbiamo salvare non è né il clima né l'umanità. Si tratta di salvare niente di piú e niente di meno della dignità e dei diritti delle persone, di tutte le persone.

Clima, dignità e diritti.

Quando affermiamo che il cambiamento climatico è un problema, perché danneggia la dignità e i diritti umani fondamentali, non stiamo dicendo qualcosa di nuovo. È il motivo principale per cui si parla di questo tema a livello internazionale.

Durante le Conferenze mondiali sul clima delle Nazioni Unite, le cosiddette Cop (cioè le Conferenze delle parti della Convenzione quadro delle Nazioni Unite sui cambiamenti climatici) a essere oggetto di discussione non sono mai gli orsi bianchi o il tramonto dell'umanità. Si parla sempre di vite e di mezzi di sussistenza; e naturalmente anche di questioni economiche, che comunque non hanno un ruolo principale, anche se è una parte del problema che evidentemente viene sempre tenuta in conto. A dimostrarlo, ad esempio, è il già discusso «obiettivo 2°», che senza dubbio tiene in considerazione il rapporto economico costi-benefici, ma resta comunque un proposito politico che, tra l'altro, non è stato per nulla esaminato dal punto di vista scientifico: non esiste uno studio che lo abbia promosso o raccomandato[8]. E questo per delle buone ragioni, perché lo si è definito, in ultima analisi, sulla base di una valutazione etica, che si può esprimere chiaramente in termini politici: qual è il costo in vite umane, barriere coralline, insetti che siamo disposti a pagare a breve termine per continuare a usare combustibili fossili relativamente economici nel Nord del mondo?

Dal momento che il discorso sui «pericoli del cambiamento climatico» rimanda infine alla questione politica di quando si dovrà fare i conti con queste minacce e chi riguarderanno, sono stati in particolare i paesi a basso reddito del Sud globale e la piccole nazioni insulari a lottare per abbassare la soglia dell'obiettivo a 1,5°. E questo non perché superarla significherebbe giungere a una qualche devastante fine del mondo, ma perché nei *mercati emergenti* – per usare l'espressione cinica neoliberale con la quale oggi ci si riferisce ai paesi del Sud del mondo –, molte persone già ora stanno perdendo i mezzi di sussistenza essenziali per vivere.

La formula è terribilmente semplice: tanto piú noi siamo ricchi e viviamo una vita privilegiata, tanto meno siamo soggetti alle conseguenze fisiche del surriscaldamento. Ma se ribaltiamo questo discorso, allora: tanto piú fragili sono le condizioni di esistenza, quanto piú si soffre per le conseguenze del cambiamento climatico. Sia che si tratti di ragioni economiche – ad esempio perché le persone non sono nelle condizioni di poter stipulare una qualche assicurazione, oppure sono costrette a vivere in abitazioni con un pessimo isolamento termico o mal costruite – o sociali, come nel caso di chi non ha alcun accesso alle informazioni e, quindi, non ha alcuna possibilità di prepararsi. Tutto ciò vale sia lungo l'asse globale nord-sud, sia nei rapporti di disuguaglianza all'interno dei paesi ad alto reddito.

Il cambiamento climatico funziona come un gigantesco amplificatore: proprio come la pandemia da Covid-19 ha acuito i problemi a livello sociale, questo rende piú profonde le forme di disuguaglianza già in atto, che distruggono la fiducia, la solidarietà e il senso di comunità, riducendo la disponibilità delle persone a impegnarsi per il bene comune.

Ciò significa che determinati gruppi marginalizzati della popolazione globale lo diventeranno sempre di piú, e chi già vive in condizioni precarie deve prepararsi ad affrontare pericoli ancora maggiori, che potranno degenerare fino al conflitto sociale e alla guerra. Nel complesso, il cambiamento climatico ha soprattutto un effetto: riduce i diritti fondamentali. Il diritto alla vita e alla libertà, il diritto alla libertà di circolazione, il diritto alla proprietà, alla sicurezza e all'assistenza sociale; e non per ultimo riduce la libertà della vita culturale. Tutti questi sono diritti umani che, come è noto, sono universalmente validi. L'accordo sul clima di Parigi riguarda i diritti umani, non la protezione degli orsi polari e neanche l'elemosina a sostegno del Sud del mondo.

Quando misuriamo la temperatura media globale o proiettiamo su un modello le future variazioni del sistema climatico – ad esempio per comprendere i processi che portano a una maggiore evaporazione dell'acqua e di conseguenza alla corrispondente ricaduta sotto forma di pioggia –, otteniamo dei dati astratti e in primo luogo solo dei possibili scenari. Gli eventi meteorologici estremi, invece, incidono sulla vita reale delle persone e si verificano sul piano concreto dove si prendono decisioni urbanistiche, si discutono sistemi di preallerta, si gestiscono campi adibiti alla coltivazione e si progettano grandi opere infrastrutturali. Gli eventi estremi mostrano continuamente e in diversi contesti come i cambiamenti meteorologici interagiscono con le strutture sociali. Rendono, quindi, inequivocabilmente chiaro che il cambiamento climatico si percepisce qui e ora e in diverse parti del mondo, mostrando in maniera concreta chi può proteggersi e chi non può farlo.

Ecco di cosa parla questo libro.

Un mondo colonial-fossile.

Ondate di caldo in Nordamerica e in Africa occidentale, siccità in Madagascar e in Sudafrica, inondazioni in Germania e in Pakistan, incendi boschivi in Australia e in Brasile: tutti questi eventi, con le loro differenze, colpiscono società che a loro volta sono impegnate nel fronteggiare problemi molto differenti, e su ciascuna l'impatto del cambiamento climatico è diverso. Eppure, indipendentemente dal fatto che questi eventi colpiscano gli Stati Uniti, la Germania o il Sudafrica, dappertutto si verifica una stessa identica cosa: a morire sono quelli che hanno meno denaro e non hanno la possibilità di accedere in modo adeguato agli aiuti e alle informazioni.

E le cose non dovrebbero andare cosí da nessuna parte.

Il fatto che sia proprio questo ciò che continua, ancora e ancora, ad accadere dipende in larga parte, a mio avviso, da una narrazione sociale tuttora persistente, che si fonda soprattutto sull'idea che bruciare combustibili fossili sia indispensabile per mantenere quello che chiamiamo benessere e prosperità e che la «libertà» sia incompatibile con i limiti di velocità.

Se confrontiamo la nostra odierna società con quella di trecento anni fa, attribuiamo (in molti casi in modo irriflesso) le conquiste degli ultimi secoli, ad esempio il fatto che abbiamo acqua potabile pulita, alla combustione di fonti energetiche fossili[9]. Associamo storicamente il carbone, il petrolio e il gas alla democrazia e ai valori dell'Occidente e colleghiamo in modo causale l'uso delle bricchette al *welfare state*. L'uno dipende dall'altro. Anche nel caso in cui questa connessione fosse vera, ci dimentichiamo sempre di sottolineare che la correlazione inversa – cioè: se una cosa viene meno allora muore anche l'altra – è senza ombra di dubbio falsa.

Vorrei mostrare in che misura tale racconto – o cornice – pervada tutti i livelli sociali e lavori silenziosamente determinando le decisioni politiche. Ancora oggi sia nel Nord che nel Sud del mondo si continua a sostenere che per ragioni di giustizia i paesi del Sud dovrebbero innanzitutto avere la possibilità di mantenere emissioni di gas serra anche molto elevate. Cosí facendo si distorce completamente la percezione del fatto che anche in quelli del Nord sono i poveri a pagare per lo stile di vita di una minoranza piú ricca, siano questi minatori che si rompono la schiena o cittadini e cittadine che negli agglomerati urbani sono sempre piú esposti all'inquinamento atmosferico. Chi stabilisce che ciò che sta accadendo nel Nord del mondo sia senza ombra di dubbio la cosa migliore e che quindi debba essere imposto dall'alto a tutti gli altri?

Quando nel novembre del 2022 il ministro federale dell'Economia e della Protezione climatica del governo tedesco, Robert Habeck, ha siglato un nuovo accordo per la fornitura di gas naturale, ha contrapposto il problema del cambiamento climatico a un presunto obiettivo politico urgente, quello della sicurezza energetica. Eppure, contrariamente a quanto forse potrebbe suggerire l'espressione «urgente», tale accordo non sarebbe servito a risolvere il drastico razionamento della fornitura di gas durante l'inverno 2022-23, perché avrebbe riguardato la fornitura a partire dal 2026 (e, comunque, fino al 2041). Anche se i volumi effettivi della fornitura di gas si dovessero rivelare esigui, si tratta di un arco di tempo troppo ampio se la Germania ha veramente intenzione di prendere sul serio gli obiettivi che lei stessa si è posta in materia di clima. Anziché contrapporre delle crisi tra di loro e sacrificare delle grandi sfide sull'altare della presunta urgenza di un qualche problema nazionale, dobbiamo chiederci se i diritti umani rappresentano veramente o meno un qualche fondamento normativo, come le Nazioni Unite avevano auspicato nel 1948.

La pandemia da Covid-19, proprio come ogni conferenza sul clima tenutasi finora, ha mostrato chiaramente in che misura l'ideologia coloniale determini ancora oggi la politica. I vaccini per i paesi del Sud del mondo? Non sono stati resi disponibili. La promessa dei paesi del Nord di destinare, ogni anno a partire dal 2020, cento miliardi di dollari americani al Sud? Non è stata mantenuta. E cosí questi stati devono fondamentalmente rimboccarsi le maniche e continuare ad affrontare da soli gli effetti del cambiamento climatico.

Lo sfruttamento della natura e dell'essere umano continua a determinare, ora come in passato, le nostre azioni. Non è semplice racchiudere in una sola parola tutte le sovrastrutture, le narrazioni e le idee che lo permettono. Al giorno d'oggi le critiche al capitalismo sono a portata di mano e io non sono certo una sostenitrice dell'attuale ordine neoliberale, nel quale non esiste alcuna seria imposta patrimoniale, dove a scuola il successo dipende dal patrimonio dei propri genitori e la massimizzazione del profitto di pochi conta di piú della qualità della vita di molti. Eppure non è mia intenzione discutere, qui, i pro e i contro dei diversi sistemi economici. Non sono la persona giusta per farlo. Intendo identificare delle cornici e delle narrazioni che agiscono tanto nel paradiso neoliberale della Gran Bretagna post Brexit, quanto in Sudafrica o in Pakistan. Probabilmente neanche una trattazione filosofica sarebbe sufficiente per riuscire a trovare la parola chiave che caratterizza nel modo piú efficace questa cornice narrativa. È neoliberale? Patriarcale? Coloniale o post-coloniale? Razzista? Oppure possiamo parlare di una sorta di «estrattivismo»: estraiamo tutto dal suolo, dalle foreste e dai mari, ma non possiamo evitare di distruggere, cosí facendo, la fonte di tutte queste ricchezze. Qualunque sia il concetto che io decida di utilizzare, risulterà troppo ristretto rispetto alla questione. Per poter comprendere il problema nella sua interezza avremo bisogno non di una singola parola, ma dell'intero libro.

Dalla mia lettura del perché gli eventi meteorologici estremi si trasformino in catastrofi emerge in maniera chiara come l'eredità del colonialismo pervada ogni cosa. L'influenza dell'industria fossile, diventata col tempo ricca e potente, plasma ogni aspetto della narrazione che definisce una vita desiderabile. Di conseguenza, nella nostra società globale in molti ambiti le disuguaglianze si inaspriscono anziché essere superate, generando forme estreme di ingiustizia quando si tratta delle conseguenze del cambiamento climatico. Per questo ho deciso di chiamare tale cornice «narrazione colonial-fossile», sebbene io sia ben consapevole che questa espressione non è perfetta ed è frutto di una scorciatoia.

Sarebbe stato piú corretto, come detto sopra, usare la parola «estrattivista» al posto di «fossile», ma in primo luogo il termine è molto ingombrante e poi l'esplicito riferimento all'industria del petrolio, del carbone e del gas, che la parola «fossile» porta con sé, è importante. Il termine «fossile», inoltre, richiama anche il fatto che non abbiamo a che fare semplicemente con qualcosa che viene dal passato, ma con qualcosa che ormai è obsoleto.

Inoltre, nel concetto di «fossile» è contenuta una relazione causale con la crisi climatica. Se da un lato il cambiamento climatico ci sarebbe stato anche senza la conquista delle colonie, perché avremmo comunque bruciato materiale fossile per ricavarne energia, dall'altro avrebbe avuto un aspetto completamente differente in assenza della nostra ideologia «postcoloniale».

Il cambiamento climatico colonial-fossile non è quindi, nei suoi tratti essenziali, né una crisi né una catastrofe climatica e né tantomeno è uno dei molti drammatici nomi composti formati usando la parola «clima». È, invece, un termine che indica una crisi di giustizia. Una crisi che colpisce il cuore della giustizia, attraversa la storia dell'umanità, e non è iniziata quando il cambiamento climatico è diventato un tema di dibattito pubblico o politico. Questi, però, l'ha resa ancora piú urgente, trasformandola in un problema globale, che solo indirettamente ha a che fare con la scienza.

Facciamo ancora difficoltà ad accettare che non sono i periodi particolarmente caldi o il presentarsi di una qualche condizione naturale a rendere il cambiamento climatico un problema urgente e globale. È necessario comprendere che il modo in cui attualmente lo combattiamo e lo studiamo – essenzialmente come un problema scientifico – è troppo semplicistico. Non c'è dubbio che ci sia bisogno di mutare il modo in cui produciamo energia. Ma abbiamo soprattutto bisogno di una trasformazione capace di ampliare la partecipazione sociale e di modificarne la forma, di un cambiamento che investe l'uso del potere politico ed economico e che riguarda sia l'individuazione di chi ha responsabilità decisionale sia il modo in cui le decisioni vengono prese. Come possiamo raggiungere una trasformazione tanto profonda è difficile da dire in poche parole o in un intero libro. Un primo passo potrebbe essere, certamente, prendere consapevolezza di quanto segue: anche se riteniamo di comprendere il cambiamento climatico e crediamo di dargli sempre piú peso (dato che abbiamo già cambiato il suo nome in «crisi climatica»), forse non stiamo ancora osservando la storia nella sua interezza.

In questo libro intendo raccontare un'altra storia, una storia che non riguarda un asteroide. E anche se non ci troverete alcuna soluzione concreta, questa è comunque un passo avanti rispetto alle mere analisi che una studiosa di scienze naturali può offrire. In un certo senso è anche il tentativo di avvicinarsi al cambiamento climatico da filosofa, per mettere a fuoco le questioni sulle quali ci costringe a riflettere.

Caldo

Capitolo secondo

Un continente fuori da ogni parametro

Canada e Usa

> Temevo per la mia vita. [...] Ho dovuto lasciare l'area, perché non abbiamo potuto trovare riparo, nessun luogo dove poter sfuggire al caldo delle fiamme e nessun aiuto. [...] Ho dovuto guidare 12 ore attraverso le fiamme per raggiungere la costa, per poi arrivare e non trovare [...] nessun servizio disponibile per i senzatetto o i disabili[1].

> Per ogni persona che è morta per il caldo, dieci o piú potrebbero aver subíto un colpo di calore, sofferto per la disidratazione o per altre complicazioni o lesioni legate al caldo, alcune anche permanenti, che cambiano la vita. [...] Ho visto piú pazienti con patologie legate al caldo durante l'ondata di caldo estremo di giugno di quante ne abbia viste in tutta la mia carriera[2].

> Il denaro è troppo poco per qualcosa di lussuoso come un ventilatore o, Dio non voglia, un condizionatore d'aria.

> Di molti giorni non ho alcun ricordo. Stavo semplicemente sdraiato sul pavimento, senza neanche le forze per alzarmi[3].

Lytton è una piccola località del Canada, nella provincia della Columbia Britannica, a circa 250 chilometri a nordest da Vancouver. Fino alla metà del XIX secolo il comune è stato chiamato *The Forks*, per indicare la confluenza di due fiumi: in questo luogo il fiume Thompson sfocia nel Fraser, che attraversa la provincia per oltre 1375 chilometri e nei pressi di Lytton regala una placida vista su un ampio panorama costiero. Tutt'intorno vivono alci, orsi bruni e linci e con un po' di fortuna è possibile vedere in cielo anche l'aquila calva intenta a compiere il suo volo circolare[4].

Ad attirare l'attenzione su Lytton, tuttavia, non sono gli animali selvatici, ma le sue acque selvagge: la località è considerata la capitale del rafting in Canada. La corrente dominante del fiume raggiunge, circa 50 chilometri piú a sud, la leggendaria Hell's Gate (la Porta dell'inferno), una gola profonda fino a 180 metri. Il fiume Fraser si fa strada lungo la gola, regalando ai visitatori e alle visitatrici un'intensa esperienza naturalistica, che suscita uno stupore reverenziale.

A segnare l'estate del 2021, però, non sono state le avventure naturalistiche, ma una vera e propria esperienza infernale. A partire dal 25 di giugno la parte nordoccidentale dell'America settentrionale è stata travolta da un'ondata di caldo estremo. Sia nelle province occidentali del Canada sia negli Stati Uniti (ad esempio negli stati dell'Oregon e di Washington), in molte città si sono registrate temperature ben oltre i 40°. Lytton ha occupato per molti giorni le prime pagine dei giornali, in quanto la temperatura massima segnalata continuava ad aumentare di giorno in giorno[5]. Il caldo fuori dal comune di quel periodo ha letteralmente lasciato le persone di tutta l'area nordoccidentale senza forze. Gli ospedali si sono riempiti rapidamente di pazienti colpiti dal caldo estremo, sempre piú persone hanno iniziato a cercare aiuto nei pronto soccorso, il suono senza sosta dei numeri di emergenza e le morti improvvise hanno aumentato lo shock tra la popolazione. Il 29 di giugno da Lytton arriva una nuova temperatura record per il Canada: 49,6°. Il giorno successivo le condizioni meteorologiche estreme trasformano definitivamente il paradiso del rafting in Canada nel regno degli inferi: il caldo innesca degli incendi devastanti che si diffondono, come comunicato dalle autorità: «"in modo completamente incontrollato" su una superficie di 65 chilometri quadrati». Si tratta di una superficie piú grande di quella occupata dal lago di Starnberg. Il tempo è rimasto «secco, caldo e ventoso» e, quando le fiamme hanno raggiunto Lytton, l'hanno completamente distrutta, risparmiandone solo una piccolissima parte. La comunicazione ufficiale ha constatato che: «Il 90 percento della cittadina è andato a fuoco, compreso il centro»[6].

Le ondate di caldo sono uno dei pericoli naturali con il piú alto tasso di mortalità.

Quella che ha colpito l'area nordoccidentale del Pacifico – e che è durata fino al 7 luglio – si è abbattuta su una popolazione che non era per nulla abituata a temperature cosí estreme. A differenza di regioni che hanno maggiore dimestichezza con estati cosí calde, le persone di quei luoghi non si erano preparate prendendo le dovute precauzioni. Non hanno potuto accendere né un ventilatore né l'aria condizionata, per il semplice motivo che non possedevano né l'uno né l'altra[7].

La Bestia.

L'ondata di caldo che ha quasi completamente spazzato via dalla carta geografica Lytton era stata cosí inaspettata che il mio team e io – lavoro con colleghi e colleghe statunitensi, canadesi, olandesi, francesi, tedeschi e svizzeri – abbiamo immediatamente deciso di studiarla piú da vicino. La nostra intenzione era scoprire in che modo il cambiamento climatico causato dall'essere umano avesse influito su quelle temperature incredibilmente elevate[8]. L'area scelta per effettuare le nostre ricerche comprendeva le zone tra il 42° e il 54° parallelo e il 119° e il 123° meridiano. Un'area enorme, che negli Usa include gli stati di Seattle e di Portland, mentre in Canada si estende fino a Vancouver e al cui interno – proprio dove la furia del caldo era stata maggiormente intensa – vivono piú di nove milioni di persone.

Abbiamo lavorato sentendo una forte pressione per riuscire il piú velocemente possibile a inquadrare ciò che stava avvenendo in presa diretta, arrivando a rendere pubbliche le nostre conclusioni durante quello che sarebbe stato l'ultimo giorno di temperature estreme. Da quel momento in poi l'ondata di caldo che aveva appena colpito la parte nordoccidentale del Pacifico ha incarnato, agli occhi dell'opinione pubblica – per lo meno negli Usa –, l'esempio drammatico del cambiamento climatico causato dell'essere umano. Dieci mesi dopo il giornalista David Wallace-Wells – che aveva appena iniziato a scrivere sul «New Yorker» la sua colonna settimanale dedicata al clima – fece riferimento a questa ondata prendendola come prototipo di una classe di eventi meteorologici completamente differenti, nuovi e terrificanti[9]. È sicuramente importante che i media contribuiscano a creare la consapevolezza che il cambiamento climatico sta influenzando, già oggi e a volte in modo drammatico, il nostro meteo. Quando Wallace-Wells, estrapolando dal contesto una frase detta da me, ha sostenuto che: «Noi stiamo diventando testimoni di eventi che senza il cambiamento climatico non sarebbero stati possibili e che effettivamente non avremmo potuto immaginare», non ha detto qualcosa di falso. Eppure ha evitato di menzionare altri fattori, altrettanto importanti.

Perché se da un lato è probabilmente vero che avremmo avuto delle difficoltà a immaginarci un'ondata di caldo di questo tipo, avremmo ugualmente potuto e *dovuto* prevedere che, nel lungo periodo, un tale caldo si sarebbe potuto presentare. In realtà, non immaginiamo eventi di questo tipo perché non *vogliamo* immaginarli. Li calcoliamo in modo astratto – tutti ne hanno contezza sotto forma di previsioni del tempo –, ma la nostra immaginazione non è abbastanza forte, spesso per mancanza di esperienza, per raffigurare cosa delle previsioni astratte significhino per le persone e per gli ecosistemi (ma ciò che in primo luogo mi preme in questo libro sono le persone). Invece è proprio questo ciò che dobbiamo fare per prepararci in modo piú efficace a tali ondate di caldo. E per poter evitare che si trasformino in catastrofi.

Io stessa, nel giugno del 2021, non ne ero ancora davvero consapevole. Mentre l'ondata infuriava e i media di tutto il mondo ci incalzavano con domande in merito al ruolo del cambiamento climatico causato dall'essere umano, la prima cosa da fare era cercare di capire con che tipo di «bestia» avessimo a che fare.

Il pericolo naturale.

A partire dal 1990 il Gruppo intergovernativo sul cambiamento climatico (Intergovernmental Panel on Climate Change, Ipcc) pubblica, con una cadenza che oscilla tra i sei e gli otto anni, un rapporto di valutazione in cui, sulla base dei dati scientifici disponibili in quel momento, mostra in che modo l'essere umano influisce sul clima a livello globale. Nell'agosto del 2021 l'Ipcc pubblicò il sesto rapporto di valutazione dichiarando in maniera inequivocabile che il caldo (sia nella media sia nei picchi) è aumentato in tutti i continenti in modo drammatico, e che questo incremento è riconducibile al cambiamento climatico di natura antropica[10].

Che il cambiamento climatico abbia modificato le ondate di caldo è un dato di fatto su cui, già da anni, non ci sono piú dubbi. Da tempo sappiamo, inoltre, che lo ha fatto in modo piú drammatico rispetto a quanto abbia influito su siccità o precipitazioni. Ciò avviene, tra le altre cose, perché le ondate di caldo sono direttamente connesse con la temperatura dell'atmosfera, mentre nel caso di siccità o precipitazioni intervengono anche processi piuttosto lenti che regolano il ciclo dell'acqua tra gli oceani, l'atmosfera e la terraferma.

I numeri parlano chiaro: in tutto il pianeta le ondate di caldo, che hanno una ricorrenza di circa una volta ogni dieci anni (il che significa che hanno una probabilità del 10 percento ogni anno), sono state nel 2021 in media 1,2° piú calde di quanto sarebbero state se il cambiamento climatico non ci fosse stato. Inoltre, quello che oggi è un evento che ha una ricorrenza decennale si sarebbe presentato una volta ogni cinquanta anni. In media dunque, a partire dall'industrializzazione, il presentarsi di ondate di caldo estremo è diventato cinque volte piú probabile. Le temperature eccessivamente alte, che prima dell'industrializzazione sarebbero state un fenomeno raro, restano ancora quasi dappertutto insolite. Tuttavia, a causa del cambiamento climatico, le ondate di caldo che oggi possono essere considerate estreme raggiungono delle temperature che in passato sarebbero state praticamente impossibili[11].

Questo è l'aspetto tecnico e astratto del discorso.

La stragrande maggioranza delle persone, però, non vive in un paese o in una città che rispecchiano la media, ma in un luogo concreto, con delle condizioni meteo che lo caratterizzano (ad esempio le tipiche estati fredde e umide di Seattle o quelle calde e secche di Delhi). Che cosa sia un'ondata di caldo non può essere determinato in modo approssimativo a partire dalla media che caratterizza l'intero pianeta. Prendiamo ad esempio l'anno 2022: un'ondata di caldo nel Sud dell'Asia, come quella che si è presentata tra marzo e aprile in India e in Pakistan, ha oggi una ricorrenza trenta volte superiore rispetto all'epoca in cui l'industrializzazione ha avuto inizio; in Argentina il caldo estremo del dicembre dello stesso anno è addirittura diventato circa sessanta volte piú ricorrente[12]. Tutti questi paesi devono quindi evidentemente fare i conti con maggiore frequenza con un pericolo naturale del genere, rispetto a quanto dicono le medie globali[13].

Oppure possiamo spostare l'attenzione sulla città di Londra: le persone che finora hanno trascorso la loro vita nella capitale britannica non hanno mai fatto esperienza, prima del 2022, di temperature superiori ai 38° e tale temperatura è stata raggiunta solo una volta durante l'ondata di caldo del 2003. Nella città di Delhi, di contro, con 38° fa indubbiamente caldo, ma rispetto alle condizioni locali non si tratta di un caldo estremo. Inoltre, il caldo viene avvertito, soprattutto nelle città, in modo completamente differente rispetto a quello che ci dice il calcolo astratto di una media. La gran parte delle volte fa effettivamente piú caldo e le persone hanno meno possibilità di rinfrescarsi. Zone d'ombra o acque rinfrescanti non sono sempre disponibili. Il caldo estremo mette evidentemente piú a rischio la vita delle persone in aree con insediamenti urbani non regolamentati e baraccopoli (né controllate né protette a livello statale), ma anche in aree con complessi edilizi prefabbricati, con un isolamento termico pessimo, rispetto invece ad aree che hanno una maggiore vegetazione. Per essere in grado di comprendere che cosa effettivamente significhi il cambiamento climatico – e che cosa sia un'ondata di caldo – per una città, si deve osservare il caldo all'interno di un contesto specifico.

Il caldo oggi.

La «bestia» che si è abbattuta su Lytton non ha solo distrutto un luogo: ha anche completamente stravolto fino alle fondamenta le nostre precedenti esperienze e osservazioni.

Le assicurazioni, coloro che si occupano di pianificazione urbanistica e tutti quelli che hanno un interesse per le condizioni meteo, ricorrono all'esperienza e all'osservazione se vogliono sapere con che frequenza bisogna aspettarsi, in un determinato luogo, un qualche evento estremo. Prendiamo come esempio la rete fognaria di Londra. Supponiamo che io abbia intenzione di verificare se i suoi pozzetti di raccolta (si spera standardizzati e non troppo costosi) lasciano defluire in modo affidabile l'acqua dalle strade, in modo da reggere a una pioggia secolare. Per scoprire se sono in grado di farlo, bisogna sapere quanti millimetri di pioggia dovrebbero cadere in un giorno per far sí che tale precipitazione corrisponda a un evento secolare. Per farlo non devo aspettare che una tale quantità di pioggia si abbatta effettivamente sulla città: sarebbe qualcosa di estremamente controproducente e renderebbe impossibile sin dall'inizio ogni pianificazione. Inoltre, c'è un altro fattore da tenere in conto. Un evento secolare non è un evento che si presenta concretamente ogni cento anni, ma solo *in media* ogni cento anni. Questo significa che l'evento può anche avere luogo per due anni consecutivi oppure non presentarsi per quattrocento. «Evento secolare» quindi significa che la probabilità di farne esperienza in un dato anno è dell'1 percento. Non si tratta dunque di una frequenza elevata, ma bisogna aspettarsi che succeda una volta o l'altra, cosí da evitare che il parlamento britannico si trovi, un giorno, a nuotare nel palazzo di Westminster.

Se ci servissimo solo delle condizioni meteo effettivamente esperite, allora cento anni non sarebbero sufficienti per misurare una pioggia secolare a Londra. E questo perché per farlo avremmo dovuto avere la possibilità in ogni singolo giorno, per diverse centinaia di anni, di svuotare alla stessa ora un recipiente graduato per la raccolta dell'acqua piovana, per poi poter calcolare le precipitazioni medie nell'arco di un secolo.

Per fortuna esiste un percorso molto piú veloce. Percorso che inizia a Heathrow, in una delle stazioni meteo di Londra. Dal 1960, in quella stazione meteo, vengono raccolti giornalmente dati sulle piogge (che tuttora vengono misurate con un recipiente graduato). Avendo a disposizione questi dati potrei calcolare che, per parlare di una pioggia secolare, dovrebbero cadere, a Londra, 22 millimetri di precipitazioni in un giorno. Dei modelli statistici mi permettono di compiere questo calcolo. Modelli che moltiplicano ciò che è stato empiricamente misurato, cioè esperito e osservato. È proprio cosí che si procede per calcolare quanto alta deve essere costruita una diga per far sí che la sua protezione sia efficace contro un'inondazione secolare. Naturalmente tali modelli sono tanto piú esatti quanto maggiore è la quantità di dati riguardanti misurazioni reali disponibili. Detto altrimenti: tanto piú raro è l'evento, quanto piú difficile diventa determinare se si tratta di un evento secolare o, addirittura, di un evento che ha una frequenza di una volta ogni cinquecento anni. Piú aumenta la rarità dell'evento, quindi, piú cresce la difficoltà nel calcolare la probabilità della sua ricorrenza.

Anche nel caso della «bestia» che ha colpito la zona nordoccidentale del Pacifico, abbiamo dovuto lottare contro difficoltà del genere. Naturalmente pure in questo caso abbiamo condotto i nostri calcoli basandoci il piú possibile su dati meteo provenienti dalle osservazioni degli ultimi anni, nello specifico degli ultimi centoventi anni. Cosí facendo siamo arrivati a stabilire che quello che Seattle, Portland e Vancouver avevano appena vissuto era stato qualcosa di letteralmente *impossibile*: da un punto di vista puramente aritmetico, tenendo in considerazione tutte le difficoltà legate ai calcoli, una tale ondata di caldo non si sarebbe potuta presentare. La «bestia» rappresenta un evento che ci si dovrebbe aspettare solo una volta in un'unità di tempo *tanto grande quanto si vuole*, il che significa che non potevamo scrivere alcuna cifra concreta nella nostra prognosi. Semplicemente non è possibile dire quanto tale evento sia raro o, viceversa, quanto spesso si presenterà. L'unica cosa che abbiamo potuto dire è che accade meno spesso di tutto ciò che può essere ragionevolmente calcolato, e cioè: con una frequenza minore di una volta ogni centomila anni.

Ci siamo trovati di fronte a un dilemma metodologico, dato che la «bestia» aveva realmente ridotto in un cumulo di macerie e cenere Lytton, eppure non potevamo usare i metodi standard attraverso cui abitualmente stabiliamo la probabile frequenza di un evento e che sono il punto di partenza per ogni studio di attribuzione, il fondamento di ogni pianificazione infrastrutturale, nonché il pane quotidiano delle assicurazioni. E questo non dipendeva, come spesso capita nel caso di precipitazioni estreme, e soprattutto siccità, dal numero esiguo o lacunoso di dati, ma dal fatto che questa ondata di caldo era stata cosí estrema da oltrepassare ogni termine di paragone. Detto altrimenti: un evento possibile solo nel mondo attuale, nel quale noi stiamo vivendo. Dunque nelle condizioni meteorologiche del passato, documentate dalle osservazioni meteo degli ultimi centoventi anni, una tale ondata di caldo sarebbe stata impossibile.

La risposta alla domanda in merito a quanto il cambiamento climatico abbia aumentato la probabilità di questa specifica ondata di caldo sarebbe quindi: l'ha resa tanto piú probabile quanto si vuole; ma il punto è che l'evento stesso è diventato possibile solo a partire dal cambiamento climatico. Molte domande restano, perciò, aperte, se si vuole sapere ciò che le persone di quella regione si devono preparare ad affrontare. E diverse cose rimangono ancora completamente oscure. Ad esempio, questa «bestia» è stata un evento estremo, quindi molto raro, e ha giocato un ruolo anche un'imprevedibile dose di sfortuna (dato che l'espressione «imprevedibile sfortuna» è l'equivalente statistico di un'occorrenza cosí rara)? Oppure un tale caldo è da considerarsi parte delle condizioni meteo con le quali dobbiamo fare regolarmente i conti oggi?

Per andare a fondo della questione, gli scienziati e le scienziate hanno a disposizione due possibili spiegazioni. O una tale ondata di caldo – anche all'interno di un clima in cui il surriscaldamento globale ha raggiunto 1,2° – è un evento con una probabilità molto bassa (anche se risulta aumentata dal cambiamento climatico). Oppure, secondo l'altra ipotetica spiegazione, le condizioni meteorologiche nella parte nordoccidentale dell'America settentrionale hanno subíto una modificazione cosí profonda da portare con sé anche ulteriori conseguenze: non solo, quindi, le ondate di caldo sono ancora piú forti, ma si presenterebbero anche con maggiore frequenza le condizioni meteo che in generale le rendono possibili. La loro frequenza, perciò, si verificherebbe a un ritmo ancora maggiore di quello delle emissioni di gas serra.

Quale tra le due spiegazioni è quella corretta?

Per poter rispondere gli scienziati e le scienziate lavorano usando modelli climatici, gli stessi utilizzati per le previsioni meteo giornaliere e con cui, seguendo le leggi della fisica, viene calcolato l'andamento della temperatura, della pressione atmosferica e delle precipitazioni. Nessuno dei modelli disponibili per il nostro team, quando la «bestia» si è improvvisamente abbattuta su Lytton, aveva indicato che a essere corretta fosse la seconda spiegazione, cioè l'idea della modificazione profonda delle condizioni meteo. Tutti i modelli portavano a supporre che l'ondata di caldo dell'area nordoccidentale del Pacifico fosse stata un evento estremamente raro, e dunque un'imprevedibile sfortuna. Tuttavia, quando abbiamo pubblicato il nostro studio non abbiamo potuto escludere che ci trovassimo dinanzi a una modificazione profonda, poiché uno studio, anche quando è ben fatto, racconta solo una parte della storia. E nondimeno anche altri – nel frattempo ne sono stati pubblicati almeno due, basati su differenti modelli climatici e metodi di calcolo – non sono arrivati a risultati diversi dai nostri: un'ondata di caldo cosí drammatica, in quella regione, è in media estremamente rara, il che significa che ci si deve aspettare che capiti una volta ogni diverse migliaia di anni[14]. E senza il cambiamento climatico un tale evento millenario non sarebbe proprio stato all'interno dell'orizzonte delle ragionevoli aspettative.

I numeri non significano sempre la stessa cosa.

Nonostante, o proprio per via del fatto che molte persone non hanno dimestichezza con la matematica, i media amano i numeri. Numeri che indicano la disoccupazione o il margine di profitto delle esportazioni, numeri per dare notizia delle persone morte o ferite aprono spesso i servizi giornalistici. I numeri aiutano a mettere in ordine gli eventi e a confrontarli. Ma proprio per questo devono essere maneggiati con cura.

Ad esempio, i risultati del nostro studio sono stati sin da subito parte della narrazione che è stata diffusa sul caldo estremo, ma spesso sono stati riportati in modo distorto o parziale (come abbiamo già visto nel caso della colonna sul clima scritta da Wallace-Wells sul «New Yorker»).

È questo il caso di una comunicazione redatta dagli avvocati e dalle avvocate e dal personale sanitario della Columbia Britannica, e inviata (lodevolmente) alle loro autorità governative per invitarle a indagare gli effetti del caldo estremo sulla salute e a migliorare la preparazione della popolazione in occasione di eventi futuri. In questa comunicazione i risultati del nostro studio venivano sintetizzati dicendo che ondate di caldo simili, a causa del cambiamento climatico, erano diventate «150 volte piú probabili»[15]. Proprio come nel caso di Wallace-Wells, non sono stati riportati i risultati in modo del tutto corretto e anche in questo caso una parte decisiva è andata perduta, dato che noi scrivevamo: «*considerevolmente piú* di 150 volte piú probabile». Si tratta di una differenza rilevante. Essere a letto febbricitanti con una temperatura corporea considerevolmente superiore a 37° è qualcosa di diverso rispetto al caso in cui il termometro segni tale temperatura.

Quando si fa divulgazione è un'abitudine riportare i numeri in maniera sintetica. Non è un fatto che deve stupire, dato che la maggior parte delle persone considera i meri numeri la quintessenza della realtà. Leggiamo e scriviamo meri numeri negli studi di economia, nei report delle organizzazioni non governative (Ong) o, ad esempio, durante la pandemia da Covid-19, nei bollettini rilasciati dai media. Diamo per scontato che il valore che i numeri ci forniscono sia esatto e definitivo. Ma per la scienza i numeri significano qualcosa di diverso. Nella ricerca abbiamo sempre a che fare con approssimazioni. Anche nel caso della misurazione delle altezze, dei volumi e delle quantità, si tratta di valori complessi e soggetti a oscillazioni; basti ripensare agli innumerevoli misurini graduati nell'esempio della messa alla prova del sistema fognario londinese. È per questo che gli studi scientifici non forniscono mai un numero concreto ma sempre quello che, sfortunatamente, è un intervallo di incertezza. L'espressione «intervallo di certezza» sarebbe quindi essenzialmente piú appropriata: quando diciamo che il caldo estremo è diventato *almeno* 150 volte piú probabile, significa che possiamo escludere che si presenti con una frequenza di 148 o 149 volte maggiore. Siamo quindi molto certi si presenti con una frequenza superiore alle 150 volte, né di 150 volte esatte né meno. E se il mondo dell'informazione decide di pubblicare il risultato di uno studio nella sua completezza, allora un qualche taglio avverrà a livello redazionale, dato che abbiamo imparato che, quando si tratta di scienza, la parola «incerto» viene interpretata con «non ne abbiamo la piú pallida idea». Eppure le cose non stanno proprio in questi termini.

Ciò di cui abbiamo un'idea molto precisa è quanto segue: il caldo che ha colpito la parte nordoccidentale del Pacifico è un evento molto raro, anche nel mondo attuale. In un clima dove il surriscaldamento globale ha raggiunto 1,2° è dunque estremamente improbabile che Lytton si trovi a rivivere a breve qualcosa del genere, e questo perché nonostante si presentino sempre da qualche parte del mondo degli eventi millenari, essi non avvengono mai per piú volte consecutive nello stesso posto. Questa considerazione ci riporta indietro alla richiesta avanzata al governo della Columbia Britannica: se per il momento è cosí improbabile che la «bestia» ricompaia nuovamente nella parte nordoccidentale dell'America settentrionale, possiamo supporre che Vancouver, Seattle e Portland abbiano abbastanza tempo per sviluppare strategie di adattamento per proteggere meglio la popolazione dalle future ondate di caldo?

Se ci soffermassimo solo sui numeri che descrivono come il cambiamento climatico ha influenzato l'evento a livello fisico, allora potremmo giungere a questa conclusione. Ma si tratterebbe di una conclusione piú che miope.

Vulnerabilità ed esposizione.

Il fatto che la piú grave ondata di caldo che abbiamo mai sperimentato, e che sperimenteremo nell'immediato futuro, non sarebbe stata possibile con le condizioni climatiche preindustriali è un'informazione che non ha alcun peso se si tratta della gestione del rischio. Le persone non si adattano alle nuove circostanze facendo riferimento a un preciso momento molto lontano nel tempo. Si adattano attraverso l'iterazione, cioè gradualmente, integrando continuamente nuove fonti di conoscenza nel loro *know-how* e migliorando la loro resilienza nei confronti dei cambiamenti del clima. E si adattano, tra le altre cose – coscientemente o meno –, analizzando e valutando l'efficacia dei loro sforzi precedenti[16]. Per lo meno se hanno occasione di farlo.

Se si fa esperienza improvvisamente di un evento estremo completamente sconosciuto, un adattamento graduale è difficoltoso. Noi viviamo in un clima che è piú caldo di 1,2° rispetto all'epoca preindustriale, in un mondo nel quale le emissioni continuano ad aumentare anziché diminuire, e l'obiettivo «emissioni zero» è ancora molto lontano. Questo significa che tra pochi anni avremo raggiunto un surriscaldamento del pianeta di 1,5° e con una buona probabilità arriveremo a 1,6° o 1,7°, o forse anche qualcosa in piú. Con un surriscaldamento di 1,5° il caldo che è stato sperimentato a Lytton non sarà piú un evento millenario, ma avrà una frequenza molto maggiore. In un mondo piú caldo di 2° la parte nordoccidentale dell'America settentrionale dovrà confrontarsi con ondate del genere con una ricorrenza che oscilla tra i cinque e i dieci anni[17]. Non abbiamo piú tempo.

I governi che preferiscono prendere decisioni a breve termine, partendo dal presupposto che ci sia ancora tempo, hanno poche attenuanti di fronte all'accusa di essere spregiudicati e insensibili.

Le ondate di caldo sono possibili anche dove non ce lo aspettiamo e non solo da quando si sono fatti sentire gli effetti della rivoluzione industriale. Estati inaspettatamente calde, per lo meno se le si confronta con la storia climatica, si sono verificate anche in altre regioni del mondo negli ultimi anni. È probabile che ricordiate il caldo in Siberia del 2020, quello in Europa occidentale nel 2019 e in tutta l'Europa, nella parte orientale del Canada e in Giappone nel 2018. La lista può allungarsi citando le ondate di caldo nel Sud dell'Europa (2017), in India (2015), in Russia (2010) e di nuovo in Europa (2003). Due aspetti hanno accomunato tutte queste ondate: sarebbero state, senza il cambiamento climatico, fino a 4° piú fredde. E hanno avuto un alto tasso di mortalità.

Il caldo uccide.

Le ondate di caldo portano a un aumento dei decessi, cioè a un tasso di mortalità che oltrepassa il numero medio delle morti. Considerate da sole, le temperature estreme che si sono presentate in Europa nel 2003 hanno causato piú di 70 000 morti.

Il caldo uccide sia per mezzo della sua azione diretta – come nel caso di un colpo di sole –, ma anche aggravando patologie già presenti e connesse a problemi alle vie respiratorie o di tipo cardiovascolare. Se le temperature sono cosí estreme, come quelle durante la «bestia» del 2021, tutti ne avvertono gli effetti sul loro stato di salute, anche persone relativamente sane o giovani. Determinati gruppi all'interno della popolazione sono comunque significativamente piú vulnerabili di altri: persone anziane, bambini piccoli e persone con delle patologie pregresse. Ma anche chi vive in una condizione di isolamento sociale, i senzatetto, le persone con scarse possibilità economiche, cosí come quelle persone che per motivi di lavoro si trattengono all'aperto per lunghi periodi di tempo.

Nelle società in cui l'età media è alta, come la Germania, gli Stati Uniti e il Canada, il numero delle persone che sono particolarmente soggette a soffrire per il troppo caldo aumenta. Ad esempio, la contea di King, nello stato di Washington, il cui centro amministrativo si trova a Seattle, negli ultimi tempi ha avuto un sensibile innalzamento dell'età media. Qui vive, inoltre, una popolazione di senzatetto che negli ultimi dieci anni è cresciuta parecchio, fino a diventare la terza per grandezza in tutti gli Stati Uniti. Perdere la vita per cause legate al caldo è qualcosa che riguarda perlopiú gruppi ai margini della società, la cui voce è poco ascoltata, gruppi che non sono per nulla rappresentati nelle redazioni giornalistiche, negli uffici governativi e nei luoghi in cui avviene la pianificazione urbana. Il caldo, inoltre, raramente uccide per strada. La maggior parte delle persone muore da sola in ospedale o nella propria abitazione, con un pessimo isolamento termico e nessun sistema di climatizzazione. Si tratta di persone che muoiono senza essere viste e quindi, a differenza della pandemia da Coronavirus, non c'è nessuna indignazione che genera pressioni politiche. Solo chi si occupa delle statistiche negli uffici della sanità pubblica si accorge di questi decessi. E ciò avviene comunque solo se vengono ufficialmente rilevati (o, in qualche altro modo, messi in una casella).

È molto difficile dire quante morti sono causate dal caldo. Durante il nostro studio della «bestia» che ha colpito la parte nordoccidentale del Pacifico si è parlato, per quella regione, di molte centinaia di morti per cause collegate al caldo, ma sapevamo con relativa certezza che si trattava di una stima al ribasso.

Per poter conoscere davvero il numero delle persone che muoiono a causa del caldo, bisognerebbe ad esempio scegliere un anno durante il quale in un dato luogo si è presentata un'ondata e sottrarre al numero effettivo di decessi quello che in media ci si sarebbe aspettati se questa non fosse avvenuta. A ogni modo questi numeri ci permettono di avere solo un conto molto approssimativo. Saremmo ancora piú precisi se includessimo nella nostra ricerca anche i certificati di morte. Ma anche questi forniscono esclusivamente delle informazioni relative, in quanto spesso sono disponibili settimane o mesi dopo, cioè quando le temperature sono piú basse, e questo perché nella maggior parte dei casi chi muore per il caldo non muore per un'insolazione, ma per patologie legate al sistema cardiovascolare, respiratorio o di altro tipo. Molto raramente però, in questi casi, il caldo viene annotato come concausa sul certificato di morte.

Secondo i Centri statunitensi per il controllo e la prevenzione delle malattie (Cdc), tra il 2004 e il 2018 sono morte annualmente 702 persone per cause legate al caldo[18]. Stando invece ai dati provenienti da 297 distretti amministrativi (numero che rappresenta quasi i due terzi, il 61,9 percento, di tutta la popolazione statunitense) tra il 1997 e il 2008 sono morte ogni anno a causa del caldo 5608 persone[19]. Se si confrontano questi dati con quelli di paesi che hanno una struttura della popolazione simile, come ad esempio il Regno Unito, sembrano molto poco realistici. Nel Regno Unito, solo nel 2020, sono morte piú di 2500 persone per cause collegate al caldo, nonostante non ci sia stata alcuna ondata e la popolazione sia un quinto di quella statunitense. A Vancouver, prendendo in considerazione i certificati di morte, sono stati calcolati 619 decessi per via della «bestia» nel periodo in cui si è abbattuta sulla città[20].

Presumibilmente tutti questi dati sono molto lontani dalla realtà dei fatti. Tuttavia, indipendentemente da quanto tali cifre siano al di sotto del numero delle vittime effettive, mostrano comunque in modo chiaro che questo è di gran lunga l'evento estremo con il piú alto tasso di mortalità. Negli Stati Uniti, ad esempio, muoiono ogni anno molte meno persone a causa degli uragani. Con riferimento ai dati disponibili relativi a quasi tutti gli anni (a eccezione del 2005, quando l'uragano Katrina è costato la vita a piú di mille persone) i numeri sono sotto le due cifre[21].

Eppure nessuno dovrebbe morire per il caldo.

Ma questo non significa che sia facile evitarlo.

I campanelli d'allarme sono sufficienti?

Durante l'ondata di caldo che ha colpito l'area nordoccidentale del Pacifico, i comuni coinvolti hanno fatto (chi piú, chi meno) degli sforzi per salvare vite umane. Le autorità governative hanno aumentato il numero dei luoghi refrigerati a Seattle, Portland e Vancouver, pensando alla situazione dei senzatetto (che dipendono quasi esclusivamente dall'uso di luoghi pubblici e non sono assolutamente nella condizione di potersi proteggere da soli). Gli aiuti hanno previsto anche la distribuzione di elettroliti, cibo e acqua. I luoghi refrigerati non servivano solo per i senzatetto ma anche per tutte le persone nelle cui case ci fosse stata una temperatura troppo elevata, problema che in quell'area coinvolge un numero significativo di persone. Non dobbiamo immaginare le case che in quell'area non sono munite di un sistema di climatizzazione pensando agli antichi edifici di una grande città europea. Si tratta di abitazioni con un isolamento termico pessimo, che con temperature che toccano o superano i 40° diventano non solo scomodi ma letteralmente inabitabili. Per capire quanto sia stato pericoloso il caldo in quelle aree basta osservare la situazione abitativa: Seattle è l'area metropolitana meno climatizzata di tutti gli Stati Uniti, meno della metà delle zone residenziali possono rinfrescare gli ambienti premendo semplicemente un bottone. Con una media di quasi quattro quinti delle famiglie che possiedono un sistema di climatizzazione (79 percento), Portland si trova in una condizione migliore, mentre con solo i due quinti delle abitazioni climatizzate (il 39 percento) Vancouver è messa peggio persino di Seattle. In tutte e tre le città è possibile osservare un aumento degli acquisti di climatizzatori, che di certo sarebbe proseguita dopo l'ondata di caldo. Nel 2021 le autorità governative hanno diffuso notizie su sedici diversi siti online: informazioni riguardanti come fosse possibile mantenere una temperatura corporea piú fresca, dove si trovassero i luoghi refrigerati e quante persone avrebbero potuto ospitare.

Passata l'emergenza, le domande che bisogna porsi, soprattutto nei mesi e, si spera, negli anni che precederanno la prossima drammatica ondata di caldo, sono le seguenti: le misure adottate sono state sufficienti? c'erano abbastanza luoghi refrigerati? è stato fatto tutto quel che si poteva? Al cospetto del numero elevato di morti, la risposta è: no. E con ogni probabilità le persone sono morte non per mancanza di posto nei luoghi refrigerati, ma perché hanno sottovalutato il caldo insopportabile che avrebbero avuto restando a casa. È probabile che si siano decise troppo tardi a raggiungere un luogo piú fresco (oppure non abbiano proprio preso in considerazione questa possibilità). O ancora che l'avrebbero fatto se solo fosse stato piú vicino e facilmente raggiungibile.

Spesso proprio le persone maggiormente a rischio sono le stesse che hanno una capacità di mobilità ridotta e non hanno modo di accedere alle notizie o alle informazioni che possono salvare loro la vita. Per mia zia di novant'anni i sedici siti online messi a disposizione dalle autorità governative sarebbero stati completamente inutili. Negli stessi Stati Uniti e in Canada (entrambi paesi ad alto reddito) internet non è accessibile per tutti e nella stessa misura, e spesso proprio chi ha maggiormente bisogno di protezione non ha alcun accesso alla rete. Le informazioni dovrebbero quindi anche essere diffuse dalla radio e dalla televisione, in modo il piú capillare e vario possibile. Le trasmissioni televisive e le stazioni radiofoniche dovrebbero, inoltre, dire in maniera chiara alle persone che cosa possono fare per mantenere una temperatura corporea bassa e come possono ricevere aiuti. Soprattutto quando le cose non vanno come previsto e ad esempio salta la corrente, cosa non rara e che è successa anche durante la «bestia».

All'interno del romanzo pubblicato in America nel 2020, *Il ministero per il futuro*, l'autore statunitense Kim Stanley Robinson utilizza l'espediente narrativo di una drammatica ondata di caldo per delineare lo scenario di una crisi climatica[22]. Temperature insopportabili, mancanza di corrente elettrica, assenza di acqua potabile. Le persone non riescono nemmeno a muoversi per via del clima torrido. Prima muoiono gli anziani, poi i piú piccoli. Un mondo distopico il cui destino è cupo. Il romanzo non è ambientato negli Stati Uniti ma in India e la cosa non deve stupirci: a prima vista tutto lo scenario sembra calzare alla perfezione con una già di per sé calda città indiana e non con la piú fresca, e presumibilmente progredita, Seattle. La maggior parte dei lettori e delle lettrici in America – ma forse anche in Europa – non ha alcuna percezione del fatto che una tale catastrofe potrebbe riguardare le loro vite. E le cose stanno cosí, vero?

Nessuna delle citazioni poste all'inizio di questo capitolo è frutto di una qualche invenzione. Si tratta di dichiarazioni fatte da persone di Vancouver o delle aree limitrofe, che raccontano le loro esperienze, il loro essere sopravvissute a una catastrofe che non è assolutamente di tipo naturale, dato che è stato il cambiamento climatico antropico, causato dall'essere umano, a renderla possibile. Quello che nel romanzo distopico di Robinson si svolge in una regione apparentemente esotica è stata un'amara realtà per una parte della popolazione statunitense e canadese nel 2021, che si è ritrovata a vivere tragicamente un pericolo naturale divenuto piú intenso a causa nostra. Per queste persone si è trattato di una catastrofe, dato che erano piú vulnerabili, povere e da decenni si trovavano in una condizione svantaggiata (e lo sono tuttora se appartengono alla cerchia dei sopravvissuti): perché la loro vita si svolge in una dimensione di disuguaglianza sociale, economica e istituzionale. E soprattutto perché nessuno, né la popolazione né le unità di soccorso né il sistema di comunicazione pubblico, era sufficientemente preparato ad affrontare un evento del genere.

Quindi, nonostante in tutta la regione siano stati diffusi tempestivamente avvertimenti da parte del Servizio meteorologico nazionale degli Stati Uniti e dal Dipartimento del governo canadese responsabile dei programmi e delle politiche ambientali (Environment and Climate Change Canada), la Ong Human Right Watch ha sollevato delle forti critiche contro la Columbia Britannica. I governi regionali hanno sí dichiarato lo stato d'emergenza per il caldo, ma hanno informato solo i servizi sanitari e non la popolazione, alla quale le informazioni non sono proprio arrivate.

Human Rights Watch ha puntato il dito verso un ulteriore aspetto del problema: secondo la Ong le istituzioni sanitarie avrebbero attivato il piano di emergenza per il caldo quando l'ondata stava già cominciando a placarsi[23]. Per molte persone era già troppo tardi. Il personale sanitario degli ospedali ha in seguito descritto la situazione dei pronto soccorso – in un momento in cui il sistema sanitario si trovava comunque già sovraccarico a causa della pandemia da Coronavirus – come se ci si trovasse in una zona di guerra. Le persone chiedevano disperatamente aiuto e cercavano di convincere i medici ad accompagnarle dai loro parenti, poiché non riuscivano a raggiungere nessuno attraverso la linea telefonica per le emergenze[24].

Solo alcuni comuni nella Columbia Britannica potevano contare su un piano di emergenza per il caldo parzialmente formalizzato, mentre altri avevano a disposizione solo delle linee guida molto generiche. Questi piani sono conosciuti come *Municipal Heat Wave Response Plans*. La gran parte raccomanda di migliorare l'accesso agli impianti di refrigerazione e sottolinea che la misura piú importante da prendere immediatamente è quella di distribuire acqua potabile. A lungo termine si fa cenno alle modificazioni urbanistiche. Eppure i piani non servono a nulla senza una strategia per la loro attuazione, o se questa è solo abbozzata in modo approssimativo. Se non è chiaro chi prende le decisioni rispetto alla loro entrata in vigore. Se nessuno sa chi informare e come farlo. Il fatto che i piani si trovino depositati su scrivanie virtuali o reali, o siano messi in qualche cassetto in attesa di una successiva attuazione da parte dei governi regionali non ha alcun valore. Se non vengono testati dalle persone, se non ci si esercita, sono inutili. Gli infermieri e le infermiere e tutto il personale sanitario avrebbero dovuto modificare i loro orari e passare dai turni di lavoro piú lunghi a quelli piú brevi a causa del caldo estremo (cosa che non era mai stata testata e non era neanche mai stata studiata in modo approfondito); questo perché anche il personale sanitario soffre le alte temperature, ancor di piú se i turni sono prolungati e se si lavora con un numero troppo elevato di pazienti.

Ciascuna città, ciascun comune e ciascuna regione ha quindi bisogno di un proprio specifico campanello d'allarme? Durante l'ondata di caldo che ha colpito l'Europa nel 2003 la Francia non è stata risparmiata e solo lí sono morte almeno 15 000 persone. Per i francesi si è trattato di un vero e proprio shock, di un qualcosa che non sarebbe mai dovuto succedere, in quanto già all'inizio del nuovo millennio per la gran parte della popolazione il cambiamento climatico e le sue conseguenze erano qualcosa di noto. Tre anni dopo, quando è arrivata la successiva e ancora piú intensa ondata di caldo, il paese si è fatto trovare pronto. Grazie alla presenza di luoghi refrigerati, acqua potabile, sistemi di preallarme funzionanti e un flusso costante di informazioni, ma soprattutto grazie al ricordo di ciò che era successo nel 2003.

Ed è questo ultimo punto a essere di fondamentale importanza. La mancanza di una specifica pianificazione nelle città canadesi e statunitensi è stata dovuta a una «percezione molto bassa del rischio generato dal caldo in tutta l'area, cosí come dalla mancanza di dati locali in merito al rischio»[25]. A differenza della Francia, il caldo estivo in quest'area è veramente ancora una rarità. Il Canada, in particolare la parte nordoccidentale, non è la Provenza durante il mese di agosto. Il piano d'emergenza disponibile nel 2021 era stato redatto in gran parte sulla base di informazioni astratte e non di esperienze concrete. È difficile prepararsi a un'ondata di caldo distopica quando il tempo è freddo e piovoso. Se nel proprio giardino non ci sono mai stati piú di 28°, non ci si affretta per montare delle protezioni alle finestre per ripararsi dal sole, per non parlare di allestire luoghi refrigerati o preoccuparsi delle scorte di acqua potabile. Ciò di cui abbiamo bisogno è uno scambio sovraregionale e internazionale di informazioni in merito a come affrontare le future ondate di caldo, in modo tale che le persone, anche lí dove nessuno ha familiarità con il caldo, possano essere sufficientemente al sicuro.

Giustizia.

Al cospetto della brutalità con cui la «bestia» ha potuto infuriare nella parte nordoccidentale dell'America settentrionale, sia a livello locale sia federale i governi devono accettare di confrontarsi con una domanda spinosa: hanno fallito nell'adempimento delle loro responsabilità? (A volte sono le stesse citazioni in giudizio a sollevare la questione in merito alle responsabilità dei governi, portando cosí a politiche piú efficaci). Eppure, anche se nessuno da un punto di vista strettamente giuridico avesse commesso degli errori, ciò non cambia nulla in merito al fatto che le conseguenze di una catastrofe ricadono in particolare su coloro che non hanno alcuna colpa e che, fra tutte le persone colpite, sono quelle meno capaci di difendersi.

Gli effetti di un'ondata di caldo sono distribuiti in modo incredibilmente ingiusto. Non siamo affatto seduti tutti sulla stessa barca, soprattutto se questa è in fiamme. Si tratta di un aspetto che bisogna saper riconoscere quando si va al di là dei numeri per osservare meglio i contesti politici, sociali ed economici. Nella provincia canadese della Columbia Britannica il caldo estremo ha mostrato soprattutto una cosa: essere costretti a occupare un posto ai margini della società è una condizione che minaccia la vita stessa. E infatti è proprio ai margini della società che si trova il numero maggiore delle persone che hanno perso la vita per il caldo.

E i media? Hanno fallito anche loro?

Verso la fine di giugno del 2021 chi avesse voluto avere notizie sul caldo a Seattle, sulla base dei quotidiani a disposizione e dei mezzi di informazione, avrebbe potuto leggere all'interno del «Seattle Times», ad esempio in data 28 giugno – durante il quarto giorno dell'ondata –, che ci si aspettava il picco per il giorno seguente, che una piscina all'aperto e una gelateria erano state chiuse a causa delle elevate temperature e che sia le scuole sia molte imprese avevano interrotto le attività. L'articolo era accompagnato dalla foto di alcune persone che facevano il bagno nei pressi del vicino Lago Union, da immagini di bambini che sguazzavano nelle fontane del parco cittadino e di vetrine sulle quali era stato attaccato un biglietto scritto a mano che informava della chiusura[26].

Si tratta solo di un esempio preso da un giornale fra tanti, ma esemplifica il modo in cui abitualmente i media parlano delle ondate di caldo. Le parole di persone come il senzatetto McArthur (citato in apertura di questo capitolo), che è dovuto fuggire disperato dalla piccola località di Golden – situata nella parte sudorientale della Columbia Britannica –, costretto a guidare per ore tra i boschi in fiamme solo per raggiungere un luogo nel quale sarebbe stato impossibile rimanere, non trovano alcuno spazio nelle pagine dei quotidiani. Il fatto che il caldo per molte persone di Seattle comporti un rischio estremo, che possa ucciderli insieme ai propri cari, è un qualcosa che nessuno, in quei giorni, ha letto o sentito dire da nessuna parte.

Ciò che invece si poteva leggere sulla stampa locale e internazionale erano i resoconti in merito alle altre conseguenze del caldo, come gli incendi. Lytton ha ottenuto una triste notorietà a causa dell'incendio che l'ha distrutta. Gli incendi boschivi, che sono velocemente diventati un tema spendibile per i media, non sono quasi mai dei fenomeni singoli e isolati, ma si presentano contemporaneamente in diversi luoghi. Si tratta di un fenomeno non del tutto sconosciuto e che a causa del cambiamento climatico è aumentato in questa regione[27]. Per via della presenza congiunta di un'estrema aridità, che ne ha favorito una rapida propagazione, intere città hanno dovuto essere evacuate molto velocemente. Sui media si è parlato anche degli altri motivi che hanno portato alle evacuazioni: in alcune aree della Columbia Britannica il caldo aveva causato un disgelo troppo rapido a cui è seguito un innalzamento del livello delle acque di laghi e fiumi, cosí che a nord di Vancouver si sono dovute evacuare diverse zone per l'imminente pericolo d'inondazione. I resoconti dei media spesso si fermano a queste informazioni, dipingendo una situazione drammatica, nella quale però, di solito, non compaiono le persone in carne e ossa. Un dramma raccontato in modo distaccato e palesemente impersonale. È probabile che la gente del luogo sarebbe stata informata in maniera migliore se avesse, per esempio, ricevuto la raccomandazione di serrare le finestre cosí da non far entrare in casa il fumo.

I punti di non ritorno nella società.

Se il caldo è un fenomeno caratterizzato da una tale mortalità, come possiamo evitare i decessi di cui è causa? Si tratta di una questione esistenziale, che interessa una parte non proprio minuscola della popolazione anche all'interno di uno dei paesi piú ricchi del pianeta. Quando si parla di tutela del clima la questione è, adesso, oggi, in tutto il mondo, di vita o di morte.

Le risorse economiche che sarebbero necessarie per ridurre drasticamente le emissioni, e mettere in atto le misure di adattamento necessarie, sono disponibili tanto in Canada quanto nell'Europa occidentale. La mia collega Kristie Ebi, docente di Salute globale presso l'Università di Washington a Seattle, ha visto nel caldo estremo del 2021 un classico esempio di cosa accade in una regione che ha una buona disponibilità economica, ma non è per nulla preparata ad affrontare eventi di questo tipo[28]. Probabilmente la regione metropolitana ha sperimentato un punto di non ritorno che ha reso chiara a tutti la necessità di cambiare. Forse anche il campanello d'allarme che la Francia sembra aver sentito nel 2003 è stato una sorta di punto di rottura, o per lo meno ha fatto scricchiolare qualcosa; anche perché, escluso un buon piano di protezione dal caldo estremo, la Francia non è per nulla un esempio in materia di clima, e per quanto riguarda l'adattamento ai cambiamenti climatici e la riduzione delle emissioni ha ancora molto da fare.

Di solito il concetto di «punto di non ritorno» viene usato per riferirsi a un fenomeno fisico (come nel caso dell'amata analogia con l'asteroide) e segna il momento in cui un sistema passa da una condizione a un'altra. Con questo ci si riferisce a un collasso del sistema climatico per come lo conosciamo. Ebi, e con lei anche alcuni altri scienziati e scienziate, ne fa un uso differente. Con l'espressione «punto di non ritorno» Ebi descrive una dimensione sociale e punta quindi il dito verso quello che è il piú grande pericolo connesso al cambiamento climatico, cioè l'ingiustizia. Il cambiamento climatico, infatti, come abbiamo visto, colpisce proprio chi beneficia meno di ogni altro del nostro sistema economico. Vista cosí ogni ulteriore decesso, che avviene in conseguenza di questa fatale ingiustizia, dovrebbe destabilizzare la società in maniera sempre maggiore. Per evitare che accada bisogna fare qualcosa per scongiurare le morti. Ed è questa la dimensione sociale del «punto di non ritorno»: Ebi si chiede se oggi, lentamente e inesorabilmente, non si debbano notare ovunque quelle fratture sociali che precedono una vera e propria svolta.

Come spesso accade, la ricerca di una risposta ci conduce al cuore delle strutture non evidenti, spesso non percepite, e per questo ancora piú forti, della nostra società. Solo comprendendo come tali strutture sono intrecciate fra di loro, e quali idee le sorreggono, potremmo anche capire il cambiamento climatico, le sue cause e le sue conseguenze e cosí proteggere le persone in modo piú efficace. Non è sufficiente iniziare a parlare delle emissioni di gas serra nell'atmosfera e credere che il tutto si risolva in una questione di temperature. Facendo cosí non riusciremo mai a gestire il cambiamento climatico. Combatterne le conseguenze senza affrontarne le cause sarebbe come fare degli impacchi a una persona febbricitante senza però occuparci dell'infezione che ha causato la febbre. Non possiamo tirarci indietro e non guardare lí dove tutto ha inizio, non possiamo esimerci dal prendere in esame le nostre attività economiche e la narrazione che le circonda.

Sostenendo che dobbiamo strutturare in maniera completamente diversa la nostra economia e il nostro vivere insieme, non diciamo nulla di nuovo. Tuttavia, il fatto di saperlo da tempo non ha ancora portato a intraprendere le azioni necessarie: sappiamo che la nostra idea di una crescita senza sosta è in palese conflitto con risorse limitate. Chi studia il cambiamento climatico lo vede in modo fin troppo evidente. Ma se si vogliono vedere anche le sue conseguenze, allora bisogna spostare lo sguardo sulle persone che colpisce di piú. Ciò che emerge ha in primo luogo, detto in modo sintetico, un significato ben preciso: se vogliamo evitare la sofferenza di un'enorme fetta della popolazione, e non semplicemente spostarla da una parte della popolazione a un'altra, allora abbiamo bisogno di una svolta a livello sistemico.

Ma di questo problema si parla ancora troppo poco. Io stessa, e come me anche i miei colleghi e le mie colleghe, ne ho parlato troppo poco.

Abbiamo sviluppato un rapporto molto singolare con le cause e con i responsabili e le responsabili del cambiamento climatico. Immaginiamo che in una città, un paese, si aggiri un pluriomicida, meglio ancora se immaginiamo che ci sia una intera banda di pluriomicidi che ammazza migliaia di persone. I killer non sono in fuga, né si nascondono da qualche parte, al contrario li si conosce abbastanza bene e si sa persino dove vivono. Eppure nessuno fa nulla. Di tanto in tanto nel vicinato ci si scambiano degli avvertimenti, a volte vengono dati dei soldi agli assassini cosí da convincerli, forse, a uccidere un paio di persone in meno, ma tutti sotto ogni punto di vista restano liberi di agire indisturbati.

Il fatto che questa immagine non sia esagerata, lo si può capire, ad esempio, se si pensa che il gruppo industriale del settore energetico Rwe, di Essen, è stato finanziato a patto soltanto che si impegnasse a estrarre un quantitativo minore di lignite, nonostante sia noto che la combustione di questo tipo di carbone costa la vita di molte persone. La Rwe ne è a conoscenza dagli anni Sessanta, proprio come tutti quelli che hanno potere decisionale a livello politico[29].

La questione non è solo se riusciamo o meno a imparare qualcosa dagli eventi estremi, ma anche come ne parliamo. Si tratta di un punto decisivo. Il modo in cui discutiamo del cambiamento climatico non sortisce alcun effetto. Non ci aiuta sanzionare con indignazione solo il consumo individuale – ad esempio suscitando vergogna in chi prende l'aereo – oppure aderire con sdegno a una narrazione apocalittica, mentre multinazionali come la Rwe o anche la ExxonMobil, che sono pienamente a conoscenza dei danni che producono, possono continuare a fare i loro comodi indisturbate. La «bestia» che si è abbattuta sulla parte nordoccidentale del Pacifico ci ha insegnato in modo inequivocabile una cosa: non c'è bisogno di scomodare la fine del mondo. Intere parti del pianeta – di solito quelle meno visibili agli occhi dell'opinione pubblica – sono già al collasso a causa dell'ingiustizia globale che il cambiamento climatico non fa altro che intensificare, mentre per la maggior parte delle persone, quelle piú rappresentate, la vita semplicemente prosegue. Eppure continuiamo a non fare nulla, o per lo meno a adottare misure effimere. Siamo come affetti da una sorta di assuefazione.

Le ondate di caldo sono già ora diventate per la maggior parte di noi qualcosa di normale. L'apocalisse planetaria tarda ad arrivare, mentre le catastrofi locali stanno diventando la nuova normalità. Se qualcuno, sei anni fa, avesse girato un film sulla pandemia da Coronavirus, questo sarebbe diventato un classico del genere distopico. Oggi il Coronavirus è la realtà e da tempo abbiamo imparato ad accettare una pandemia e le sue conseguenze come un dato di fatto.

Proprio come il Coronavirus anche il cambiamento climatico non è un asteroide. È una realtà prodotta dall'uomo che intensifica la disuguaglianza e l'ingiustizia all'interno della nostra società. Un'ingiustizia che noi percepiamo cosí normale da non parlarne quasi mai. Eppure dobbiamo iniziare a farlo. E dobbiamo focalizzare il dibattito sul fatto che bisogna migliorare le condizioni di vita delle persone qui e ora. Parlare del cambiamento climatico, quindi, significa parlare della disuguaglianza e dell'ingiustizia, e anche del sistema all'interno del quale viviamo.

I polmoni non hanno una lobby.

In un paese ricco come il Canada e in uno altrettanto ricco, ma con una disuguaglianza sociale molto alta, come gli Stati Uniti è possibile osservare in modo chiaro i principi che sorreggono il nostro sistema capitalistico (o dovrei dire colonial-fossile?) e la disuguaglianza che produce. Negli ultimi duecentocinquanta anni la parte meno privilegiata della popolazione mondiale ha continuato incessantemente a soffrire a causa delle conseguenze dell'industrializzazione. Nel XIX e XX secolo a occupare una posizione sociale di estrema povertà e con basse aspettative di vita erano i lavoratori e le lavoratrici delle fabbriche e le persone la cui vita dipendeva da un salario; oggi si può avere un quadro degli strati piú deboli della popolazione guardando le statistiche sulla mortalità a causa delle ondate di caldo. Nel ventunesimo secolo sono sempre i gruppi sociali non privilegiati a morire per le conseguenze del cambiamento climatico; quelli che prima perdevano la vita a causa dell'industrializzazione e nell'ultima parte del XX secolo non sono sopravvissuti alle malattie delle vie respiratorie e ad altre conseguenze legate all'inquinamento estremo dell'aria. Forse questo accostamento sembra fatto per generare una facile commozione, eppure esprime la realtà di ciò che sta succedendo all'interno dei paesi ricchi e altamente industrializzati, soprattutto dove la disuguaglianza sociale è ancora molto alta. Negli Stati Uniti, nel

Regno Unito e naturalmente anche in paesi emergenti come l'India. Potremmo menzionare diverse ragioni che hanno portato per decenni a ignorare il cambiamento climatico. Ma se ci chiediamo chi ne sta pagando le spese, allora c'è solo una risposta valida: sempre le stesse persone. Con la loro vita o i loro mezzi di sostentamento, con i loro esigui risparmi, e soprattutto con la loro salute. E noi, tanto come società industrializzate che come individui che danno alla propria vita un valore inestimabile, le ignoriamo. Queste persone contano solo come consumatori e consumatrici e, all'occorrenza, come elettori ed elettrici.

Non diamo la caccia alla banda di assassini, non cerchiamo di fermarli. Sono troppo potenti, fin troppo in buoni rapporti con chi comanda. E, inoltre, cercano le proprie vittime sacrificali tra i poveri e i malati, tra coloro che non hanno alle spalle alcuna lobby. Non si tratta di un fenomeno che riguarda solo le democrazie occidentali, ma attraversa tutte le forme statali e le società. Dove la disuguaglianza è minore, come nei paesi scandinavi, tutto ciò è forse meno evidente, ma le strutture sono comunque le stesse.

La domanda che continua a ripresentarsi, in merito a quante morti siamo ancora disposti ad accettare, non riguarda solo gli sforzi per scongiurare un ulteriore aumento della temperatura media globale, ma anche l'adattamento alle conseguenze del surriscaldamento. Sappiamo fin troppo bene quale aspetto dovrebbero avere le città per poter offrire alle persone una mitigazione adeguata delle temperature in caso di intense ondate di caldo: molto verde, muri ben coibentati, finestre ben isolate. I piani d'emergenza delle città e dei comuni mostrano con chiarezza che il problema non sta in una mancanza di conoscenze: sappiamo che le finestre sono piú efficienti quando vengono installati infissi a taglio termico. Potremmo, come è usanza da centinaia di anni nelle città dell'area mediterranea, costruire le nostre case in modo tale che facciano ombra lungo le strade cosí da proteggerci dall'esposizione diretta al sole quando camminiamo. Potremmo organizzare le nostre città in modo tale che dappertutto ci siano punti di accesso ad acqua potabile, città con meno superfici chiuse, con alberi in ogni strada e spazi verdi sui tetti, città che in generale siano piú verdi[30]. Ma perché questo non succede?

Insieme alle classi politiche elette esiste nella nostra società una classe di persone che ha il compito di porre domande difficili e indesiderate: giornalisti e giornaliste, pubblicisti e pubbliciste, editori e editrici. Non sono solo le strutture sociali, politiche ed economiche a evidenziare la disuguaglianza all'interno della nostra società. Anche le strutture culturali sono coinvolte e molte di queste vengono influenzate dai mezzi di comunicazione e informazione. Possiamo usare i nostri giornali locali per far sapere alle persone quali edifici pubblici sono accessibili e freschi e per dire che è meglio ventilare le loro case di notte e non nella calura di mezzogiorno. E possiamo dire su tutti i canali televisivi che le temperature lungo le strade alberate sono piú basse di oltre dieci gradi rispetto a quelle prive di alberi, indicando anche su una mappa le strade corrispondenti[31].

Questo non vuol dire che i governi, le autorità e le aziende non siano altrettanto responsabili. Sappiamo che la rinaturalizzazione dei fiumi impedisce le inondazioni. Eppure continuiamo a edificare insediamenti abitativi nelle pianure alluvionali, con abitazioni economiche e scarsamente isolate. Parliamo tanto di protezione del clima e dell'ambiente, ma nessuno parla di quella delle persone.

Questa ingiustizia di fondo non riguarda solo il cambiamento climatico. A Londra è attivo da molto tempo un gruppo di attiviste, le Mums for Lungs («Mamme per i polmoni»), che si batte per la riduzione della circolazione delle auto nella città. Sostengono che l'alto tasso di inquinamento dell'aria dovuto all'aumento dei gas di scarico danneggia soprattutto i bambini e i neonati, in quanto i loro polmoni sono ancora in formazione. Sulla correttezza di tale argomento dal punto di vista scientifico non c'è alcun dubbio: le stesse persone che soffrono per via del caldo muoiono anche a causa dell'inquinamento dell'aria, ma la loro morte, o meglio la loro vita, sembra non contare nulla. Nonostante in termini assoluti si tratti di un gruppo di persone incredibilmente numeroso, da quanto emerge da uno studio scientifico condotto nell'estate del 2022 un sesto delle morti a livello globale ha come concausa del decesso l'inquinamento – ad esempio quello dell'aria o l'inquinamento da piombo[32]. Si tratta di un numero incredibilmente alto. Noi lo accettiamo nonostante sia chiaro come prevenire questo numero incalcolabile di morti: con centri cittadini privi di auto e, inoltre, con autobus e treni a emissioni zero. Non ci servirebbero neanche nuove tecnologie per farlo. Eppure le Bmw, le Mercedes, le Volkswagen e le Audi continuano a circolare nei nostri centri urbani. Le auto hanno una lobby, i nostri polmoni no.

Gli unici argomenti che trovano un qualche spazio nel dibattito politico – anche se solo in periodo di campagna elettorale – sono i piani per evitare il traffico. Quindi in primo luogo questioni che non hanno alcuna rilevanza per la parte piú povera della popolazione – ad esempio nella città di Londra –, dato che questa si sposta usando gli autobus (la metropolitana è troppo costosa, cosí come le auto). Le persone che possono permettersi un auto vivono nei quartieri meno densamente popolati, ma le grandi arterie stradali lungo le quali, prevalentemente, si spostano o restano bloccate per via degli ingorghi attraversano i quartieri e le aree in cui vivono i piú poveri, che per questo si trovano ad avere la peggiore qualità dell'aria. In questi quartieri, quindi, il numero di decessi riconducibili all'inquinamento è molto superiore a un sesto del totale. Tutto ciò non riguarda solo Londra.

Le misure che possiamo prendere per proteggerci dal cambiamento climatico e per adattarci sono evidentemente connesse in modo inscindibile al nostro sistema economico globale. E con questa espressione non intendo solo il capitalismo, ma soprattutto il lobbismo e la grande influenza che poche persone esercitano su tutte le altre.

Potremmo insegnare già ai bambini il fatto che le condizioni meteo possono essere fatali. Mostrargli come reagire nel modo migliore a una situazione di emergenza e al pericolo, e come mantenere bassa la loro temperatura corporea. Ma spesso manca la volontà di tradurre in azioni le misure e i piani. Mettere in piedi istituzioni solide che possano essere d'aiuto è qualcosa di estremamente difficile. Soltanto a fatica, e non sempre con successo, l'umanità ha imparato a crearne di efficienti e sufficientemente immuni agli interessi personali. Nel libro *Sapiens. Da animali a dèi* lo storico israeliano Yuval Noah Harari descrive come ogni passo in avanti (che ampi settori della società sono in grado di compiere, ma non tutti) è stato accompagnato dalla creazione di nuove istituzioni, alcune delle quali sono riuscite meglio di altre a rendersi indipendenti dalle azioni di lobbing e dagli interessi particolari: ciò include le autorità finanziarie e le banche, ma anche le grandi imprese che si presentano come istituzioni, ad esempio Google e Amazon. Istituzioni che funzionano solo se noi diamo credito alla storia che ci raccontano[33].

E le storie alle quali noi crediamo con piú coinvolgimento sono ancora oggi quelle che riguardano la crescita. E siamo sempre ben disposti a celebrarne il successo: dalla fine del 2022 la compagnia petrolifera saudita Aramco, di proprietà per decenni dello stato saudita, è stata la seconda azienda al mondo per fatturato e nella prima parte del 2022 ha anche occupato il primo posto[34]. Una compagnia il cui modello di business si basa esclusivamente sull'estrazione e sulla vendita di petrolio e gas. Escluse alcune applicazioni nell'industria chimica, l'unico impiego di questi materiali fossili, all'interno del nostro sistema economico, è quello di bruciarli. Premiamo un'azienda che inevitabilmente contribuisce al cambiamento climatico e che porterà ad ancora piú morti, alla scomparsa dei mezzi di sussistenza per molte persone e a danni ancora piú grandi per l'umanità e per la natura. E cosí facendo avalliamo un modello di business che non esisterebbe piú se credessimo veramente nei diritti umani, e credessimo che sono proprio questi a narrare la storia piú importante di tutte.

Capitolo terzo

Un fantasma africano?

Gambia

> Non possiamo sopportare tutto questo[1].
>
> Parlare dell'impatto e delle conseguenze del caldo significa parlare di morti e sofferenze evitabili[2].
>
> Credo che la vulnerabilità degli esseri umani dipenda dalla volontà di Dio. Se Dio vuole che sia il caldo a farci ammalare, allora ci ammaleremo per questo. Se Dio non lo permette, allora non succederà[3].
>
> Quando non sono incinta soffro molto il calore del sole, ma quando sono incinta, ogni volta che sono fuori, mi sento come se il mio corpo bruciasse.
>
> Aminata, 45 anni.
>
> Il lavoro durante la stagione secca è piú difficile che nella stagione delle piogge. Durante la stagione delle piogge l'unica parte faticosa del lavoro è l'aratura, ma in quella secca se non abbiamo acqua a disposizione il lavoro diventa difficile, perché abbiamo bisogno di acqua per i campi[4].
>
> Zainabou, 40 anni.

A caccia di ondate di caldo.

A livello globale, ogni anno, boschi e foreste in fiamme, siccità, inondazioni, sono causa di una mole immensa di danni, e quindi di costi. Possiamo farci un'idea di quanto questi siano alti, in relazione a specifici eventi estremi e specifiche regioni, se diamo uno sguardo al modo in cui vengono trattati dalle assicurazioni. Per far fronte alle conseguenze di eventi meteorologici estremi, un'assicurazione spesso si rivolge a una compagnia che è in grado di assorbire crediti particolarmente cospicui, diventando, perciò, a sua volta cliente di una società di riassicurazione. Società del genere – come la Munich Re in Germania – entrano in gioco, quindi, quando le assicurazioni intendono assumersi un rischio che da un punto di vista economico supera il loro budget. Una compagnia di riassicurazione come la Munich Re, per essere in grado di stimare al meglio dei rischi fuori dal comune, raccoglie e archivia, in un'apposita banca dati dedicata alle catastrofi, informazioni sugli eventi estremi e sui loro effetti.

Ma le assicurazioni non sono le uniche a sviluppare e a aggiornare queste banche dati.

Anche la ricerca scientifica raccoglie informazioni sui disastri ambientali o tecnologici che avvengono in tutto il mondo – dagli eventi meteorologici estremi fino ai terremoti o alle catastrofi legate al petrolio – e registra il modo in cui impattano a livello locale sulla vita e sull'economia. La piú grande banca dati sviluppata dalla comunità scientifica è la Banca dati internazionale sulle catastrofi (Em-Dat), fondata nel 1988 e con sede presso l'Università di Lovanio in Belgio. Il Centro di ricerca sull'epidemiologia dei disastri (Centre for Research on the Epidemiology of Disasters, Cred) che ha sede in quella stessa università e lavora in collaborazione con l'Organizzazione mondiale della sanità (Oms), l'ha creata per confrontarsi con i problemi di salute legati a situazioni catastrofiche. L'Em-Dat è oggi praticamente una sorta di anagrafe delle catastrofi globali. Secondo il Cred contiene «dati essenziali in merito all'occorrenza e agli effetti di oltre 18 000 catastrofi di massa in tutto il mondo, dal 1900 a oggi»[5]. Chi ha intenzione di sapere quali danni siano stati provocati in un determinato paese dagli incidenti chimici o dalle tempeste di sabbia, non deve fare altro che connettersi all'Em-Dat.

Ed è proprio ciò che io stessa ho fatto per sapere quante catastrofi legate al meteo ci sono state finora nello stato del Gambia, nell'Africa occidentale. Il risultato della ricerca è stato, però, spiazzante. In un arco temporale che partiva dal 1900, in Gambia sono risultati essere avvenuti nove siccità, dieci inondazioni, sei tempeste e un unico incendio boschivo. Ma neanche un'ondata di caldo. Stesso risultato per i paesi confinanti. Stando ai dati presenti nell'Em-Dat, nell'intero continente africano si sono verificate tre ondate di caldo nell'Africa subsahariana (una nel 2016 in Sudafrica, una nel 2015 in Sudan e una nel 2002 in Nigeria) e cinque per gli stati nordafricani del Maghreb.

Otto ondate di caldo in tutta l'Africa? Dal 1990?

Quando mi sono imbattuta in questi numeri per la prima volta, ero sicura di aver sbagliato qualcosa nella consultazione dei dati. Bisogna dire che per ragioni fisiche nei climi tropicali e subtropicali le temperature variano meno durante l'arco dell'anno, quindi non c'è da meravigliarsi che la loro oscillazione risulti significativamente piú bassa rispetto, ad esempio, all'Europa: nel Gambia subtropicale, dove la stagione delle piogge si estende da luglio a ottobre, le temperature massime giornaliere sono solitamente, durante tutto l'anno, comprese tra i 29° e i 34°.

Ma nonostante ciò i dati non potevano essere corretti, in primo luogo perché il meteo è comunque caotico. Questo significa che, anche senza l'influenza umana, ci sarebbero comunque delle deviazioni dalla media, e quindi anche degli eventi estremi. In India, ad esempio, le temperature possono arrivare a 45° (e persino superarli).

Ma quando si tratta del caldo, non possiamo piú fare i conti con l'evento meteo in questione senza tenere in considerazione il cambiamento climatico. Le ondate di caldo si presentano di fatto con maggiore frequenza e sono piú persistenti. Ma non solo. A partire dagli anni Cinquanta del secolo scorso questo trend sta ulteriormente accelerando, aumentando il suo ritmo di decennio in decennio. Una tendenza che dura tutt'oggi e naturalmente non si tratta di un caso, dato che parallelamente le emissioni di gas serra sono cresciute sempre piú velocemente[6]. Le osservazioni delle temperature mostrano che questa tendenza è piú forte in Medio Oriente, in Sudamerica e in alcune parti dell'Africa – in particolare in Africa settentrionale, orientale e meridionale, ma ci sono segnali significativi in tutto il continente.

E ovviamente riguarda anche l'Africa occidentale, dove si trova il Gambia.

Ma non è tutto.

Le ondate di caldo sono spesso strettamente correlate allo stress termico, una piaga che è andata peggiorando negli ultimi anni e che peggiorerà nell'immediato futuro soprattutto nelle aree subtropicali. Lo stress termico si presenta quando il caldo è troppo umido e per questo il sudore non riesce piú a rinfrescarci. In futuro l'intensità di questo fenomeno non sarà soltanto sgradevole, ma metterà a rischio, sempre piú spesso, la vita delle persone. Lavorare all'aria aperta – come capita a una grossa fetta della popolazione in molte regioni rurali dell'Africa – diventerà quindi molto pericoloso[7]. Gruppi di ricerca che si occupano di identificare dove potrebbero trovarsi, nei paesi situati alle latitudini piú basse, le zone calde in cui possono verificarsi stress termici estremi, ne hanno individuate alcune nella regione a sud del Sahara[8]. I valori piú alti misurati a livello globale si riferiscono, oltre alla penisola arabica, proprio all'Africa occidentale, lí dove le informazioni contenute nell'Em-Dat dicono che non dovrebbe esserci alcuna ondata di caldo. Bisogna sottolineare che stiamo parlando delle variazioni che si sono presentate fino a oggi, non di una prognosi.

Tuttavia, quando si tratta di caldo e di cambiamento climatico, oggi non è identico a domani. In nessuna parte del mondo e di certo non in Africa. Piú estreme e rare sono le ondate di caldo, maggiore è la responsabilità del cambiamento climatico causato dall'essere umano nell'aumento della loro frequenza. Anche nel caso in cui dovessimo riuscire a non oltrepassare un surriscaldamento globale di 1,5°, le ondate di caldo sono già oggi, e lo resteranno in futuro, molto piú intense e pericolose di tutto ciò che abbiamo storicamente sperimentato finora. In correlazione con l'aumento della popolazione questo significa che negli stati africani, fino alla fine del secolo, sarà a rischio un numero tra le venti e le cinquanta volte superiore di persone rispetto al passato. A differenza di ciò che suggerisce il risultato della mia ricerca nell'archivio dell'Em-Dat, l'Africa non è cosí al sicuro.

Tutto questo ci riporta al problema relativo alle banche dati sulle catastrofi: se le ondate di caldo – quelle passate, presenti e future – sono un fatto all'interno della vita in Africa – fatto ben documentato e studiato sul piano scientifico e meteorologico –, dove se ne può trovare traccia se non nella piú grande banca dati riguardante le catastrofi?

Per quanto io le abbia cercate, non sono stata in grado di trovarle. Anche nelle altre banche dati ho trovato solo le tre ondate di caldo relative all'Africa subsahariana.

La loro assenza non dipende dal fatto che a lavorare alla raccolta di queste informazioni sia stato un team di persone poco attente. I dati mancano perché nella maggior parte dei paesi del continente africano semplicemente nessuno li fornisce, nessuno li trasmette in modo sistematico. Bisogna tenere in considerazione che nella maggior parte dei paesi, di solito, sono le stazioni meteo ad assolvere il compito di rilevare i dati relativi alle condizioni climatiche estreme e di trasmetterli alle autorità responsabili per la gestione delle catastrofi – autorità dalle quali tanto l'Em-Dat quanto le grandi compagnie di riassicurazione prendono, a loro volta, le informazioni. In molti paesi dell'Africa, però, il governo riferisce a malapena che c'è stata una catastrofe. Quasi tutti i paesi hanno un servizio meteorologico, ma le stazioni meteo tendono a essere scarsamente attrezzate e si concentrano prevalentemente sugli eventi che per tradizione hanno una certa rilevanza in quei luoghi, siccità e inondazioni, che infatti sono documentati e trovano posto nelle banche dati riguardanti le catastrofi grazie al lavoro di enti governativi, organizzazioni internazionali o Ong. La desolante conclusione è che il servizio meteorologico e i governi africani non percepiscono il caldo. L'Africa, uno dei centri nevralgici dello stress termico e una roccaforte dei rischi legati all'aumento delle temperature, ha evidentemente poche risorse per poter raccogliere e comunicare questi dati. E se la presenza del caldo non viene comunicata, allora neanche le ondate vengono riconosciute, soprattutto in modo ufficiale. Il problema vero e proprio sta tutto qui.

Prevedere non significa avvertire.

Per quale ragione è cosí importante che i dati relativi al caldo vengano comunicati ufficialmente diventa immediatamente chiaro nel momento in cui si osserva piú da vicino chi effettivamente viene colpito dalle ondate, e in che modo le persone colpite sono piú o meno in grado di proteggersi. Chi vive nell'Africa subsahariana – un territorio immenso che comprende circa il 90 percento del continente – è di regola esposto in modo piú problematico alle condizioni meteorologiche estreme ed è molto meno protetto rispetto a chi vive in Europa. Questa constatazione non deve sorprenderci, dato che a partire dal margine meridionale del Sahara fino a Capo Agulhas, la parte piú a sud del continente, una ampia fetta della popolazione lavora all'aperto. Per non parlare delle condizioni di povertà, degli innumerevoli insediamenti abitativi non ufficiali e della densità, spesso altissima, di abitazioni (talvolta tirate su da un giorno all'altro e che, di fatto, offrono ben poche possibilità di essere veramente al sicuro). È ragionevole supporre che nell'Africa subsahariana (come anche in altre parti del mondo) siano morte prematuramente moltissime persone a causa del caldo estremo, senza che questi decessi siano stati registrati come tali.

Proviamo a mettere a confronto la situazione africana con quella europea. Qui, dall'inizio del XX secolo sono state registrate ottantatre ondate di caldo, che hanno portato a piú di 140 000 decessi, rendendo le ondate di caldo di gran lunga le catastrofi meteorologiche con la mortalità piú elevata. In merito alle tre ondate che l'Em-Dat riporta in riferimento alla parte subsahariana dell'Africa, vengono menzionate settantuno morti premature (cioè dovute al caldo). Ciò significa che i paesi africani non segnalano quasi per nulla i decessi di questo tipo. In diversi stati del continente africano, anche nei casi in cui sono le Ong, che si occupano della protezione dalle catastrofi, ad assumersi il compito di comunicare le vittime alle banche dati, queste non registrano le vittime del *killer silenzioso*, visto che le ondate di caldo, ufficialmente e sul piano meteorologico, non esistono. E siccome quasi mai le persone associano la morte di qualcuno a questo motivo, allora non vi è neanche alcuna consapevolezza di quanto possano effettivamente essere mortali. Cosa significa una mancanza di consapevolezza del pericolo è qualcosa che abbiamo imparato a comprendere anche in Europa, quando l'ondata di caldo del 2003 è costata la vita a piú di 70 000 persone (vedi il secondo capitolo). Tutti i servizi meteorologici europei avevano previsto l'arrivo dell'ondata, l'intero continente era consapevole del fatto che sarebbe stata intensa. Ma prevedere non significa mettere in guardia. Anche in Europa i bollettini meteorologici (proprio come nel caso della «bestia») non hanno richiamato l'attenzione sul fatto che temperature superiori ai 30° possono essere letali, non hanno dato indicazioni su come proteggersi, e non hanno specificato quali gruppi sociali fossero maggiormente a rischio. Da questo punto di vista la situazione in Gambia è ancora piú preoccupante, dato che lí tuttora non esiste un bollettino meteorologico giornaliero, né tantomeno una qualche previsione delle temperature. Al posto di queste informazioni regolari, la maggior parte delle persone riceve ogni sei mesi delle indicazioni rispetto a come saranno i prossimi periodi di pioggia, dalle quali evincere se bisognerà prepararsi a un periodo normale o a un periodo maggiormente secco.

Solo dopo la sveglia del 2003 molti stati europei, molte amministrazioni comunali e molte città si sono decise a introdurre un piano d'azione per contrastare i rischi dei futuri eventi di caldo estremo. Anche in altre parti del mondo ci sono state sveglie di questo tipo. La città indiana di Ahmedabad, ad esempio, ha introdotto un piano d'azione contro il caldo dopo l'inizio torrido, contraddistinto da un'elevata mortalità, della stagione dei monsoni del 2010: non appena l'Imd (questo l'acronimo del servizio meteorologico indiano) segnala la previsione di una nuova, imminente ondata, le autorità si mettono subito al lavoro, i media informano la popolazione rispetto a come proteggersi, in ogni angolo della città vengono installate delle cisterne con acqua potabile. Gli ospedali, le case di cura e le altre istituzioni sociali hanno poi il compito di preparare il loro staff per renderlo capace di affrontare le temperature estreme, spiegando quali siano i pericoli che bisogna aspettarsi e facendo delle esercitazioni. Tutto ciò ha funzionato bene. Quando nel 2015 una nuova ondata, ancora piú intensa, ha colpito la città, il tasso di mortalità è stato considerevolmente piú basso.

Questo tipo di pianificazione è possibile soltanto se le ondate di caldo vengono segnalate dalle stazioni meteorologiche e registrate. Solo in tal caso le autorità possono reagire e la ricerca scientifica, basandosi su questi dati, può arrivare a scoprire come si comportano le ondate a livello locale. Per essere efficaci, quindi, i piani d'azione devono essere concepiti specificamente per la regione che devono proteggere, ed essere elaborati parallelamente a forme di preallarme specifiche per le ondate di caldo. Ad esempio, nel 2018 sul Canada se ne è abbattuta una che ha tolto la vita a un numero incalcolabile di persone, e si sono raggiunte temperature di 34°. Un'ondata di questo tipo, se si fosse presentata nella città di Ahmedabad, non avrebbe portato a mettere in moto il sistema di preallarme, poiché in quei luoghi la popolazione sia dal punto di vista fisiologico sia dal punto di vista delle strutture sociali e culturali, nonché delle abitudini (come l'abitudine di indossare abiti piú larghi e piú chiari, di evitare l'esposizione diretta ai raggi del sole cosí come l'accesso senza alcun costo all'acqua potabile) è preparata a temperature molto al di sopra dei 30°C.

E in Gambia? In quei luoghi non c'è ancora alcun sistema di preallarme. Sarebbe già un primo passo nella direzione giusta se venissero introdotte le previsioni del tempo, se le ondate di caldo a livello locale fossero documentate in modo sistematico e i loro effetti studiati. Come abbiamo già detto, in molte parti dell'Africa, ad esempio, le autorità non hanno mai trasmesso alcun dato in merito al tasso di mortalità dovuta al caldo: e come avrebbero potuto, dato che neanche le stesse ondate vengono registrate? Ed è per questo che non sappiamo tuttora, rispetto a queste aree, quali siano i picchi delle temperature tali da causare decessi. Tutto questo ha delle conseguenze funeste e solo se il Gambia, il Kenya e tutti gli altri paesi del continente potranno calcolare i valori specifici propri della loro regione, allora le diverse società saranno in grado davvero di proteggersi da questi eventi e di adattarsi al cambiamento climatico. In breve: le popolazioni di molti stati africani hanno bisogno di sviluppare *buone pratiche* in relazione al caldo. E tutto ciò ha inizio con il prendere sul serio le ondate e conoscerle in modo sistematico.

Non è facile dare una risposta al perché nel secondo continente piú popolato del pianeta le ondate di caldo siano state e vengano tuttora ignorate tanto dalla popolazione quanto dall'opinione pubblica internazionale, mentre allo stesso tempo molte persone soffrono sotto i colpi delle temperature torride o addirittura perdono la vita. Tuttavia vale la pena provare a mettere meglio a fuoco i fattori che in Africa portano a non prendere sufficientemente sul serio questo evento meteorologico. Dal mio punto di vista quattro di questi sono particolarmente rilevanti.

Primo fattore: il piano fisico.

Il primo di questi fattori consiste nella natura fisica delle ondate di caldo. Ad esempio: la temperatura a partire da cui diversi paesi dichiarano la presenza di un'ondata varia considerevolmente. In Scozia è 25°, a Londra è 28°. Se l'Africa comunicasse la presenza di un'ondata di caldo, allora la soglia della temperatura trasmessa sarebbe spesso tra i 3° e i 5° al di sopra della temperatura abituale (temperatura che per regioni che si trovano a latitudini relativamente piú basse sarebbe già insolitamente alta). A confronto con le ondate di caldo nell'Antartico – dove nel 2022 si è verificato uno sbalzo termico di 70° – sembrerebbe che quelle ai tropici siano qualcosa di molto lieve. Ma vederla cosí sarebbe un errore, ciò che conta è la deviazione rispetto alla media e non in termini assoluti, ma rispetto all'oscillazione abituale. Inoltre, alle latitudini tropicali il caldo non si placa dopo aver raggiunto il suo picco per un paio di giorni, ma persiste per molto piú tempo rispetto a quel che succede in Europa o in Nordamerica. A volte questo caldo perdurante è cosí intrecciato con altri eventi estremi che risulta molto difficile anche solo riconoscerlo. Si nasconde dietro ciò che sta in primo piano nell'esperienza delle persone. Nel 1992, ad esempio, una vasta area dell'Africa meridionale – comprendente il Mozambico, lo Zimbabwe, il Botswana, Lesotho e una gran parte del Sudafrica – ha registrato, per un periodo di tempo di quattro mesi, temperature superiori alla media di tre gradi. In Europa uno sbalzo di questo tipo non sarebbe stato identificato come «ondata di caldo». A ogni modo non è stata riconosciuta come tale, sicuramente non dalla comunità scientifica delle regioni situate a latitudini piú elevate, dove si è abituati a deviazioni delle temperature dalla media molto maggiori e che probabilmente non ha pensato che «solo» tre gradi in piú potessero essere un'ondata di caldo. L'alta temperatura si è poi sovrapposta con un evento che dappertutto nel mondo ha ottenuto l'attenzione dei media: una delle piú vaste siccità mai viste in quelle zone.

Le ondate di caldo e le siccità sono due eventi meteorologici fondamentalmente differenti. Il caldo può essere umido o secco, la siccità invece è sempre secca, e può arrivare a inaridire completamente una certa area. Nei periodi di siccità, che hanno sempre fatto parte della vita quotidiana nell'Africa subsahariana, le piogge scompaiono, o comunque piove molto di meno rispetto alla media. Le crisi umanitarie che questi periodi portano con sé vengono in egual misura riconosciute e combattute sia dalla popolazione sia dalle autorità e dalle Ong.

E proprio per questo diventa estremamente importante studiare il caldo in modo mirato. Le ondate sono cosí tanto pericolose proprio perché – come la ricerca scientifica degli ultimi anni ha mostrato in modo evidente – possono azionare o intensificare una cascata di altri eventi naturali (che a loro volta si portano dietro ulteriori conseguenze)[9]. L'aumento delle temperature, ad esempio, fa sí che l'acqua evapori piú velocemente e in conseguenza di ciò diminuisca quella a disposizione per i terreni, che si inaridiscono, innescando o intensificando la siccità; questo processo ha svolto senza dubbio un ruolo chiave nel 1992 nell'Africa meridionale. Senza temperature cosí elevate la siccità del 2022 non sarebbe stata affatto tale, in senso tecnico[10]. Le alte temperature, inoltre, possono creare condizioni favorevoli per inondazioni, ad esempio a causa dello scioglimento della neve e dei ghiacciai. Gli effetti sono particolarmente drammatici quando è il ghiaccio a sciogliersi. La presenza dei ghiacciai in Africa non è particolarmente diffusa. Si trovano solo nella parte orientale del continente: sul Kilimangiaro (Tanzania), sul Monte Kenya (Kenya) e sul gruppo montuoso Ruwenzori (tra l'Uganda e la Repubblica Democratica del Congo). Ma in altre parti del mondo le cose sono molto diverse. Tra la primavera e l'estate del 2022 una gran parte dell'Asia ha sofferto sotto i colpi di un'ondata di caldo estremo. Nel Gilgit-Baltistan (che si trova nella parte nord del Pakistan, nella regione del Kashmir, ed è noto per i suoi paesaggi mozzafiato), gli argini di una diga si sono improvvisamente rotti nei pressi di un lago glaciale sotto il ghiacciaio di Hispar, tra i monti del Karakorum. La gigantesca ondata di acqua che si riversa sulle persone in casi come questi viene denominata, nel linguaggio specialistico, inondazione da collasso di laghi glaciali (Glacial lake outburst flood, Glof). Una massa enorme di acqua scende lungo i monti e trascina con sé pezzi di ghiaccio e pietrisco, demolendo e portandosi via abitazioni e infrastrutture; nella valle dello Hunza, situata nella parte nord del Pakistan e sotto il ghiacciaio di Hispar, le acque hanno travolto e distrutto un'importante ponte di collegamento il cui crollo ha completamente isolato l'intera regione, e hanno inondato i campi e i raccolti, annientando quindi in un batter d'occhio i mezzi di sostentamento della gente del posto. Il caldo trova sempre molti modi per colpire le persone piú indifese e maggiormente fragili: il Glof è uno di questi. Un rapido disgelo, che già di per sé costituisce un grande problema nel paesaggio montano africano, porta anche a una rapida diminuzione delle riserve di acqua.

Le ondate di caldo non intensificano solo il pericolo che si presentino inondazioni improvvise, ma aumentano anche il rischio di incendi che colpiscono boschi, foreste e terreni coltivati, proprio come nel caso della «bestia» che ha raso al suolo Lytton. Se osservaste le immagini satellitari usate dalla Nasa per monitorare gli incendi boschivi e di terreni, allora la vostra attenzione verrebbe immediatamente attirata dall'Africa centrale[11]. Lí c'è sempre qualcosa che sta bruciando da qualche parte. Molti di questi focolai – anche se non tutti – sono incendi controllati, ma anche questi ultimi possono sfuggire di mano.

Riuscire a stabilire se si tratti di incendi non intenzionali che si formano o si estendono in modo incontrollato a causa del caldo è molto difficile, soprattutto in una condizione in cui mancano i dati. A ogni modo se – come abbiamo visto nel caso della siccità del 1992 – le ondate di caldo si presentano insieme a periodi di siccità, il pericolo di incendi boschivi aumenta considerevolmente. Dato che le condizioni meteorologiche necessarie per far sí che tali eventi si verifichino simultaneamente stanno diventando, a causa del cambiamento climatico, sempre piú spesso predominanti proprio nella parte a sud del Sahara, allora è molto improbabile che il caldo non giochi alcun ruolo in questi incendi, anche nel caso in cui sia nascosto dentro un periodo di siccità[12].

Gli incendi, controllati o meno, intensificano drasticamente i pericoli dovuti a un'ondata di caldo. Il centro del problema sta nella qualità dell'aria che peggiora rapidamente portando a un aumento delle malattie e dei decessi. La situazione precipita se a bruciare non sono solo sistemi ecologici ma anche le discariche. Nel 2022 mentre la città di Delhi stava lottando contro le alte temperature di un'ondata di caldo, un'enorme discarica ha preso fuoco e ha continuato a bruciare per almeno nove giorni. In seguito è stata registrata, per quasi tutto il mese di aprile (per ventinove giorni), «una qualità dell'aria molto malsana», facendo cosí di quel mese il periodo con la peggiore qualità dell'aria di sempre a Delhi[13]. Lasciando parlare i numeri questo significa: durante una giornata soleggiata nel mese di maggio a Londra (una città che nel capitolo precedente non abbiamo esattamente presentato come una metropoli dove l'aria è incontaminata) il valore che indica la qualità dell'aria sarebbe, nel centro cittadino, di 25 (che significa: buono), mentre a Lewisham, un sobborgo a sud della città, di 64 (che significa: accettabile). A Delhi durante il mese di aprile del 2022 questo è stato tra 200 e 300, valore al di sopra del quale, all'interno della scala che stiamo utilizzando (Indice della qualità dell'aria), c'è solo un ulteriore livello, che indica una qualità dell'aria «pericolosa». Nel periodo in cui il Quebec veniva devastato dagli incendi nel giugno del 2023, la qualità dell'aria a New York, che si trova a centinaia di chilometri di distanza, è stata per due giorni tanto malsana quanto quella presente a Delhi nell'aprile del 2022.

Secondo fattore: il piano infrastrutturale

Come già accennato, tutto inizia dalla questione: chi ha la responsabilità di registrare e di comunicare all'Em-Dat o ad altre analoghe banche dati nazionali e internazionali le informazioni relative agli effetti degli eventi meteorologici estremi? Questa domanda solleva un problema infrastrutturale.

Nella maggior parte dei paesi industrializzati questi compiti ricadono, come descritto, sulle autorità governative. Sono loro a comunicare quante persone sono state colpite da un evento meteo, qual è il valore stimato della mortalità e in alcuni casi a quanto ammontano le perdite economiche. Per inciso: il fatto che i costi economici di un evento meteo possano comparire all'interno di un qualche bilancio potrebbe essere uno dei motivi per cui solo tre ondate di caldo hanno di fatto trovato posto all'interno dell'Em-Dat. Ad esempio, a causa del caldo potrebbe non esserci stata abbastanza acqua di raffreddamento per le industrie, oppure le colture da esportazione potrebbero essere state distrutte. Ma siccome l'Em-Dat non indica, per nessuna delle tre ondate, i danni economici, possiamo solo fare delle supposizioni. E nonostante questi danni economici siano di certo enormi, in tutto il mondo vengono ancora oggi sottovalutati.

A differenza dei paesi industrializzati, in molti di quelli a basso reddito le informazioni riguardanti gli eventi climatici e i loro effetti non vengono raccolte dai servizi meteorologici ma, come abbiamo già detto, da diverse Ong che non hanno alcun contatto diretto e stabile con gli enti istituzionali o con i dipartimenti governativi. Ciò significa che non esiste un organismo centrale che raccoglie i report fatti dalle Ong e organizza i dati in modo uniforme, cosí che le informazioni possano essere confrontate le une con le altre. La possibilità di mettere a confronto i dati è proprio ciò di cui hanno bisogno sia chi deve fare ricerca, sia i dipartimenti governativi per poter svolgere il loro lavoro. Prendiamo la lettura della temperatura dell'aria, che non è sempre uguale, anche nello stesso luogo: ad esempio, all'interno di un frigorifero l'aria dei compartimenti inferiori è piú fresca rispetto a quelli superiori. Allo stesso modo, sulle strade la temperatura non è uniforme. Chi cammina sull'asfalto bollente, dato che i suoi piedi sono molto piú caldi della sua testa, si accorge in fretta che la temperatura, al suolo, è significativamente piú alta rispetto alla temperatura dell'aria. Le stazioni meteorologiche istituzionali hanno perciò stabilito a livello globale di convergere su un'altezza standard di due metri per la misurazione della temperatura dell'aria.

Il fatto che nei paesi a basso reddito talvolta le informazioni in merito alle ondate di caldo e alle loro conseguenze non vengano né raccolte in modo sistematico né rese uniformi, e quindi confrontabili, porta a un'altra grave conseguenza in quanto le singole regioni e i diversi stati non possono imparare gli uni dagli altri come riconoscerle e come capirne gli effetti. Altrettanto grave, se non ancora di piú, è il fatto che non ci sia alcuna pressione internazionale per aggiustare questo malfunzionamento infrastrutturale. Il team dell'Em-Dat fa tutto il possibile per uniformare i dati inviati dalle Ong, ma non è abbastanza, poiché il passo decisivo per riuscire ad aiutare coloro i quali sono effettivamente colpiti da un'ondata di caldo non viene fatto: senza avere a disposizione un numero sufficientemente ampio e comparabile di dati non può essere compiuta alcuna analisi che possa essere di qualche aiuto per riconoscere le future ondate. E se non vengono riconosciute, allora le persone non possono essere messe in guardia, cosa che di regola ha come conseguenza il fatto che ne moriranno molte di piú (ed è proprio questo il grande problema che tale malfunzionamento infrastrutturale porta con sé). I paesi dell'Africa hanno bisogno di servizi meteorologici con attrezzature migliori e che possano standardizzare i dati sulle ondate di caldo e sulle loro conseguenze per poi inviarli in modo sistematico alle autorità.

Terzo fattore: il modo in cui si fa ricerca e viene prodotto il sapere.

Un ulteriore fattore che influenza il rapporto che la popolazione, i governi e le Ong hanno con il caldo riguarda il modo in cui prende forma l'insieme delle conoscenze che abbiamo in merito a come si presentano le ondate. Le banche dati globali sugli eventi estremi sono prevalentemente gestite da agenzie e da organizzazioni di ricerca che si trovano nei paesi occidentali, dove quindi i dati vengono anche analizzati. L'Em-Dat ha sede in Belgio, la compagnia di riassicurazione Munich Re ha sede a Monaco, Statista si trova ad Amburgo e a Londra. Nessuna di tali istituzioni o imprese possiede un team di ricerca al di fuori dell'Occidente. E proprio per questo tutte tendono a non sporgersi oltre il loro habitat per guardare al resto del mondo. Naturalmente non è un caso, ma la conseguenza della narrativa colonial-fossile, che riflette fondamentalmente l'arroganza con cui le società occidentali si confrontano con il tema del cambiamento climatico. E ciò ha molto a che fare con chi effettivamente ne paga poi le conseguenze.

Ritorniamo ancora una volta sul tema dei costi. Come già menzionato, non abbiamo idea di quanto siano alti. Certo, esistono studi isolati che indagano il modo in cui il caldo ha effetti, in singoli casi specifici, su aspetti economici concreti come la perdita della manodopera, ma mancano del tutto le analisi sistemiche; la situazione sarebbe senza dubbio differente se le ondate di caldo non colpissero prevalentemente, dappertutto, le persone sconfitte del sistema economico colonial-fossile, ma chi è convinto di aver invece vinto. Un buon esempio per farsi un'idea di ciò di cui stiamo parlando sono i costi economici delle tempeste tropicali negli Usa. Questi costi sono analizzati scrupolosamente poiché divorano ogni anno somme enormi dal bilancio del settore assicurativo. Per quanto riguarda le ondate di caldo, invece, manca qualunque incentivo per le compagnie di riassicurazione a includerle nelle banche dati. I danni che causano, quindi, vengono derubricati, quando accadono, come conseguenza di qualche altro evento naturale. E cosí, ad esempio, l'Em-Dat, per la siccità del 1992, elenca danni per circa un miliardo e mezzo di dollari, senza riconoscere o menzionare alcun ruolo giocato dall'ondata di caldo che l'ha accompagnata. È probabile, quindi, che i danni causati dalle alte temperature non siano stati nella loro interezza inclusi nella somma complessiva dei costi, soprattutto per quanto riguarda agricoltura ed esportazioni.

E andrà avanti cosí fino a che i paesi del Sud del mondo verranno esclusi sistematicamente dalla comunità scientifica internazionale, e non potranno partecipare in modo significativo alla ricerca scientifica. Se abbiamo intenzione di vivere in un mondo piú giusto e meno segnato dalle disuguaglianze, allora è necessario che i paesi africani abbiano una propria banca dati relativa alle catastrofi e dei loro specifici modelli climatici. Gli istituti di ricerca e le aziende del Nord globale devono, inoltre, iniziare a distogliere lo sguardo dal proprio orticello e a reagire non solo laddove a essere colpiti sono i loro interessi diretti.

Quarto fattore: i media.

L'ultimo e quarto fattore che intendo evidenziare, e con il quale l'Africa deve lottare nel suo rapporto con il caldo estremo, riguarda il comportamento dei media a livello internazionale, che non hanno interesse a raccontare quel che succede lí. Mentre gli eventi meteorologici estremi in Europa occupano le prime pagine dei giornali per intere settimane – anche se non sempre i fatti vengono riportati nel modo corretto –, lo spazio dato dai media a quelli che colpiscono l'Africa è quasi nullo. Quel poco che viene diffuso resta in circolazione per un breve periodo, accompagnato da foto d'agenzia che ritraggono lavoratori e lavoratrici del settore agricolo o persone che vivono nelle baraccopoli (scene che vengono sempre messe in primo piano quando i media occidentali parlano dei paesi a basso reddito). Si tratta della cosiddetta pornografia della povertà, che serve solo a segnalare ai lettori e alle lettrici che tutto ciò che sta succedendo non li riguarda, dato che interessa una realtà infinitamente lontana o cosí deprimente che è meglio non farci i conti.

Il disinteresse con cui l'Occidente guarda agli sconfitti del sistema economico colonial-fossile emerge, di contro, quando l'attenzione dei media si ribalta nel sensazionalismo. Proprio la ricerca della notizia eclatante potrebbe essere la causa che ha portato l'ondata di caldo che ha colpito la Nigeria nel 2022 a trovare posto all'interno dell'Em-Dat, con un picco delle temperature che ha raggiunto i 60°. Se il valore fosse corretto, allora l'Africa avrebbe effettivamente raggiunto un record degno delle prime pagine. C'è da dire, però, che questi 60° non sono mai stati confermati, come bisognerebbe fare di routine. È probabile, quindi, che tale temperatura non sia stata rilevata rispettando l'altezza standard di misurazione di due metri, ma che sia stata rilevata all'altezza del suolo. Potrebbe, inoltre, esserci stato un errore di misurazione.

Errori di questo tipo o presentazioni errate dei fatti da parte dei media non sono una rarità. Durante il caldo estremo del 2022 in India e in Pakistan (una delle ondate a latitudini tropicali e subtropicali rispetto alla quale sappiamo molto) è stata ad esempio raggiunta (ma non superata) la temperatura di 50°. Verso la fine di aprile 2022 ha iniziato a circolare su Twitter un'immagine satellitare dell'India che mostrava non le temperature dell'aria ma quelle del suolo. Tali temperature erano effettivamente arrivate a 62° (il che significa che erano estremamente calde). Ma l'immagine non restituiva la temperatura dell'aria e perciò trasmetteva una visione distorta della situazione. Le ondate di caldo africane, dove già tre gradi in piú rispetto alle temperature abituali costituiscono una differenza decisiva, hanno poche chance di attirare su di sé l'attenzione, non presentandosi con dei valori cosí alti da essere sensazionali.

I record comunque sono solo una parte del problema.

Quando durante il caldo che nel 2022 ha colpito l'India e il Pakistan anche gli uccelli hanno iniziato a cadere morti dal cielo, la Russia aveva da poco dato il via al suo attacco all'Ucraina. L'Ucraina è uno dei piú importanti esportatori di cereali al mondo, il cui prezzo globale è quindi salito alle stelle, colpendo chi si sente fra i vincitori del sistema economico colonial-fossile proprio dove fa piú male. Sotto i colpi del caldo anche i raccolti di grano in India hanno sofferto, e il governo ha imposto un divieto di esportazione cosí da stabilizzare i prezzi all'interno del paese, facendo però aumentare ulteriormente quelli a livello globale. L'ondata di caldo in India e in Pakistan ha raggiunto, perciò, una tragica e ampia notorietà, perché ha avuto un impatto sul mercato mondiale del grano, attirando una grande attenzione mediatica e costringendo i paesi del Nord globale a guardare al di fuori del loro orticello. Il continente africano non può neanche ambire a una fama tanto triste, dal momento che la maggior parte degli stati dell'Africa non esporta nulla su larga scala a livello internazionale.

Non sarà per niente semplice riuscire a superare tutti gli ostacoli che sono connessi con questi quattro fattori. Eppure se il cambiamento climatico deve essere veramente combattuto, e io ritengo che questa sia una battaglia inevitabile per la nostra società, allora tali fattori, insieme alle loro cause – cioè l'ingiustizia e la disuguaglianza strutturali che ne stanno alla base –, devono essere messi al centro di tutti i nostri sforzi. Il cambiamento climatico porta in primo piano gli aspetti piú negativi e ingiusti del capitalismo. L'esempio delle ondate di caldo in Africa mostra che lo stesso discorso vale per strutture colonialiste lontane dall'essere superate, che hanno la funzione di tenere sotto scacco dei fondi internazionali molte di quelle che un tempo erano colonie. Per far sí che i paesi africani riescano a adattarsi in modo adeguato al cambiamento climatico e possano andare incontro a un futuro piú sicuro, prima di tutto devono uscire dal deserto amministrativo in cui versano. Se noi smettessimo di ignorare le drammatiche modificazioni esercitate dal cambiamento climatico sul meteo, se cioè smettessimo di ignorare le ondate di caldo, sarebbe già un buon inizio. E non solo per l'Africa e per tutti gli altri stati del Sud globale ma anche, come vedremo tra poco, per i paesi del Nord.

Pionieri e ritardatari dell'adattamento.

All'interno del dibattito politico sul clima condotto nei paesi del Nord globale, cosí come fra l'opinione pubblica, il tema dell'adattamento alle conseguenze del cambiamento climatico è spesso trattato come un parente indesiderato, che solo mal volentieri viene invitato agli incontri importanti. Per lo meno questa sarebbe la situazione se dipendesse dalla sensibilità dei lobbisti dell'industria automobilistica ed energetica, che ritengono di dover fare fin troppo spesso i conti con l'obiettivo «emissioni zero». Se dipendesse da loro, il tema dell'adattamento sarebbe spinto con discrezione sotto il tappeto.

I paesi che in passato sono stati colonizzati, come il Gambia, vedono le cose in modo differente. Si impegnano da decenni a livello internazionale per far sí che la dimensione coloniale del cambiamento climatico venga globalmente riconosciuta. Pretendono che il tema dell'adattamento climatico e quello dei danni e delle perdite già subiti ricevano la giusta rilevanza politica, ad esempio portando i paesi del Nord globale a riconoscere il loro ruolo come principali responsabili della situazione attuale (non solo sulla carta, ma in forma di concreti aiuti finanziari, come si vedrà nel nono capitolo). Sostengono poi in modo chiaro e inequivocabile che un mondo in cui le effettive condizioni di vita in Africa continuano a essere ignorate, è un mondo in pericolo. È possibile cogliere molto bene il riferimento tanto alla vastità dell'area abitata a sud del Sahara, che sta diventando sempre piú inospitale, quanto all'elevato numero di persone che potrebbero essere costrette a migrare, nelle parole dell'attivista nigeriana Adenike Titilope Oladosu, una delle piú importanti voci africane che si batte per la giustizia climatica: «Se l'Africa non è un luogo sicuro, allora neanche l'Europa lo è. Nessun luogo è sicuro»[14]. E ha ragione. Se il continente africano è instabile, allora inizia a vacillare l'intero pianeta.

Tra gli eventi meteorologici estremi il caldo, come già detto, è un killer molto esperto, per questo i paesi con un passato coloniale, e che hanno a disposizione le risorse e le capacità strutturali e finanziarie, adottano delle misure di adattamento. L'India ne è un buon esempio, cosí come il Pakistan, il Bangladesh e Myanmar, che hanno messo in atto con successo una serie di misure per organizzare sistemi di preallarme. Si tratta di paesi che sono riusciti a porre, in buona parte, le basi per un adeguamento a breve termine sia a livello locale sia regionale[15]. E cosí facendo mostrano a tutti che questo tipo di misure hanno un'importanza determinante per proteggere le vite delle persone. Dal momento in cui, dopo la devastante ondata di caldo del 2010, Ahmedabad ha introdotto piani di azione specifici, la mortalità è diminuita di circa 1200 persone all'anno (l'ondata di caldo del 2010 era costata la vita a 1344 individui). Ogni anno, quindi, piú di mille persone possono sopravvivere, persone che altrimenti, con temperature che raggiungono i 40°, perderebbero la vita, e che in altri luoghi con un clima simile continuano tuttora a morire[16].

I pionieri dell'adattamento, come alcune zone dell'India o il Pakistan, non sono gli unici a mostrarci che nessuno dovrebbe arrivare a perdere la vita o ad avere problemi di salute a causa del caldo. Eppure la maggior parte dei paesi, in tutto il mondo, sono ancora molto in ritardo. Nonostante ciò, a volte l'adattamento avviene «senza un piano», in modo accidentale. Queste forme di adattamento trasversali e non pianificate si fanno piú evidenti quando sono gli stili di vita a cambiare, ad esempio quando le persone si spostano dalle campagne alle città, e per questo trascorrono meno tempo lavorando all'aria aperta, oppure quando abbandonano insediamenti abitativi non ufficiali scegliendo l'edilizia popolare. Scelte che possono anche salvare la vita nel caso in cui ci si trovi ad affrontare un caldo estremo.

Anche i nostri corpi sembra stiano apprendendo spontaneamente qualcosa per adattarsi: stiamo diventando, anche se moderatamente, un po' piú tolleranti rispetto al caldo. Senza tenere in considerazione questo aspetto non si potrebbero spiegare, prendendo ad esempio Delhi e Montreal, le grandi disparità tra i valori in cui le alte temperature diventano pericolose per le persone dal punto fisiologico. Una differenza che non può essere ricondotta solo al fattore infrastrutturale. Diversi studi, come quelli portati avanti nei Paesi Bassi, mostrano che nelle ultime decadi è avvenuto effettivamente una sorta di adattamento fisiologico. Ciò che non è ancora chiaro riguarda l'arco temporale che tale adattamento impiega per verificarsi, cosí come non è ancora chiaro se il modo in cui le persone sono sensibili al caldo possa essere influenzato in modo mirato e se, ad esempio, il corpo maschile e quello femminile si adattano in modo differente[17].

Chi dunque spera che una sorta di autottimizzazione del corpo possa essere una soluzione al problema si sbaglia. Non andremo mai in giro con un qualche scudo presente nell'organismo e capace di proteggerci. In primo luogo, il nostro adattamento fisiologico avviene piú lentamente rispetto alla velocità con cui procede, in particolare negli ultimi anni, il cambiamento climatico; e in secondo luogo, naturalmente, ci sono dei limiti. Nessuno può sopravvivere a un bagno nell'acqua bollente. A livello scientifico una temperatura di

35° con un'umidità dell'aria del 100 percento – piú o meno l'equivalente di un bagno turco – vale come condizione limite per la nostra sopportazione. Con un tasso di umidità dell'aria minore, i nostri corpi possono reggere anche delle temperature piú elevate.

Sta di fatto che nel complesso il numero di decessi legati al caldo è e resta estremamente alto: i 1344 decessi nella città di Ahmedabad nel 2010 non sono affatto un'eccezione statistica. Secondo l'Em-Dat nel 2015 nella città di Karachi, in Pakistan, sono morte per il caldo circa 1300 persone.

A ciò bisogna aggiungere che nel mondo solo poche regioni, città e comunità si sono adattate in modo ottimale al clima attuale. La maggior parte non lo è, né in Europa né negli Stati Uniti, né in un paese modello come l'India. E questa non è una buona notizia, poiché per dei killer professionisti come le ondate di caldo un surriscaldamento globale di un grado (come abbiamo visto nel precedente capitolo) fa un'enorme differenza – per dirla in breve: la differenza che c'è tra un evento millenario e un'estate completamente normale. Ma anche un aumento della temperatura globale di solo un decimo di grado può essere decisivo.

La sfida che ci sta davanti può essere raffigurata in questi termini: ipotizziamo che l'umanità prenda la decisione di affrontare in modo aggressivo il tema delle misure di adattamento specifiche contro il caldo. Un obiettivo per il 2050, allora, potrebbe essere garantire che entro quella data il numero delle persone che perdono la vita a causa del caldo non aumenterà rispetto a oggi. Mantenere quindi stabile, fino alla metà del secolo, il tasso di mortalità dovuta al caldo. Se tale obiettivo vi sembrasse poca cosa, allora quanto segue potrebbe essere spiazzante: per raggiungere un miglioramento concreto, che abbia come effetto che nel 2050 si arrivi a una significativa diminuzione del numero di morti a causa del caldo, anche le misure piú efficienti potrebbero ridurre la mortalità solo di un quarto. Ci sarebbe bisogno di misure ancora piú efficaci.

Il colonialismo incontra il capitalismo.

Il grado di urgenza di tali interventi emerge chiaramente nel campo dei progetti di sviluppo. La stragrande maggioranza dei progetti di sviluppo non si cura di questa sfida. Bisogna, però, comprendere che neanche il miglior progetto per una diga atta a proteggere aree enormi di una regione dalle inondazioni potrebbe essere utile a salvare le persone che sopravvivrebbero grazie a piani d'azione contro il caldo realmente efficienti. E se, come già detto, il caldo dà inizio a, o intensifica, un periodo di siccità, allora l'acqua potabile raccolta grazie alle dighe non sarebbe d'aiuto, dato che si prosciugherebbe (come vedremo nel prossimo capitolo).

I progetti di sviluppo sul continente africano dovrebbero quindi avere come obiettivo principale quello di migliorare la gestione del caldo estremo. Dovrebbero mirare a renderlo riconoscibile e a introdurre sistemi di preallarme e strategie di adattamento. Per questa ragione è cosí importante che la conoscenza scientifica, che dimostra che le ondate di caldo in Africa esistono (e che quindi i loro effetti devono divenire oggetto di studio sistematico), riesca a introdursi fin dentro ai ministeri che si occupano di sviluppo.

A tutto ciò bisogna aggiungere che sfortunatamente gli aiuti per lo sviluppo solo raramente hanno delle ricadute effettive sulle persone per le quali sono pensati. A tale problema è dedicato il titolo di questo paragrafo. Pensate ad esempio alla vendita di prodotti messi a punto dal settore ingegneristico tedesco, attraverso i quali è possibile consolidare antiche relazioni di dipendenza e crearne di nuove. Con le dighe di sbarramento tale meccanismo funziona in modo eccellente, mentre nel caso dei piani d'azione contro il caldo potrebbe essere meno efficiente. Nessuna impresa di medie dimensioni del Sud della Germania potrebbe riempire per tre lunghi anni il proprio registro degli ordini di clienti e di materiali, se si occupasse dei piani d'azione contro il caldo. Gli aspetti infrastrutturali di questi piani verrebbero affrontati solo dopo molto tempo, e inoltre non richiederebbero progetti enormi, dato che consistono essenzialmente in un numero molto ampio di piccole misure specifiche. Potrebbe sembrare cinico da sostenere, ma il cambiamento climatico non è ancora stato inserito in modo efficace all'interno delle politiche per lo sviluppo, per non parlare minimamente di quelle estere o sui trasporti e sull'energia.

Attraverso l'impegno a lungo termine in molti paesi del Sud globale (ad esempio attraverso la Società tedesca per la cooperazione internazionale, o l'Istituto di credito per la ricostruzione), la Germania ha svolto un ruolo decisivo ed è stata molto in vista nella politica internazionale sul clima e sullo sviluppo. La domanda è: perché allora non usa questa posizione di rilievo per indirizzare le sovvenzioni lí dove realmente servono? per indirizzarle sulla resilienza, cioè la capacità di resistere e riadattarsi ai rischi climatici effettivamente presenti, capacità a cui sono connessi anche molti altri obiettivi di sviluppo, come la lotta alla fame? Gli attuali finanziamenti per lo sviluppo si concentrano invece su grandi progetti infrastrutturali e sulle assicurazioni (per far fronte ai danni). E cosí veniamo rispediti all'inizio di questo capitolo. Il problema è che gli aiuti finanziari destinati ai paesi piú poveri dopo una catastrofe non sono in grado di risolvere la questione principale che li affligge, cioè il fatto che sono estremamente vulnerabili.

Riuscire a proteggersi meglio contro il cambiamento climatico è un obiettivo almeno tanto importante per il Sud del mondo quanto il riuscire a prevenire le catastrofi umanitarie. Queste forme di vulnerabilità dovrebbero ricevere finanziamenti equivalenti. Quanto ci sia da fare in entrambe le direzioni diventa chiaro, se volgiamo l'attenzione verso ciò che gli studi scientifici non fanno altro che ribadire da tempo: le misure di adattamento hanno successo soltanto se i paesi dispongono di strutture governative efficienti e in conseguenza di ciò le persone possono far affidamento su una rete non corrotta, fatta di regole, procedure e istituzioni, al cui interno le figure private e pubbliche collaborano per raggiungere obiettivi che hanno un interesse per l'intera società (vedi il quinto capitolo). Riuscire a mettere in piedi una tale struttura comporta un processo costoso e soprattutto lento e complicato, richiede inoltre un supporto finanziario che si estende per decenni. Senza questo supporto non sarebbe abbastanza solida per contrastare in modo efficace le conseguenze del colonialismo: l'urbanizzazione sfrenata, la crescita incontrollata di insediamenti abitativi informali, la corruzione e le strutture amministrative inefficienti non possono essere semplicemente smantellate (certamente non senza finanziamenti supplementari). Un discorso analogo si può fare riguardo alle strutture patriarcali: ebbene sí, maggiore è la disuguaglianza tra gli uomini e le donne, minore sarà il funzionamento delle misure di adattamento al cambiamento climatico. Non si tratta per nulla di una novità, ma di una questione decisiva e non a caso è una delle conclusioni piú importanti tra quelle presentate dal *Consiglio mondiale sul clima* del 2022 in merito al tema dell'adattamento[18].

Nonostante abbia scritto questo libro soprattutto per mostrare che il cambiamento climatico non sia un problema scientifico che può essere affrontato ricercando una qualche soluzione tecnologica, ciò non significa che per fronteggiarlo possiamo fare a meno della fisica. Le ondate di caldo stanno stravolgendo quella che finora è stata la nostra comprensione degli eventi meteorologici estremi, arrivando a sfidare i nostri modelli climatici, le nostre conoscenze e i modi in cui le comunichiamo. Se riuscissimo a esprimere meglio che cosa comporti il drastico cambiamento avvenuto nel caso delle ondate di caldo e quanto siano pericolose, allora la divulgazione di queste informazioni potrebbe porre le basi per un reale mutamento nella consapevolezza della popolazione, portando le persone a prendere piú seriamente il tema del cambiamento climatico. Per arrivare a comprendere le forme di vulnerabilità specifiche per ogni singola regione e poter sviluppare dei sistemi di preallarme funzionali a livello locale, anche a livello fisico bisogna ancora comprendere molte cose in merito alle ondate di caldo (in particolare in riferimento all'Africa). Se c'è qualcosa rispetto a cui non dobbiamo mai distogliere la nostra attenzione quando ci confrontiamo con il meteo, è questa: le esperienze del passato e le modalità di adattamento che hanno avuto successo in passato non sono un punto di riferimento sufficiente per difenderci in futuro. Non è stato possibile spiegare la «bestia» di Lytton con i dati relativi alle condizioni meteorologiche a nostra disposizione. Il cambiamento climatico ha reso possibile un evento del genere, costringendoci a istituire un nuovo quadro di riferimento, che saremo costretti a modificare ancora se continueremo a bruciare combustibili fossili. Le condizioni meteo che a noi, oggi, sembrano normali solo ieri erano estreme. E molto presto le temperature massime di oggi verranno riclassificate come fresche. Ma non saranno percepite cosí dalle persone.

Le contadine del Gambia.

In Africa sono parecchie le persone che conoscono molto bene gli effetti del caldo. Nel piccolo villaggio di Keneba, che si trova a circa due ore di distanza dalla costa del Gambia, il caldo è invisibile (come dappertutto nel mondo), eppure tutto scorre in maniera differente quando la sua morsa stringe. Il caldo pervade ogni cosa e l'aria sembra che non sia stata fatta per essere respirata ma solo per cucinare o cuocere. Le donne di Keneba (e dei villaggi vicini) lavorano molto spesso all'aperto, poiché la loro alimentazione dipende da ciò che coltivano. Questo significa che non possono sfuggire alle alte temperature. Chi tra di loro è madre, come ad esempio Aminata o Zainabou, oppure lo diventerà e ha intenzione di sopravvivere, deve stringere i denti, andare nei campi e tenere la testa sotto il sole cocente.

Aminata e Zainabou sono due delle dodici donne che nel 2021 hanno partecipato a un progetto pilota che ha preso sul serio la loro situazione e ha condotto letteralmente una «indagine sul campo»: diversi gruppi di ricerca locali e internazionali hanno voluto conoscere nel dettaglio come venisse percepito il caldo (durante il lavoro nei campi o comunque all'aria aperta) dalle contadine in attesa di partorire o che avevano partorito da poco tempo[19].

Le donne che hanno preso parte al progetto hanno acconsentito a farsi misurare la temperatura corporea a intervalli regolari e sono state disposte a raccontare come si relazionavano con il caldo e cosa desideravano per potersi adattare meglio (due delle citazioni che aprono questo capitolo sono state prese dalle loro dichiarazioni). Questo progetto, finora unico nel suo genere, ci permette di comprendere meglio perché diciamo che il caldo è pericoloso, soprattutto in una regione abituata a conviverci. Inoltre, ci restituisce con precisione una risposta in merito a che cosa serve, in Africa, per far sí che in futuro le ondate di caldo possano essere riconosciute. Grazie alla ricerca epidemiologica sono disponibili, per la prima volta, dei dati in merito a quali temperature – soprattutto rispetto al livello di umidità dell'aria – hanno conseguenze dirette sulla salute.

Ma il progetto pilota mostra anche qualcosa in piú. Ci permette di vedere come l'intreccio tra la disuguaglianza sociale e condizioni ambientali sempre piú dure rende ancora piú difficile la vita delle donne, finendo per intensificare ulteriormente le disuguaglianze all'interno della popolazione. Chi ha veramente intenzione di comprendere come funziona il sessismo può imparare molto da questo studio.

Tutte le donne che hanno preso parte al progetto hanno mostrato segni di sofferenza dovuta al caldo e al duro lavoro svolto durante la gravidanza. Sofferenza con conseguenze non solo sulla salute fisica e, a volte, su quella dei loro figli, ma con significativi effetti anche sul benessere generale. Anche la loro produttività complessiva è diminuita, cosa che ha finito per colpire l'intera famiglia.

Gli effetti del caldo estremo sulle donne in gravidanza non sono tuttora chiari, anche se queste donne fanno parte, senza dubbio, di un gruppo particolarmente a rischio. I pochi studi disponibili in merito arrivano tutti alle medesime conclusioni. Uno studio condotto sulle lavoratrici in gravidanza del settore agricolo nello stato federale della Florida, negli Stati Uniti, illustra che il capogiro e lo svenimento sono i sintomi piú frequenti di un malessere dovuto al caldo. Queste donne hanno lamentato forti dolori, che fortunatamente non hanno comportato alcun effetto diretto sul parto[20]. Naturalmente la Florida non è il Gambia, eppure le lavoratrici del settore agricolo in Florida subiscono le stesse limitazioni socioeconomiche delle contadine del Gambia. I loro redditi dipendono direttamente dalla loro produttività all'interno dell'azienda agricola e non hanno alcuna assicurazione sociale o medica. Perciò sia in Florida sia in Gambia le donne sono costrette a lavorare il piú possibile senza risparmiare le forze, anche quando non si sentono bene e le temperature arrivano ben al di sopra della loro soglia di tolleranza.

In Gambia gli effetti del cambiamento climatico sulle discriminazioni di genere possono essere osservati in modo molto chiaro. Da un lato, tutte le persone ne sono colpite, ma Aminata e Zainabou rappresentano bene – sentendolo sulla loro pelle – che, dall'altro, le persone che hanno come principale fonte di reddito l'agricoltura e hanno la responsabilità sociale di farsi carico dell'intera famiglia, sono colpite in modo molto piú forte. Un quarto del prodotto interno lordo del Gambia dipende dall'agricoltura e la fonte di reddito per tre quarti della popolazione proviene dall'industria agraria[21]. Nella maggior parte dei casi gli uomini lavorano campi che appartengono a grandi aziende o cooperative agricole che producono solo colture in base al valore di mercato. Se ci sono buoni raccolti, allora questi forniscono la base per il bilancio domestico. Se il raccolto annuale, però, è scarso, ci sono notevoli ricadute economiche e sociali sulle famiglie.

Ed è qui che entra in gioco la ripartizione dei ruoli tra uomo e donna.

In Gambia, all'interno delle famiglie tradizionali, portare il cibo a tavola è una responsabilità che ricade sulle donne. Questo non significa solo che sono loro a prepararlo. Infatti, quando le casse dell'economica domestica sono vuote, quando ad esempio i raccolti delle colture adibite al commercio vanno male, allora le donne devono rimboccarsi le maniche e lavorare campi adibiti ai bisogni personali, per garantire che ci sia abbastanza cibo per l'intera famiglia. Il cambiamento climatico si abbatte in tre modi differenti sulla popolazione e sul territorio: avendo un'influenza diretta sui raccolti, riducendo la capacità di lavorare nei campi e alzando il peso per il mantenimento delle famiglie che, nel caso di caldo estremo, finisce per ricadere esclusivamente sulle donne.

In Gambia una forma di supporto per le donne in gravidanza può provenire dalle relazioni sociali con altre donne all'interno della comunità. Queste relazioni permettono di proteggersi meglio dal caldo e di affrontare dei lavori particolarmente impegnativi, come annaffiare le piante di interi campi, potendo far affidamento sull'aiuto delle altre. Per molte lavoratrici in gravidanza è già un sollievo non doversi chinare di continuo e avere la possibilità di essere temporaneamente sostituite. Se hanno figli che sono abbastanza grandi da poter svolgere alcuni compiti, allora possono anche chiedere loro un aiuto, ma i bambini sono spesso impegnati a scuola, oppure lavorano già nei campi di riso o di arachidi, la cui produzione è specificamente destinata all'esportazione. Nelle famiglie in cui è presente una rigida suddivisione dei compiti basata sui generi – il numero di tali famiglie è alto – ai figli maschi è concessa solo la possibilità di aiutare il padre nella coltivazione di prodotti destinati al commercio, ma non gli è permesso aiutare le madri a casa. Se una donna non ha figlie allora tutto il lavoro negli orti o nelle risaie ricade su di lei.

In generale, la vita in Gambia è profondamente segnata da rigide prescrizioni specificamente legate al genere. Sono le donne, ad esempio, ad avere una chiara consapevolezza dei pericoli legati al caldo. Sanno quanto sia importante mantenere una bassa temperatura corporea e quindi bere molta acqua, cercare di non lavorare sotto il sole di mezzogiorno e indossare vestiti chiari e leggeri. Ma questi accorgimenti suonano nelle loro orecchie come delle fantasticherie: come possono le donne indossare dei vestiti ottimali per fronteggiare il caldo se le prescrizioni sull'abbigliamento impongono che sia i polsi che le ginocchia siano coperti, in modo tale che neanche un millimetro di stoffa possa scivolare rischiando di scoprirli?

Anche lo status sociale e l'appartenenza a una determinata famiglia giocano un ruolo importante. Abitare vicino alla propria madre, sorella o a una delle altre mogli – in Gambia è molto diffuso che gli uomini vivano con piú donne – diventa spesso un'importante fonte di sostegno mentre si è in gravidanza. In assenza di parenti di sesso femminile nelle vicinanze, le donne sono di regola abbandonate a se stesse, dato che al di fuori della cerchia dei parenti non si sentono a loro agio nel chiedere aiuto.

La posizione sociale, connessa anche al reddito, intensifica il modo in cui la povertà, il sessismo e il cambiamento climatico si alimentano reciprocamente. Le donne i cui mariti sono senza occupazione dipendono ancor piú delle altre donne dal lavoro nei campi. I loro mariti, anche se sono disoccupati, non le aiutano nella raccolta quotidiana del riso – il riso è in Gambia il piú importante alimento di base – e questo perché i ruoli di genere sono estremamente rigidi. In periodi in cui la produttività è piú bassa, mancano i soldi per comprare altro cibo e per mantenere la famiglia. Se il capofamiglia è senza lavoro, allora la famiglia viene socialmente meno rispettata, cosa che rende ancora piú difficile per le donne chiedere aiuto. Durante periodi particolarmente caldi la loro produttività diminuisce rapidamente e la povertà non può che aumentare. Le possibilità che le donne hanno di prendere delle decisioni in una situazione di questo tipo si riducono sempre di piú e la disuguaglianza che attraversa la società, in particolare quella legata ai generi, continua a crescere.

In conclusione, quindi, nonostante le donne siano il centro attorno al quale ruotano le famiglie e le comunità, non sono per nulla al centro degli studi che indagano l'effetto del cambiamento climatico sull'agricoltura, sulla comunità e sulla società, seppur ne siano vittime in modo incomparabilmente piú evidente. Le persone che sono maggiormente coinvolte, soprattutto quando si parla di cambiamento climatico e di strategie di adattamento, sono le grandi assenti sia nella ricerca scientifica che nella politica. All'interno delle scienze sociali questo paradosso è noto da tempo. Da decenni chi occupa posizioni decisionali a livello politico ignora il fatto che la rigidità dei ruoli di genere rende le persone maggiormente esposte alle condizioni meteorologiche estreme. Non è solo il Gruppo intergovernativo sul cambiamento climatico a sottolineare quali conseguenze abbia tutto ciò, ma lo fanno anche altre istituzioni multilaterali, come il Dipartimento per gli affari economici e sociali delle Nazioni Unite, che tra i suoi diciassette obiettivi per la sostenibilità ha incluso anche una maggiore parità di genere[22].

Le donne hanno a disposizione meno risorse rispetto agli uomini, ma difficilmente sono coinvolte quando vengono prese delle decisioni in merito a ciò di cui sanno avere un urgente bisogno (e questo, come è già noto da tempo, accade dappertutto). Se vogliamo ridurre la forza con cui il cambiamento climatico colpisce le donne, allora dobbiamo impegnarci per far sí che il potere femminile aumenti.

Strategie di adattamento.

La panoramica, che le dodici donne che hanno partecipato a questo progetto ci hanno permesso di avere sulla loro vita quotidiana, evidenzia quanto sia importante e necessario pensare a delle misure di adattamento che vadano molto al di là dei fattori fisici che caratterizzano il caldo. Questo discorso non vale solo per il Gambia, perché ovunque ci sono lavoratrici che si trovano in condizioni simili.

Ricorrendo a progetti pilota come quello che abbiamo descritto, è possibile che team di lavoro a livello locale, ospedali, epidemiologi ed epidemiologhe collaborino per imparare a riconoscere e scoprire gli effetti diretti del caldo estremo sulla salute e i danni che subiscono le donne. Evidentemente vi sono diversi fattori sociali ed economici che plasmano il campo d'azione all'interno del quale le donne prendono le loro decisioni. Siamo chiamati a comprendere questi fattori molto meglio di quanto non facciamo ora. Solo cosí potremo conoscere i valori, le priorità e gli obblighi che plasmano a livello locale la vita delle persone, cosí da poter comprendere da dove partire per dar forma a specifiche strategie di adattamento. Il dato di fatto che tutte le donne che hanno preso parte al progetto pilota fossero pienamente consapevoli del cambiamento climatico ci dice anche quanto sia importante che proprio le donne, in Gambia, abbiano un ruolo direttivo all'interno del dibattito, determinando in modo significativo le decisioni politiche (non da ultime quelle riguardanti gli aiuti per lo sviluppo).

Di cosa ha bisogno inoltre l'Africa per riuscire in futuro a migliorare le modalità di gestione di un clima che sta cambiando?

A mio parere per far sí che le persone riescano a adattarsi in modo migliore al cambiamento climatico sarebbe necessario intervenire simultaneamente su una serie di fattori. In primo luogo, sarebbe importante comprendere come nel continente africano le informazioni vengono trasmesse e condivise a livello locale e regionale, poiché solo cosí possono essere concepiti dei sistemi di allarme specifici. In secondo luogo, si tratterebbe di scoprire il modo in cui il caldo estremo produce degli effetti sulla parte della popolazione che vi è maggiormente esposta e come questi siano connessi con altre difficoltà – ad esempio la mancanza di corrente elettrica o le fragilità infrastrutturali – e quindi, di conseguenza, comprendere che cosa bisogna fare se durante un picco di calore all'improvviso tutti i macchinari e le apparecchiature elettriche smettono di funzionare, oppure tutte le linee di comunicazione si interrompono. Questo scenario potrebbe essere utile per determinare i valori soglia raggiunti i quali dovrebbe essere dichiarata l'emergenza e, di conseguenza, dovrebbero partire le prime comunicazioni d'allerta.

Ripetiamolo ancora una volta: rilevare, misurare e comunicare rappresenterebbe già un importante miglioramento della situazione. Conoscere questi dati già di per sé porterebbe non solo a una diminuzione del tasso di mortalità, ma aiuterebbe anche concretamente a comprendere e a descrivere meglio gli eventi meteorologici estremi che si presentano insieme al cambiamento climatico, per garantire che i giusti avvertimenti siano emessi in tempo utile e che le persone possano essere aiutate a adottare le misure appropriate in una delle regioni piú vulnerabili al mondo. L'introduzione immediata di sistemi di preallarme, in un primo momento ipotetici, potrebbe migliorare la consapevolezza della popolazione e aiutare le persone ad assimilare piú rapidamente i comportamenti da mettere in pratica nel caso di temperature estreme.

A passo veloce.

Posto che nel caso del caldo ciò che è avvenuto ieri non dice nulla su come le cose saranno domani, non siamo chiamati solo a sapere di quanto aumenterà la sua intensità, ma anche in quanto tempo avverrà. Quando pensiamo al futuro, quindi, faremmo bene a porci il problema della velocità non solo con riferimento a quello che succede sulle nostre autostrade. Di certo il caldo lasciato a se stesso non conosce limiti. Finché la Germania e l'Europa si rifiutano di fare finanche quei risibili, minuscoli, cambiamenti nello stile di vita, la velocità a cui si intensificano le ondate non diminuirà.

Se le comunità si adattano a un clima in cambiamento un passo alla volta, allora con l'aiuto di risorse conoscitive sempre nuove e, soprattutto, di esperienze la loro resilienza sarà differente. È possibile osservare nel modo migliore un alto livello di resilienza all'interno di contesti in cui l'istruzione è accessibile e molto diffusa, il sistema sociale funziona bene, vi sono poche disparità legate al genere, tra le etnie e le generazioni, e le strutture governative sono organizzate in modo tale che la società civile possa prendere parte alle decisioni politiche. In modo corrispondente, i contesti dove questi fattori funzionano male hanno allora anche un livello piú basso di resilienza.

Il fatto che tutti noi ci adattiamo a condizioni meteorologiche che diventano piú gravi un passo per volta, e non con un unico, grande balzo, è piú o meno problematico. Nel caso della salute pubblica, ad esempio, questa andatura può funzionare abbastanza bene, perché già l'istruzione e l'informazione possono fare tanto. Nel caso delle infrastrutture, la cosa è differente. Quello infrastrutturale è un settore nel quale i cambiamenti avvengono in modo lento e complesso. Affinché le misure per la protezione delle coste, le reti elettriche, la viabilità stradale e ferroviaria, l'approvvigionamento idrico e il sistema fognario siano efficaci e restino funzionanti anche in un clima piú caldo, dobbiamo adattarli tempestivamente alla crescente frequenza e gravità delle ondate.

La questione decisiva quindi è la seguente: cosa dobbiamo fare in questa corsa contro il clima per far in modo che le nostre strategie di adattamento non siano subito superate dai cambiami climatici? Per trovare delle risposte a tale domanda dobbiamo conoscere nel modo piú specifico possibile i limiti (fisiologici, sociali e di altra natura) che bloccano la capacità delle comunità di prepararsi alle ignote condizioni del futuro. Da un punto di vista scientifico ciò significa che non è piú sufficiente mostrare *solo che* il cambiamento climatico oggi contribuisce al presentarsi di condizioni meteorologiche estreme. Abbiamo bisogno di studi attraverso i quali poter scoprire *quanto velocemente* progredisce e cosa questa velocità comporta per noi.

In questa prospettiva non ha piú senso chiarire se un'ondata di caldo con una ricorrenza relativamente breve – ad esempio di una volta ogni dieci anni all'interno del nostro clima attuale – si sarebbe presentata una volta ogni cento o ogni mille generazioni all'interno di un clima preindustriale. Se il clima attuale si è modificato cosí radicalmente da aver reso il mondo preindustriale un termine di paragone non piú efficace, allora diventa necessario avere a disposizione strumenti differenti per comprendere il modo in cui saremo esposti al meteo o quanto saranno efficienti le strategie di adattamento prese negli ultimi decenni. A differenza delle tempeste e delle inondazioni il meteo del passato, finanche quello degli ultimi decenni, non è piú informativo per prevedere le ondate di caldo, come è stato dimostrato in modo evidente dalla «bestia» di Lytton. Si tratta di un problema che chiama in causa la stessa ricerca scientifica, la quale deve riadattare i modelli meteorologici attraverso cui si calcola lo sviluppo delle ondate, partendo dal fatto che non è piú possibile usare nel mondo attuale quelli che sono stati efficaci per il mondo di ieri. Solo quando i nostri modelli meteo saranno allineati alla nuova forma assunta dal caldo – forma che il cambiamento climatico ha reso possibile –, allora saremo in grado di concepire sistemi di preallarme efficaci, ma soprattutto efficaci misure di adattamento.

Tutto ciò vale anche, ma non esclusivamente, per l'Africa. Quando abbiamo a che fare con il cambiamento climatico, usiamo spesso l'espressione «nuova normalità» per indicare che le condizioni meteo che stiamo sperimentando ora corrispondono alle condizioni alle quali dobbiamo abituarci. Ma quando si tratta del caldo non sappiamo come verrà percepita questa nuova normalità. Solo negli ultimi dieci anni la temperatura (e la quantità di emissioni di gas serra) è aumentata vertiginosamente e con una velocità drasticamente crescente. Non abbiamo proprio avuto il tempo di poter comprendere, anche solo in modo approssimativo, cosa quest'aumento comporti. Quello che sappiamo con certezza è che l'aspetto delle nuove temperature estreme dipende in modo decisivo (e incomparabilmente maggiore rispetto a qualunque altro fenomeno meteorologico) dalle nostre future emissioni di gas serra.

Siccità

Capitolo quarto

Quando la giustizia finisce sotto il tappeto

Sudafrica

> In Africa il nostro patrimonio naturale e culturale ci definisce: racconta la nostra storia [...] Una volta che questa storia è andata persa, non può essere né sostituita né restaurata. Come possiamo mai adattarci alla perdita di un patrimonio di questo tipo? Alla fine, un patrimonio culturale e naturale perduto potrebbe significare una storia cancellata.
>
> Spero che il *giorno zero* non arrivi mai, eppure guardando le persone che vogliono venire fin qui e il loro disperato bisogno di acqua, vedo che presto tutti capiremo che l'acqua è piú preziosa del petrolio.
>
> «Siamo senz'acqua da due giorni. Sono preoccupato per il futuro perché sarà sempre peggio. Perché [il governo] non si preoccupa per noi». Queste le parole di Elsie Hanse, 53 anni, che vive in una baracca in un comune ai margini di Graaff-Reinet, una città nella provincia del Capo Orientale.
>
> Ci hanno costruito dei bagni, ma non possiamo usarli perché non c'è acqua[1].

Quando nel 2022 il giornalista freelance Jon Heggie ha visitato la provincia del Capo Orientale in Sudafrica, ha assistito a una scena che non ha mai piú dimenticato: non appena delle grandi gocce di pioggia hanno iniziato a cadere sulla terra inaridita, un uomo si è gettato in una pozza, formatasi attorno a uno scarico difettoso, urlando dalla gioia verso il cielo. In seguito, all'interno di un reportage del suo viaggio pubblicato su «National Geographic», Heggie ha descritto la scena come una sorta di festeggiamento spontaneo. Un festeggiamento che meglio di qualunque altra cosa simboleggia il rapporto che il Sudafrica ha con l'acqua piovana[2].

La pioggia è letteralmente l'oro liquido degli stati che occupano la parte meridionale del continente africano, in quanto tutti dipendono direttamente e in maniera significativa dalle piogge, sia per quanto riguarda le riserve di acqua potabile che per il lavoro delle aziende agricole. Si tratta di una dipendenza molto pericolosa, perché l'intera regione, circondata dall'Oceano Indiano e dall'Atlantico, sta diventando sempre piú arida. Quanto sia precaria la disponibilità di acqua in quei luoghi è diventato un tema di interesse globale nel 2018, quando a Città del Capo le persone hanno letteralmente temuto che fosse giunto il loro *giorno zero*. Il *giorno zero* segna la linea rossa – tracciata sull'arida terra – oltre la quale la città deve fare i conti con il fatto che i suoi rubinetti si sono prosciugati. Già l'anno precedente, nel 2017, la situazione era stata cosí tesa che l'amministrazione della città si aspettava da un giorno all'altro il superamento di questa linea. Le persone esperte in materia erano continuamente impegnate nel calcolare per quanto tempo ancora l'acqua avrebbe continuato a scorrere, se il consumo fosse rimasto invariato e la pioggia avesse ancora tardato ad arrivare. Il che significa: quanto ci sarebbe voluto per arrivare al giorno in cui la metropoli, che ospita quattro milioni di persone, sarebbe diventata la prima città al mondo a essersi letteralmente prosciugata.

Mentre scrivo queste parole, il *giorno zero* per Città del Capo non è ancora arrivato, ma di certo la città lo ha sfiorato tragicamente.

Allontanare il problema, però, non significa risolverlo. Anche se sia le famiglie sia le aziende agricole hanno drasticamente ridotto i loro consumi, la disponibilità di acqua per le persone che abitano nella città resta comunque molto inferiore rispetto a prima: poco piú di 27 galloni (circa 103 litri) di acqua a persona, al giorno. Si tratta di una quantità molto bassa, come emerge se la si confronta con quella di altri paesi: secondo i dati della Commissione europea un cittadino del Regno Unito, nel 2016, ha consumato in media 150 litri di acqua al giorno, in Germania 122[3]. Quando nel 2018 a Città del Capo la crisi si è ulteriormente acuita, le autorità hanno introdotto delle severe restrizioni al consumo di acqua, fino a interrompere quasi del tutto l'irrigazione dei campi. Per le circa 50 000 persone la cui sopravvivenza dipende dai raccolti, e quindi dall'irrigazione del loro orto, queste misure non avevano a che fare con prati e giardini che appassiscono, ma comportavano la perdita stessa dei mezzi di sussistenza.

Durante il periodo di crisi i cittadini e le cittadine hanno avuto a disposizione soltanto 50 litri di acqua al giorno per il consumo personale, il che significava che potevano permettersi o di lavare loro stessi o di lavare i loro vestiti, e che hanno dovuto letteralmente porsi il problema di quante volte tirare lo scarico – i modelli piú vecchi di sanitari consumano tra i 9 e i 14 litri di acqua per ogni scarico. Le famiglie che consumavano piú acqua di quella consentita ricevevano la visita ufficiale di un idraulico con una cassetta degli attrezzi che inseriva un meccanismo alle tubature in modo tale da tagliare l'approvvigionamento idrico[4]. Immaginare davvero il *giorno zero*, che nel 2018 Città del Capo è riuscita a schivare solo attraverso l'introduzione di queste misure estreme – e grazie al fatto che nel corso dell'anno le piogge hanno ripreso a cadere in modo piú abbondante –, è stato un segnale di allarme per tutto il Sudafrica. Il problema dell'approvvigionamento idrico e delle modificazioni nella quantità e nella ricorrenza delle piogge non riguarda solo Città del Capo, ma tutta la regione: in conseguenza del surriscaldamento globale il calo delle precipitazioni in Sudafrica prosegue senza sosta. Questa situazione non riguarda però in modo uniforme tutte le province, come può essere notato osservando le riserve idriche.

Di regola tali riserve consistono in laghi artificiali formati usando delle dighe. Città del Capo, ad esempio, dispone di oltre quarantaquattro dighe principali che consentono di avere una riserva d'acqua complessiva di oltre 1870 milioni di metri cubi di acqua. Se questi laghi sono completamente pieni, dunque, la città ha delle scorte che superano gli 1,8 miliardi di litri (circa 935 000 piscine olimpioniche completamente piene).

A ogni modo solo raramente le riserve raggiungono un livello d'acqua paragonabile, ad esempio, a quello raggiunto nell'agosto 2023. Il livello dell'acqua dei laghi artificiali nella provincia del Capo Occidentale varia annualmente, ma anche nel corso di un singolo anno. Nel maggio del 2023, solo tre mesi prima di agosto, le riserve erano piene solo per il 53 percento. All'inizio di giugno la situazione è migliorata e le riserve risultavano piene quasi per due terzi, cioè al 65,5 percento. Ma anche quando sono piene quasi per tre quarti della loro capacità – come nel caso del mese di giugno dell'anno precedente – per molte aree questa situazione comporta comunque delle conseguenze devastanti.

Mentre Città del Capo in quel periodo del 2023 non aveva piú le restrizioni degli anni precedenti, la città di Oudtshoorn, situata su un lungo altopiano nel Sudest del Capo Occidentale, aveva proclamato una grave emergenza, con il livello dell'acqua nei bacini idrici locali giunto a un punto drammaticamente basso. Dall'altra parte del paese, nella provincia del Capo Orientale (dove Heggie aveva osservato la gioia per l'arrivo della pioggia), i bacini idrici, nonostante all'inizio dell'anno ci fossero state piogge particolarmente intense, contenevano ancora troppa poca acqua (solo il 71 percento della capacità complessiva). In altre parole, a lungo termine emerge la seguente tendenza: anche nel caso in cui nel breve tempo la maggior parte delle riserve del Sudafrica continuino a riempirsi, queste perdono nel complesso una quantità significativa di acqua. Quanto la situazione rimanga seria e preoccupante, lo dimostra il fatto che il governo del Capo Occidentale, sul suo sito ufficiale, chiede esplicitamente ai residenti e ai turisti di attenersi a un comportamento parsimonioso nell'uso dell'acqua[5].

L'acqua è contemporaneamente un bene prezioso e un fenomeno complesso: evapora, cade sotto forma di pioggia o neve, si disperde (ad esempio sottoterra) oppure defluisce direttamente nei fiumi. Se singoli componenti di questo ciclo diventano piú intensi – come quando aumenta l'evaporazione –, ciò produce effetti a catena anche su tutti gli altri. Nell'aprile del 2022 le persone della provincia di KwaZulu-Natal, situata a nord del Capo Orientale, hanno sperimentato sulla loro pelle uno degli effetti piú estremi di questo processo: nella città costiera di Durban, e nelle aree circostanti, la pioggia è stata cosí forte da formare delle inondazioni che sono costate la vita a oltre quattrocento persone, causando anche ingenti danni[6]. KwaZulu-Natal deve spesso fronteggiare anche periodi di siccità, l'altro fenomeno estremo causato da un ciclo dell'acqua che diventa piú intenso. Come riportato da Heggie, le comunità rurali a sud di Durban hanno vissuto già nel 2019 il loro *giorno zero*. Questo è stato seguito da un *day after* lungo una intera settimana, durante la quale hanno dovuto sopravvivere senza accesso all'acqua corrente e dipendendo completamente da autocisterne che non sempre hanno funzionato in modo efficiente[7]. A causa della siccità persistente le riserve idriche regionali erano rimaste vuote e le sorgenti si erano quasi prosciugate, lasciando cosí l'intera costa meridionale della provincia di KwaZulu-Natal in una situazione di scarsità estremamente pericolosa.

Da quanto riportato da Heggie in molte città, tra cui anche Durban, le autorità locali si appropriano illegalmente di cosí tanta acqua, attraverso acquedotti abusivi o altre forme di sabotaggio, che l'approvvigionamento risulta essere molto peggiore di quanto non sembri sulla carta, cosí che le entrate di cui le città avrebbero bisogno per finanziare i miglioramenti alle reti idriche stanno metaforicamente scivolando via insieme all'acqua. È questa un'ulteriore ragione per cui in Sudafrica, ma anche in altri paesi come Lesotho ed eSwatini, il cosiddetto *giorno zero* dista spesso solo una stagione delle piogge, oppure è già un'arida realtà con la quale le persone devono fare i conti. Quando nel maggio del 2022 la città di Gqeberha (precedentemente nota come Port Elizabeth), situata nella municipalità metropolitana di Nelson Mandela Bay, nel Capo Orientale, ha sfiorato il suo *giorno zero*, ha riportato alla memoria la situazione in cui si era trovata nel 2018 Città del Capo, e cosí molte persone si sono chieste, a ragione, se i governi provinciali avessero imparato qualcosa da quel disastro.

Le cose da imparare sono molte e riguardano il cambiamento climatico, la politica e soprattutto la giustizia, la corruzione e il razzismo. Città del Capo, ad esempio, ha potuto rimandare nel 2018 il suo *giorno zero*, ma questo non significa affatto che tutte le persone che vi abitano abbiano avuto accesso allo stesso modo all'acqua corrente: le misure drastiche sono state messe in atto soprattutto nei quartieri piú poveri, prevalentemente abitati da neri. Molte di queste vivono di fatto già da tempo in un perenne *giorno zero*, dato che i lavori di ampliamento e ristrutturazione della rete idrica, in questi quartieri, non vengono mai avviati e sono sempre rimandati[8].

Le siccità al tempo del cambiamento climatico.

Nei precedenti capitoli abbiamo visto il significativo impatto che il cambiamento climatico ha sulle ondate di caldo. Ma i suoi effetti non si riducono a questo, poiché influenza in diversi modi anche i periodi di siccità. L'evaporazione dell'acqua e la pioggia, in questo caso, giocano un ruolo centrale. L'evaporazione dell'acqua, che naturalmente avviene anche sulla terraferma, rende ancora piú aridi i terreni e influenza il modo in cui si distribuiscono le precipitazioni: dappertutto le singole precipitazioni diventano piú violente, il che significa che in tempi molto brevi precipita piú pioggia. Si tratta di un aspetto importante, perché le cosiddette piogge torrenziali saturano piú velocemente il terreno, dunque un quantitativo minore di acqua filtra negli strati piú profondi del suolo, mentre un quantitativo maggiore finisce direttamente nei fiumi. Se una stessa quantità di acqua cade sotto forma di pioggia lieve, quindi in un intervallo di tempo piú lungo, i suoli restano piú umidi e le riserve sotterranee possono durare piú a lungo.

In linea generale il modo in cui le precipitazioni sono distribuite influenza i periodi di aridità e le siccità in tre modi. Se le precipitazioni, in generale, diventano piú intense e quindi in un dato luogo nel corso di un anno o di una stagione piove di piú rispetto al passato, allora in futuro la siccità dovrebbe essere in quegli stessi luoghi piú rara, anche se questa condizione è stata finora osservata solo nel Nord dell'Australia e nell'Europa settentrionale[9]. Se, invece, la quantità di precipitazioni resta in totale invariata, ma cade sempre piú spesso sotto forma di pioggia torrenziale, allora in queste regioni è possibile che la siccità si presenti con piú frequenza e che, a causa della rapida saturazione del suolo sopra descritta, ci siano lunghi periodi di aridità tra una precipitazione e l'altra, e l'evaporazione dell'acqua, di conseguenza, avvenga piú rapidamente. Se le precipitazioni sono ancora piú rare e ancora piú intense quando si presentano – ma con una generale diminuzione della quantità di pioggia durante l'anno –, allora nei luoghi in cui ciò accade si mostra in modo ancora piú evidente che i periodi di siccità stanno subendo un'alterazione, poiché si presentano in modo piú frequente e ancora piú intenso. Nell'area mediterranea dell'Europa e nel Levante, cioè nei paesi della costa orientale del Mediterraneo (la Siria, il Libano, Israele, la Palestina e la Giordania) le estati sono diventate cosí aride che non c'è piú nulla di romantico nelle piogge estive. Spesso queste prendono la forma di alluvioni improvvise, come quella avvenuta nel maggio del 2023 in Emilia-Romagna, in un momento in cui il suolo, diventato duro e completamente asciutto, non è stato piú in grado di assorbire l'acqua. Spesso sono proprio le regioni piú soggette alle siccità a essere maggiormente colpite dalle alluvioni improvvise, ma questa non è una regola generale che vale dappertutto, entrambi i fenomeni meteo sono altamente complessi.

Esistono diverse tipologie di siccità e allo stesso tempo non esiste una semplice risposta alla domanda relativa al modo in cui siano connesse al cambiamento climatico. La ricerca climatica le distingue e classifica o sulla base delle loro cause o sulla base degli effetti che producono sul ciclo dell'acqua e sull'approvvigionamento idrico. Si parla di siccità meteorologica quando le precipitazioni sono molto scarse per un lungo periodo. Se persiste, questa condizione si trasforma in una siccità idrologica, durante la quale anche l'acqua trasportata dai fiumi diminuisce e il livello della falda freatica scende, situazione che tra gli esperti viene indicata come siccità delle falde acquifere. Si parla invece di siccità agricola o ecologica quando se ne riscontrano gli effetti sui raccolti e sugli ecosistemi naturali e quindi quando la flora, a causa di una forte aridità del suolo, non ha piú acqua a sufficienza per nutrirsi. Studiare questi tipi di siccità, che sono stati descritti in modo dettagliato nell'ultimo rapporto dell'Ipcc, ci permette di comprendere in che misura tale evento meteorologico sia cambiato a causa del cambiamento climatico e quali effetti abbiano questi cambiamenti. Oltre al Mediterraneo, le regioni in cui il rischio di siccità è già cresciuto in modo significativo sono: la parte occidentale del Nordamerica, la parte nordorientale del Sudamerica, l'Asia centrale e orientale, la parte meridionale dell'Australia e alcune aree dell'Africa centrale, occidentale e meridionale[10].

Le siccità agricole o ecologiche influenzano non solo la natura in generale, ma hanno anche degli effetti massicci sui mezzi di sussistenza delle società, costringendo le persone colpite a chiedersi con preoccupazione se ci sia abbastanza cibo a disposizione o se quello disponibile sia abbastanza salutare e pulito[11]. Colpiscono spesso regioni le cui coltivazioni sono prevalentemente basate sul grano e sulla soia, cosa che le rende i piú importanti *granai* a livello globale. Vedremo in seguito come la siccità abbia degli effetti anche in merito alla fame nel mondo. Per ora ci basti sapere che per il grano non sono un bene né l'aridità estrema né il caldo troppo intenso, ed è per questo che molti raccolti negli ultimi anni sono stati cosí magri, cosa che si riflette in modo evidente e per tutti nel prezzo del pane. E laddove non è il grano a essere colpito, allora la siccità (ecologica) si abbatte sulle foreste, che sono sempre piú avvolte dalle fiamme.

Tre anni di siccità a Città del Capo.

Dopo che nella parte sudoccidentale del Sudafrica la mancanza di pioggia si era prolungata per tre anni consecutivi – dal 2015 al 2017 – fino a portare, come già detto, la regione di Città del Capo a poche gocce dal suo *giorno zero*, diversi gruppi di ricerca hanno iniziato a studiarla con attenzione, soprattutto per cercare di comprendere quale ruolo avesse giocato il cambiamento climatico[12]. Si era trattato della peggiore siccità che si fosse mai presentata nel Capo Occidentale dal 1904 e aveva causato una scarsità d'acqua senza precedenti. Le osservazioni meteorologiche del passato disponibili indicano quello che ho già delineato in precedenza: una situazione del genere si trova strettamente connessa con un calo continuo e costante delle precipitazioni, cosa che risulta essere ancora piú preoccupante se teniamo in considerazione che i modelli climatici prevedono che a lungo termine in gran parte dell'Africa meridionale l'aridità continuerà ad aumentare.

La parte meridionale del Sudafrica appartiene, inoltre, a quel piccolo gruppo di regioni nelle quali un'ulteriore particolarità meteorologica gioca un ruolo rilevante. La ricerca climatica si aspetta che in quest'area, in corrispondenza con la crescita del surriscaldamento, anche la cosiddetta variabilità delle precipitazioni (da non confondere con la distribuzione delle precipitazioni, da pioggia lieve a pioggia torrenziale) tenderà ad aumentare. Non soltanto dovrebbe piovere di meno, ma anche le oscillazioni delle precipitazioni subiranno delle alterazioni. In concreto, come hanno sottolineato diversi studi, non ci saranno piú cosí tante annate umide e con molta pioggia, mentre le annate completamente senza pioggia saranno ancora piú rare. Sulle prime tutto questo potrebbe non sembrare un problema, eppure ha delle conseguenze fatali che, tra le altre cose, sono connesse al modo in cui verrà messa alla prova la gestione dell'acqua da parte delle amministrazioni comunali: il modo in cui l'acqua viene raccolta, conservata, distribuita, protetta e, possibilmente, usata in modo sostenibile.

È possibile comprendere in maniera particolarmente chiara il senso di questo discorso prendendo come esempio proprio Città del Capo. La metropoli, situata nel mezzo di sei grandi bacini idrici, che dovrebbero immagazzinare acqua per l'intera regione, non era per nulla pronta, all'inizio del 2015, ad affrontare un periodo di siccità che sarebbe durato per tre anni. Questo perché l'amministrazione cittadina aveva stabilito una modalità di gestione dell'acqua che si basava sul presupposto che il sistema di approvvigionamento sarebbe stato completamente riempito durante gli anni piovosi. Da un punto di vista meteorologico quello che è successo è che nei pressi dei bacini idrici, in un'aria insolitamente vasta, è piovuto solo d'inverno (per quella zona significa tra giugno e luglio) ma non, come di solito accade, durante la primavera e l'autunno. In conseguenza di ciò si è presentata una siccità idrologica che a sua volta ha portato al fatto che i fiumi e le altre sorgenti non hanno piú alimentato in modo sufficiente i bacini idrici. Le temperature piú alte, insieme a un aumento dell'evaporazione, hanno aggravato ulteriormente la situazione e cosí Città del Capo si è trovata costretta a fronteggiare un tipo di siccità che in quell'area, con le condizioni climatiche del 2017, aveva una probabilità di ricorrenza pari a una volta ogni trecento anni. Alla fine del 2017 l'acqua presente nelle riserve idriche non era sufficiente per coprire sia il fabbisogno di una metropoli composta da 3,7 milioni di persone sia quello dell'irrigazione agricola del Capo Occidentale. Chi, a livello amministrativo, era responsabile della gestione dell'acqua e aveva fatto affidamento, come al solito, su un'annata piovosa, aveva fallito.

Ciò significa che la regione oggi deve urgentemente investire sulla capacità di fronteggiare future condizioni climatiche estreme e deve mettere a punto piani a lungo termine che facciano i conti con uno scenario nel quale l'acqua sarà significativamente di meno. Ciò comporta da un lato una generale diminuzione del consumo (prima della crisi il consumo si aggirava intorno ai 233 litri al giorno per persona), e questo può avvenire sia attraverso una migliore informazione sia attraverso incentivi sui prezzi. Ma potrebbe non essere sufficiente, se i bacini idrici continueranno a non riempirsi.

Qualora non fosse possibile incanalare l'acqua da diverse regioni verso il Capo Occidentale cosí da rendere questa regione meno vulnerabile rispetto alle oscillazioni meteorologiche, allora un ulteriore contributo potrebbe essere dato dagli investimenti sugli impianti di desalinizzazione.

In conseguenza del cambiamento climatico, Città del Capo dovrà in futuro fare i conti piú spesso con periodi di aridità di questo tipo, la cui probabilità di ricorrenza, a causa del surriscaldamento, è triplicata. Se nel mondo il surriscaldamento dovesse raggiungere i 2°, la probabilità di ricorrenza aumenterebbe di altre tre volte. I rischi di siccità non variano quindi in modo esponenziale (cosa che tutti noi abbiamo imparato a riconoscere durante la diffusione del Coronavirus), ma in modo lineare: un lieve surriscaldamento rende le siccità lievemente piú probabili, mentre un surriscaldamento piú significativo aumenta maggiormente il rischio di siccità. Sulle prime questo discorso sembrerebbe dover attenuare le nostre preoccupazioni, eppure significa che la probabilità di ricorrenza della siccità aumenta con l'aumentare del surriscaldamento[13]. Continuando cosí, dunque, l'aridità non potrà che crescere.

Per le siccità, che notoriamente costituiscono un oggetto di studio molto complesso, una tale diagnosi è, di contro, insolitamente chiara. Parlando di precipitazioni, in nessuna altra parte del mondo ho visto in modo piú chiaro i tratti distintivi del cambiamento climatico. Come abbiamo osservato nel precedente capitolo, le temperature in continuo aumento contribuiscono a rendere la mancanza di precipitazioni, causata dal surriscaldamento, un problema sempre piú urgente. La gestione dell'acqua costituisce dunque una grande sfida per la regione del Capo Occidentale, dato che non è soltanto il sistema di approvvigionamento di Città del Capo a dipendere quasi completamente dalle precipitazioni. Anche l'intero sistema regionale, con le sue quarantaquattro dighe, si basa sul medesimo principio. Dunque è l'intera provincia a essere particolarmente esposta alle oscillazioni e alle variazioni climatiche (i livelli delle acque dei bacini idrici del Capo Occidentale, menzionati in precedenza, mostrano in modo chiaro quanto sia rischiosa questa situazione). Naturalmente tutto ciò ha anche delle conseguenze a livello economico, sia a livello regionale sia nazionale: l'agricoltura viene messa a dura prova dalla siccità e il Sudafrica soffre già da molti anni per la perdita dei raccolti nel settore frutticolo, problema che si trasforma in una perdita rilevante anche per le esportazioni (ad esempio di vino o mele). Il prodotto agricolo piú importante – in particolare per il Capo Occidentale – resta comunque il frumento, i cui raccolti però sono in calo[14]. Si tratta di una situazione particolarmente drammatica, poiché i paesi vicini, come ad esempio Lesotho, uno stato colpito da un'estrema povertà (cosa sulla quale ritornerò in seguito), dipendono fortemente dal grano proveniente dal Sudafrica.

Quando i raccolti diminuiscono sono sempre i piú poveri a perdere immediatamente il lavoro, e dunque anche le possibilità finanziarie per riuscire a fronteggiare gli effetti di un periodo di siccità. Senza un reddito non è possibile comprare l'acqua quando i rubinetti comunali sono chiusi (parzialmente o completamente). Nel Capo Occidentale, una regione nella quale sono ancora molto visibili i segni dell'apartheid, molte persone trovano lavoro, regolare o meno, nel settore agrario. In una società attraversata da una estrema disuguaglianza come il Sudafrica, emerge con chiarezza quanto il cambiamento climatico intensifichi ulteriormente le disuguaglianze già esistenti: in tempi di crisi le prime persone a trovarsi dall'oggi al domani senza neanche un'occupazione ottenuta illegalmente sono le stesse a non aver mai avuto alcuna possibilità di lavorare in maniera regolamentata. Nel Capo Occidentale si tratta quasi sempre di non bianchi, che portano sulla loro pelle i segni del razzismo.

Il ruolo giocato dal cambiamento climatico nel Capo Occidentale ha delle conseguenze che vanno molto al di là della situazione dei rubinetti nelle case di Città del Capo, e che si abbatte, soprattutto, su ogni singolo anello di una lunga catena di problemi locali.

Il cambiamento climatico nella politica locale.

La crisi idrica che ha colpito Città del Capo non ha avuto solo delle cause fisiche, come l'assenza di pioggia, ma anche, evidentemente, delle cause politiche. Anzi, si tratta di un esempio perfetto per comprendere come e perché il cambiamento climatico sia una questione politica.

Città del Capo gestisce un numero maggiore di bacini idrici rispetto ai sei che abbiamo già menzionato. Ma non gestisce in autonomia le condutture idriche, le quattordici grandi dighe e le venticinque riserve di acqua; lo fa infatti insieme al Dipartimento nazionale per l'acqua e i servizi igienici. Le sei riserve idriche piú importanti, che non riforniscono solo la città – che ha bisogno di circa i due terzi del totale – ma anche i terreni agricoli circostanti e altre comunità nella zona, si trovano quasi tutte al di fuori dei confini urbani[15]. Finora l'amministrazione non ha mai sfruttato le acque sotterranee a causa di controversie che riguardano se e come usarle[16]. La gestione dell'acqua fa, quindi, affidamento quasi esclusivamente sulle riserve locali, sfruttando condutture idriche relativamente brevi. Dato il modo in cui Città del Capo gestisce attualmente le sue risorse, il sistema è progettato per funzionare in un mondo in cui le siccità estreme si verificano in media una volta ogni cinquant'anni[17]. Eppure un periodo di precipitazioni carenti, che in passato si sarebbe dovuto verificare una volta ogni cinquanta anni, ora risulta essere circa tre volte piú frequente (il che significa: una volta ogni diciassette anni). La popolazione e le attività economiche che dovrebbero ricevere le forniture di acqua necessarie dal sistema di gestione idrica del Capo Occidentale si trovano a essere in ultima analisi molto piú esposte alle siccità di quanto sia stato ipotizzato precedentemente.

In passato questo sistema era noto per la sua affidabilità ed è stato preso come modello dalle altre regioni del Sudafrica. Era cosí affidabile che pochissime persone o imprese hanno fatto qualcosa per garantirsi una maggiore indipendenza a livello idrico, creando serbatoi d'acqua di riserva nel caso in cui l'approvvigionamento comunale si fosse rivelato insufficiente. Non sono state sperimentate né messe a punto altre strategie alternative di approvvigionamento. E questa è una scelta di gestione molto insolita per delle città che hanno una certa familiarità con il problema della crisi idrica. A San Paolo, ad esempio, le industrie che hanno bisogno di acqua fredda non potabile la prendono direttamente dall'impianto di trattamento e non dalle riserve di acqua potabile[18].

Creando per tutto il paese questo tipo di dipendenza, Città del Capo (sede del parlamento sudafricano e che occupa una posizione economica dominante nell'Africa meridionale), ha anche posto le basi per un enorme disservizio. E questo perché i periodi di siccità, in Sudafrica e in particolare nel Capo Occidentale, hanno anche un impatto a lungo termine sull'economia regionale e nazionale. Nella loro relazione economica ufficiale per il 2017 le autorità del Capo Occidentale sono state costrette ad assegnare alla crisi idrica un elevato rischio finanziario per le aziende: l'aumento delle tariffe idriche fa aumentare anche drasticamente i costi, diminuendo la posizione competitiva delle imprese, fino a danneggiare la loro reputazione e mettere in discussione la loro affidabilità e qualità[19].

Quello che accade in questi casi lo si sa fin troppo bene: le imprese abbandonano quel settore, ancora piú persone perdono il lavoro e le fratture sociali già esistenti all'interno di una società estremamente segnata dalla disuguaglianza non fanno che intensificarsi ulteriormente, i problemi sociali diventano ancora piú gravi e la fiducia nei governi locali diminuisce. Andare in una direzione differente significherebbe per la parte sudoccidentale del Sudafrica (un'area di fatto ricca) non solo dover rendere molto meno dipendente la gestione dell'acqua dalle precipitazioni, cosí da proteggere maggiormente la popolazione, ma anche ricostruire la fiducia nell'economia, in modo da rendere credibile agli occhi delle aziende e degli investitori la solidità a lungo termine della pianificazione. Non si tratta di un compito semplice in un paese afflitto dalla corruzione, soprattutto dopo che il governo cittadino, dall'inizio della crisi, ha dissipato molta della credibilità acquisita (mentre prima era stato a lungo un modello di riferimento nella gestione dell'acqua e del cambiamento climatico).

La reale misura di questo fallimento è stata mostrata all'interno di un articolo contenuto nella rivista «Nature», intervenuta sulla questione quando il problema della scarsità di acqua ha toccato il suo picco. L'autore Mike Muller (direttore generale del Dipartimento sudafricano per gli affari idrici e forestali fino al 2005), insegna all'Università di Witwatersrand a Johannesburg e il suo ambito di ricerca riguarda la *governance* e il management nella pubblica amministrazione. Nel suo articolo *Lessons from Cape Town's drought* («Cosa posiamo apprendere dalla siccità di Città del Capo?») afferma qualcosa di spiazzante: mette in guardia dal voler forzatamente vedere le cause di queste crisi idriche nel cambiamento climatico[20]. Muller non fa parte di certo della schiera di chi nega il cambiamento climatico, e che spesso e volentieri si esprime in questi termini per affogare nel mare della disinformazione un mondo che sta lottando contro la scarsità di acqua. L'intento era diverso e Muller mirava a dimostrare che il problema principale nella crisi idrica che aveva colpito Città del Capo erano state le decisioni sbagliate a livello politico. Le cose stanno veramente cosí?

L'argomentazione di Muller è la seguente: anziché prendere decisioni sostenute dai dati della ricerca scientifica e investire sul miglioramento e sulla sicurezza a lungo termine dell'approvvigionamento, la città e l'amministrazione si sono basate sul presupposto che le misure adottate negli anni precedenti per ridurre il consumo idrico complessivo, sarebbero state ancora sufficienti per aggirare il problema[21].

A questo punto la domanda da porsi è se le figure responsabili della gestione del problema avessero avuto accesso a sufficienti informazioni che avrebbero permesso di fare scelte scientificamente fondate. La risposta a tale domanda è solo una: sí. Muller chiarisce questo punto in modo esemplare, facendo notare che le aree metropolitane del Sudafrica hanno accesso al piú alto standard scientifico in circolazione per pianificare nel miglior modo possibile la gestione dell'acqua e per garantire il futuro approvvigionamento. A partire dagli anni Ottanta le figure professionali che si occupano della situazione idrologica sudafricana, e nello specifico di studiare il ciclo dell'acqua, hanno sviluppato, avvalendosi anche di collaborazioni internazionali, alcuni modelli di gestione idrica. Questi modelli sono cosí precisi e accurati da includere al loro interno tutti i fattori piú rilevanti: la quantità di pioggia, lo stato dei fiumi, i serbatoi e le dighe, lo storico dei dati idrologici, i diversi usi dell'acqua e molto altro ancora. In altre parole chi si occupa di pianificazione cittadina, e usa questi modelli, non osserva un singolo albero ma l'intera foresta, insieme a tutto ciò che cresce, corre, cammina e vola al suo interno, fino ad arrivare a chi mangia chi e quando lo fa. Tali modelli sono un'eccellenza a livello globale, vengono regolarmente migliorati e possono aiutare a fare prognosi che riguardano lo sviluppo economico o demografico, cosí da calcolare la domanda di acqua e la capacità di accumulo necessaria per le riserve. Servono anche a mappare il funzionamento e l'attività della rete idrica e simulare differenti tipologie di rischi, cosí come a valutare le carenze di approvvigionamento per differenti tipologie di utenti e a testare l'efficacia delle misure di miglioramento.

La stessa Città del Capo si è servita in passato di questi modelli altamente complessi. Per anni la città ha lavorato a stretto contatto con la ricerca scientifica, seguendo una visione a lungo termine che è riuscita a coinvolgere anche altre regioni del Capo Occidentale, individuando luoghi adatti per future dighe e indagando sul modo in cui si sarebbero dovute reperire nuove fonti, ad esempio fiumi che fino a quel momento non avevano ancora portato la loro acqua nelle riserve. Cosí facendo il sistema di approvvigionamento idrico del Capo Occidentale ha in un primo tempo funzionato molto bene.

Negli anni Duemila, prosegue Muller, la costruzione di nuovi bacini idrici è stata quasi completamente interrotta, anche sotto la pressione degli ambientalisti e delle ambientaliste che hanno iniziato una battaglia per spostare l'attenzione sulla conservazione e sull'uso consapevole dell'acqua. Questa protesta ha avuto come conseguenza un allungamento di sei anni dei tempi di completamento della diga sul fiume Berg, la piú importante di Città del Capo. Nel 2009, a partire dal momento in cui finalmente è stata connessa alla rete idrica, e in particolare nel 2018, questa ha svolto un ruolo rilevante nel garantire che la fornitura di acqua cittadina non si esaurisse. La campagna ambientalista aveva comunque toccato un nervo scoperto che anche i modelli di gestione dell'acqua avevano evidenziato, cioè il fatto che il livello delle precipitazioni segue comunque una parabola discendente. Nel 2009, dunque, tutti erano consapevoli dei problemi all'orizzonte. Anche a livello politico.

Eppure, anziché reagire in modo adeguato alla nuova situazione, e quindi cercare di attingere a nuove fonti per le riserve, il governo ha sperperato i soldi in modo diverso, chiudendo gli occhi dinanzi alla realtà. Nonostante tutti gli avvertimenti, i sei bacini idrici hanno, infine, raggiunto riserve inferiori a due anni di pioggia normale. Detto con i numeri questo significa: 890 milioni di metri cubi, laddove il quantitativo medio annuo raggiunge i 570 milioni di metri cubi. Per un po' le cose, apparentemente, hanno funzionato. Ma le apparenze, a volte, ingannano.

Nel 2016, dopo il secondo inverno secco consecutivo, la città ha preso coscienza della carenza palese della pianificazione, iniziando a reagire con l'introduzione delle drastiche misure già menzionate. Il consigliere comunale responsabile dei servizi idrici, Xanthea Limberg ha difeso le politiche attuate scrivendo, come viene riportato da Muller, che: «Non è pratico mettere da parte miliardi solo per fronteggiare un possibile periodo di siccità che potrebbe anche non presentarsi»[22]. Purtroppo, quando veniva fatta questa dichiarazione pubblica quella siccità, che avrebbe anche potuto non presentarsi, stava durando già da due anni. Il fatto che nel 2017, durante il terzo anno consecutivo senza pioggia, si fosse trasformata in una catastrofe non dovrebbe stupire. I modelli di gestione dell'acqua avevano mostrato che uno scenario di tre anni aridi e senza piogge consecutivi sarebbe stato possibile. A livello politico e amministrativo, quindi, tutti erano stati sufficientemente informati per essere in grado di prendere delle decisioni supportate dalla ricerca scientifica.

Come mostra giustamente Muller, nella regione dove si trova Città del Capo non è una rarità che si verifichino anni di siccità consecutivi. La situazione si è presentata alla fine degli anni Trenta e agli inizi degli anni Settanta del secolo scorso, mentre i tre anni di siccità tra il 2002 e il 2005 sono stati fortunatamente interrotti da un anno piovoso nel 2004. I modelli idrologici che mostrano questi rischi sono molto affidabili, ma ciononostante la politica non ne ha tenuto conto negli anni che hanno preceduto la crisi idrica del 2018, né quando si è trattato di prendere decisioni a livello sociale e finanziario. I costi della crisi idrica, prosegue Muller, sono stati stimati intorno ai 181 miliardi di dollari americani, comprendendo in questa cifra anche le perdite dovute al calo del turismo e i posti di lavoro persi.

Se nel 2013 e nel 2014, quindi tre anni prima della siccità che ha tenuto in pugno la regione, Città del Capo avesse investito anche solo un miliardo di rand (corrispondente circa a 70 milioni di dollari americani) nelle infrastrutture, cosí da prepararsi a un possibile periodo di tre anni di precipitazioni scarse, sarebbe stata una spesa molto minore rispetto ai danni causati dalla siccità. Anche se alla fine la pioggia si fosse presentata, qualsiasi team di pianificazione finanziaria avrebbe volentieri speso questa cifra per mettersi al sicuro contro tale possibilità.

Siamo quindi ritornati al punto da cui l'argomentazione di Muller ha preso le mosse: il tema del cambiamento climatico. Proprio ciò che Muller ha cercato di escludere con il suo articolo, è stato invece messo in primo piano. Chi aveva potere decisionale a Città del Capo ha di fatto usato il cambiamento climatico come pretesto per spostare l'attenzione dai suoi errori decisionali. Perché se è evidente che abbia giocato un certo ruolo all'interno di questo fenomeno, non si è però trattato di niente di imprevedibile, ma calcolato da tutte le previsioni, non ultime quelle dei modelli idrologici di proprietà della stato. Bisogna inoltre considerare che a differenza delle ondate di caldo (come visto nei due capitoli precedenti), quando abbiamo a che fare con i periodi di siccità i dati storici non sono completamente inutili, ma ancora molto importanti. Possono aiutare per stimare quelle che spesso sono le alte oscillazioni delle precipitazioni da un anno all'altro in quelle regioni che sono particolarmente soggette ai periodi di siccità. Le indicazioni di una stazione meteorologica nei pressi di Città del Capo, ad esempio, mostrano queste oscillazioni in modo molto chiaro: tra il 2013 e il 2017 è caduta in quella zona una quantità di pioggia che oscilla tra meno di 500 e 1250 millimetri l'anno. Si tratta di una differenza che può essere paragonata alla quantità annua di pioggia a Oslo e a Madrid, e che però riguarda lo stesso luogo in due diversi anni e non due città che distano l'una dall'altra centinaia di chilometri.

A differenza del caldo estremo verificatosi nella Columbia Britannica e nella parte nordoccidentale degli Usa, che senza il cambiamento climatico non si sarebbe potuto presentare, un periodo di forte siccità nel Capo Occidentale avrebbe potuto verificarsi ugualmente, solo che non sarebbe stato cosí intenso. Il cambiamento climatico è un fattore rilevante nelle siccità, ma non è un fattore che cambia completamente le regole rispetto alle piogge. Il fatto che chi ha delle responsabilità pubbliche sembri dare maggiore importanza a decisioni dall'impronta populista e a favori elettorali spendibili nell'immediato, piuttosto che a un modello di approvvigionamento idrico sostenibile per la popolazione, non ha niente a che fare con il cambiamento climatico. Piú che altro mostra quale sia l'idea di politica dominante e per chi vengano effettivamente prese determinate decisioni. A Città del Capo, evidentemente, questa politica non è al servizio di chi per primo si trova a perdere il lavoro, non è al servizio dei poveri, dei meno istruiti che, in ultima analisi, sono per la maggior parte non bianchi. La politica di Città del Capo è al servizio delle persone ricche e bianche, le quali all'occorrenza non hanno alcun problema a scavare un pozzo nel loro giardino (come vedremo in seguito). È cosí che si presenta il funzionamento del pensiero colonial-fossile, e rispetto al quale il motto che identifica il Sudafrica, *unità nella diversità*, suona come una promessa che ha ancora molta strada da fare per realizzarsi.

Ancora una volta: i campanelli d'allarme.

Le ondate di caldo, di cui abbiamo parlato in precedenza, e i periodi di siccità si differenziano per molti aspetti, ma una cosa pare accomunare questi eventi: il bisogno di un drammatico campanello d'allarme per spostare le priorità a livello politico. Lo stato di San Paolo, in Brasile, è un buon esempio di come le manovre politiche possano aggravare il problema idrico in un certo territorio[23].

In modo analogo alla situazione di Città del Capo e del Capo Occidentale, anche per lo stato di San Paolo il pericolo delle siccità non è un segreto. Modelli idrologici e dati storici mettono a disposizione tutte le informazioni necessarie sul problema. Eppure, anziché assumersi la responsabilità della gestione di questo rischio, sia la città sia lo stato di San Paolo si sono concentrati in passato nell'alimentare opposte fazioni, rimandando per anni l'introduzione delle misure necessarie. Alla fine, tra il 2013 e il 2014 si è presentato un periodo di siccità che dal punto di vista dei dati meteorologici era stato già previsto: un periodo del genere ha una ricorrenza a San Paolo di circa una volta ogni dieci anni e non ogni cento. Ma siccome il paese si trovava nel bel mezzo della campagna elettorale, allora la politica ha preferito non chiamare le cose con il loro nome. Geraldo Alckmin, il governatore fresco di nomina di San Paolo, si è rifiutato di dichiarare lo stato d'emergenza e di accettare pubblicamente la presenza della siccità. Questo ha comportato il fatto che le leggi e le misure previste per periodi di crisi e riguardanti la regolamentazione del consumo dell'acqua non sono potute entrare in vigore (misure tra l'altro esemplari): poiché la legislazione in quel momento era relativamente nuova, e le diverse responsabilità erano ancora oggetto di discussione, non si sarebbe potuto metterle in atto senza che la crisi venisse dichiarata ufficialmente. E invece non è successo nulla. Il consumo non è stato regolamentato e con l'aggravarsi della siccità sono state, come sempre, principalmente le persone delle baraccopoli a trovarsi senza acqua potabile e sono state sempre loro a dover lottare contro focolai di colera[24]. È stato solo dopo una crisi che – come riportato dal quotidiano «FAZ» nell'ottobre del 2014 – «ha costretto ventinove città e municipalità a trascorrere interi giorni senza approvvigionamento idrico»[25] che San Paolo ha investito sulle infrastrutture, rendendo inoltre le amministrazioni locali autonome nel reagire alle condizioni di siccità con cui devono confrontarsi.

Un esempio positivo, di contro, può essere quello della Cina. In diverse aree urbane in rapida crescita le infrastrutture idriche tengono il passo con l'incremento della popolazione e con le variazioni delle precipitazioni. Il fatto che la Cina raggiunga risultati migliori rispetto ad alcune democrazie non deve far pensare che le dittature siano in grado di fronteggiare meglio il cambiamento climatico. La popolazione cinese deve ritenersi fortunata che sia nell'interesse dello stato, in questo momento, investire in misure di adattamento e che queste misure funzionino. Come ha chiaramente dimostrato la pandemia da Covid-19, le dittature non ammettono volentieri i loro errori e non sono neanche propense ad apprendere quando la situazione muta; una scarsa flessibilità che la popolazione e l'economia cinesi stanno ancora pagando pesantemente. Gli adattamenti che funzionano a lungo termine si costruiscono un passo e un pezzo alla volta, spesso serve molta flessibilità per riuscire a reagire a situazioni che sono in continuo cambiamento. Pianificare in anticipo è in generale un'operazione complessa. Proprio nel caso delle infrastrutture, che non vengono tirate su dall'oggi al domani, chi ha potere decisionale è costretto a fare degli investimenti molto tempo prima che si presenti un drammatico periodo di siccità. Nelle democrazie, quindi, per farlo c'è bisogno (ed è un bene che sia cosí) del sostegno della popolazione. Ma quando la popolazione, come nel caso dell'Australia di cui ci occuperemo nel settimo capitolo, a causa di anni di disinformazione diventa ostile rispetto a decisioni che sono scientificamente fondate, allora chi occupa posizioni con un potere decisionale non deve solo sviluppare delle buone pianificazioni, ma deve anche migliorare il modo in cui queste vengono comunicate. Come vedremo prendendo in considerazione il disastro alluvionale che ha colpito la valle dell'Ahr nel 2021, anche la Germania ha ancora molto da imparare rispetto a questo punto. In definitiva tutti questi esempi mostrano quanto siano importanti dei media indipendenti, cosí come dei giornalisti e delle giornaliste (e anche chi collabora con loro) ben informati in tutti i settori. Su questo punto, in tutto il mondo, c'è ancora molto da fare.

Naturalmente non serve a nulla concedere a chi si occupa di problemi idrologici una scrivania in qualche ufficio. Per far sí che cambi qualcosa anche i processi decisionali a livello politico devono mutare. Le diverse figure politiche, a prescindere dal loro ambito di competenza, devono essere al corrente e comprendere ciò che viene loro indicato e suggerito dalla ricerca specializzata sul clima. Senza l'affiancamento di una consulenza specialistica, la politica non può prendere alcuna decisione pienamente efficace, e non riuscirebbe neanche a confrontarsi in modo proficuo con le altre parti interessate e con i media in merito alla sensatezza e alla fondatezza delle decisioni prese. Le nostre società hanno tutto da guadagnare se chi si occupa di problemi idrologici lavora fianco a fianco con figure esperte provenienti dalle scienze sociali e umane, in particolare nel campo dell'economia, della politica e del diritto. In questo modo è possibile sviluppare strumenti per la gestione del sistema idrico che possono essere seguiti e compresi sia a livello politico sia dall'opinione pubblica. Un buon punto di inizio di questo processo sarebbe quello di fare chiarezza sulle responsabilità. Sia in merito all'ondata di caldo nella parte nordoccidentale dell'America settentrionale, sia nella gestione delle acque del Sudafrica, la mancanza di chiarezza rispetto a quali misure si sarebbero dovute mettere in moto, quando farlo e chi avrebbe dovuto farlo ha avuto come unico effetto proprio il fatto che queste misure venissero attuate troppo tardi.

Per non trovarsi piú in una situazione del genere è importante comprendere meglio anche il problema delle tempistiche. Spesso a essere decisivo è il momento in cui le cose vengono fatte. Le reazioni quando il problema si è già presentato, sono tanto costose quanto ingiuste, come ha mostrato quella alla crisi idrica del 2018 a Città del Capo. Lí il prezzo dell'acqua è salito di un quarto durante la crisi, e a essere colpite in modo sproporzionato sono state soprattutto le famiglie piú povere. Basti pensare al divieto di irrigazione, che ha di certo rimandato il *giorno zero* ma allo stesso tempo è stato catastrofico soprattutto per chi dipendeva in larga parte dall'agricoltura.

Fame.

Come abbiamo visto, anche se nel 2018 Città del Capo è stata in grado di evitare il suo *giorno zero*, questo non significa che la catastrofe non sia stata reale per molte persone nei territori limitrofi. Trentamila posti di lavoro sono andati persi e per molte piccole aziende agricole questo periodo ha segnato la fine delle attività: almeno il 6 percento delle circa novantacinquemila piccole imprese non ce l'ha fatta piú a rimettersi in piedi[26].

Accanto alle perdite finanziarie la scarsità di acqua ha avuto anche delle ripercussioni sociali importanti. Proprio intorno alle piccole aziende, a causa dell'irrigazione illegale e del furto di bestiame, si sono verificati dei conflitti che potrebbero portare, nel lungo periodo, a disordini sociali persistenti se non verranno date misure di sostegno accessibili per tutti[27]. Mentre il Capo Occidentale è un territorio relativamente ricco, e quindi la siccità non ha direttamente portato a un'emergenza alimentare duratura, la riduzione delle esportazioni in altre parti del mondo a volte ha delle conseguenze drammatiche per la sicurezza alimentare, crea cioè una condizione in cui è lecito e urgente chiedersi se le persone avranno a disposizione calorie necessarie e cibo sufficiente per condurre una vita in salute e se la situazione porterà o meno a metterne in pericolo la sopravvivenza.

Per circa due miliardi di persone in tutto il mondo trovarsi in una condizione di carenza alimentare è la regola. Le oscillazioni meteorologiche hanno un ruolo importante in questa situazione, dato che contribuiscono a rendere instabile circa un terzo dei raccolti agricoli, cosa che a livello globale ha un effetto sul prezzo degli alimenti. C'è, quindi, una connessione diretta tra le oscillazioni meteorologiche e una buona e completa alimentazione[28].

I periodi di siccità, come quelli vissuti dall'intero Sudafrica nel 2007 o da Città del Capo negli anni dal 2015 al 2017, mettono particolarmente sotto pressione l'industria alimentare. Quando il cibo scarseggia e il suo prezzo schizza alle stelle, la situazione diventa particolarmente pericolosa per le persone povere, perché gran parte del loro budget familiare viene consumato per acquistare gli alimenti di base. A Città del Capo ciò significa che chi vive nelle baraccopoli e si trova nelle periferie è costretto a vivere in una condizione insostenibile, e deve scegliere *tra* comprare acqua o cibo. Spesso gli adulti decidono di comprare cibo a sufficienza per garantirlo ai loro figli, anche se questo comporterà non avere denaro per poter pagar la bolletta della fornitura idrica. A questo punto saranno costretti a servirsi direttamente dei corsi d'acqua. Ma l'acqua raccolta, anche dopo essere stata portata a ebollizione, non è abbastanza pulita e finisce per causare inevitabilmente problemi di salute.

Nel mondo globalizzato questi effetti non restano circoscritti a livello locale o regionale. Si tratta di qualcosa che a volte è facile da riconoscere, altre molto meno. Ad esempio, la pandemia da Covid-19 e la guerra in Ucraina (con la conseguente assenza di grano sul mercato globale) hanno influenzato direttamente i prezzi dei cibi in tutto il mondo. Nel febbraio 2023 piú di duecento milioni di persone sono state colpite da problemi legati alla malnutrizione acuta o hanno vissuto periodi nei quali non sapevano cosa e come mangiare[29]. Prevedere come il cambiamento climatico influenzerà il prezzo e la disponibilità dei cibi a livello globale – a parte nei casi di una dipendenza diretta molto marcata dalle condizioni meteo come nel caso di Lesotho – è molto complicato. La difficoltà dipende dal fatto che gli shock climatici impattano su un numero incredibilmente alto di fattori che determinano l'alimentazione a livello locale e regionale: fattori riguardanti il funzionamento o il malfunzionamento dei sistemi di irrigazione, le diverse dipendenze dei paesi a livello commerciale, la varietà delle colture, cosí come fattori sociali e demografici. Ma proprio perché in rapporto con l'alimentazione il cambiamento climatico influisce contemporaneamente su tutti questi aspetti, allora amplifica anche le forme di disuguaglianza già presenti in ciascuno di questi ambiti.

La fame e la sete si trasformano spesso in un grave problema globale, quando il cambiamento climatico colpisce a livello locale. Quanto tutto ciò sia vero lo si può vedere facendo riferimento al caldo estremo che ha colpito l'Asia meridionale nel 2022. L'ondata di caldo è arrivata in un momento molto critico, proprio durante la parte finale della stagione delle colture invernali come il grano e l'orzo, colture in quel momento quasi pronte per essere raccolte e perciò molto delicate. Altrettanto delicate erano quelle estive, come i legumi, i cereali, i semi oleosi, le verdure e la frutta, che erano appena state piantate e che quindi avevano bisogno di molta acqua e di temperature miti e non di un tempo secco con temperature torride[30].

Il settore agricolo in India è una delle industrie piú importanti del paese, che occupa circa il 60 percento della popolazione. Gli stati situati nel Nord come il Punjab e l'Haryana forniscono un quarto dell'intera produzione di grano nazionale, e di questa immensa produzione si è stimato che si sia perso tra il 10 e il 35 percento a causa dell'ondata di caldo. Il prezzo dei cibi in India è cosí diventato piú caro, e in alcune regioni è salito anche del 15 percento. Le conseguenze di questa situazione sono state importanti anche per il Pakistan, dove circa il 40 percento della forza lavoro è impiegata nel settore agricolo.

L'India è uno dei piú grandi produttori al mondo di frumento – nel 2023 il paese è stato superato solo dalla Cina – anche se la maggior parte della sua produzione viene venduta sul mercato interno. Quando, a causa della guerra in Ucraina e del costante aumento del prezzo dei fertilizzanti, la crisi del grano è peggiorata, l'India ha deciso (come accennato nel capitolo precedente) di modificare la sua strategia commerciale e di iniziare a esportarlo. Nel marzo 2022, però, il prezzo dei prodotti alimentari in India è salito del 40 percento (raggiungendo un picco mai toccato), e il governo ha deciso di vietare l'esportazione di grano. Questa scelta ha aggravato contemporaneamente diverse situazioni di crisi sul mercato alimentare globale: crisi legate al caldo, al grano e ai prezzi (una situazione classica quando si tratta di eventi estremi). Ma l'effettiva portata di tale situazione sul settore agrario indiano e pakistano la si comprenderà solo nei prossimi anni, dato che gli effetti economici del caldo estremo non sono ancora oggetto di studi sistematici. Detto altrimenti: nessuno sa mai quali siano davvero i costi del cambiamento climatico.

Una cosa però è sempre piú chiara: coloro che pagano di piú per tutta questa situazione sono quelli che non possono permetterselo. E ciò naturalmente non vale solo per il caldo in India ma anche per la siccità in Sudafrica.

I costi del cambiamento climatico.

Ignoriamo quali siano i costi effettivi del cambiamento climatico perché ancora adesso non facciamo alcuno sforzo per calcolarne i danni o per stimarli in modo sistematico. Naturalmente ci sono degli indizi molto chiari che ci autorizzano a pensare che il costo del cambiamento climatico sia di gran lunga superiore a quello che immaginiamo. L'esempio piú impressionante che io conosca in merito riguarda l'uragano Harvey, che nel 2017 ha distrutto Houston e i cui danni sono stati stimati come superiori a novanta miliardi di dollari americani[31]. Gli scienziati e le scienziate che si occupano di studiare il clima, cosí come chi si occupa di economia, hanno cercato di stabilire in che misura tutto ciò fosse da attribuire al cambiamento climatico, e per farlo si sono serviti, tra le altre cose, di alcuni studi dell'epoca che mostravano come le piogge causate da Harvey, all'origine della maggior parte dei danni, fossero diventate circa tre volte piú probabili a causa del cambiamento climatico. A partire da questo dato si è calcolato che di quei novanta miliardi di dollari americani sessantasette fossero da attribuire al cambiamento climatico. Questo significa che tre quarti dei danni non si sarebbero verificati senza. Per avere un termine di paragone: il modello sviluppato dal premio Nobel americano William Nordhaus, e usato per valutare approssimativamente quanto il cambiamento climatico incida sull'economia nella sua interezza, calcolava solo per Stati Uniti e per l'intero 2017 che i danni sarebbero stati nell'ordine dei venti miliardi di dollari americani, cifra che non raggiunge neanche un quarto dei danni causati poi da Harvey. Bisogna quindi chiederci: da dove viene una discrepanza cosí ampia tra i dati forniti da Nordhaus e quelli calcolati nel caso di Harvey? La risposta è che tanto nel suo modello quanto nei modelli simili gli eventi estremi non vengono tenuti in considerazione. Questi modelli, che sono ancora la base su cui poggiano le valutazioni economiche globali a lungo termine rispetto al cambiamento climatico, funzionano come se esistessero solo le condizioni meteorologiche medie. Negli ultimi anni si è iniziato a comprendere che in questo modo non si possono stimare in maniera credibile i danni, eppure finora non è stato fatto sostanzialmente nulla per modificarli[32].

In merito al Sudafrica possiamo utilizzare uno studio attraverso il quale il mio team di ricerca e io abbiamo indagato il modo in cui il cambiamento climatico ha influenzato la sicurezza alimentare nello stato di Lesotho, una monarchia costituzionale che fino al 1966 è stata una colonia britannica[33]. Per compiere la nostra ricerca ci siamo concentrati su un drammatico periodo di siccità che lo ha colpito nel 2007. Completamente circondato dal Sudafrica, Lesotho è l'unica nazione al mondo di media grandezza a essere completamente inclusa in un altro stato (anche il Vaticano e San Marino si trovano in questa condizione, ma a confronto sono piccolissimi). Lesotho si trova a oltre mille metri sopra il livello del mare e fa parte di quei paesi che hanno un Indice di sviluppo umano molto basso. Quest'ultimo esprime gli sforzi messi in atto da un paese per migliorare le aspettative di vita, le condizioni di salute, l'accesso all'istruzione e un tenore di vita dignitoso. Nel 2021 si trovava al centosessantottesimo posto su un totale di centonovantuno paesi[34].

L'aspettativa di vita per le persone che vivono lí era, nel 2022, di soli 53 anni. Tuttora il paese lotta contro la tubercolosi ed è (dopo eSwatini) quello con il secondo piú alto tasso al mondo di persone che si sono ammalate di Hiv (contratta da un quarto della popolazione)[35]. La produzione agricola si basa in larga parte sull'autosussistenza. Il paese è montuoso, caratteristica che lo espone al rischio di siccità e inondazioni improvvise e, come già accennato in precedenza, dipende, per quanto riguarda la sicurezza alimentare, in gran parte dal Sudafrica, da cui importa piú di tre quarti del suo cibo (circa l'80 percento)[36].

Durante la siccità del 2007 il raccolto di mais è crollato in Lesotho come nel Sudafrica, in modo cosí grave che quarantamila persone, circa un quinto della popolazione, si è trovato a dipendere dalle donazioni di cibo. La nostra analisi ha mostrato che – come a Houston nel caso dell'uragano Harvey – si poteva osservare un rapporto sbilanciato tra il cambiamento climatico e i suoi effetti: anche delle variazioni molto piccole nel rischio siccità comportano un forte, sproporzionato, peggioramento della sicurezza alimentare.

A sorprendere non è il fatto che il cambiamento climatico abbia aumentato la probabilità di una siccità che avrebbe potuto colpire simultaneamente il Sudafrica e Lesotho e che, come abbiamo constatato, ha aggravato la sicurezza alimentare del secondo. La situazione climatica di entrambi i paesi, nel 2007, poteva essere paragonata a quella del Capo Occidentale nel 2015. Tuttavia, ed è questo il punto che va sottolineato e tenuto in considerazione, non è il cambiamento climatico ad aver causato il problema dell'approvvigionamento alimentare a Lesotho. Il fattore climatico, come succede quasi sempre, ha solo aggravato una condizione preesistente. In primo luogo, il motivo principale che rende il sistema di approvvigionamento alimentare di Lesotho particolarmente vulnerabile agli shock climatici è il fatto che il paese dipende fortemente da precipitazioni che devono essere regolari e il piú possibile prevedibili. In secondo luogo, dipende da un paese limitrofo il quale a sua volta è anch'esso esposto al rischio siccità. Questa situazione non vale solo per Lesotho: fattori come un'alta dipendenza dalle importazioni, un'irrigazione dei campi legata alla presenza di piogge e una grande variabilità climatica hanno un impatto sproporzionato sugli standard di vita anche in altri paesi sudafricani (in particolare rispetto ad altre parti del mondo).

Lesotho, che fa i conti contemporaneamente con il tasso di crescita della popolazione del 3,5 percento e con la produzione di mais che, a causa delle siccità connesse al cambiamento climatico, tende a diminuire, non ha altra scelta se non quella di cercare di adattarsi al cambiamento climatico. Adattamento che può avvenire in parte se oltre al mais viene aumentata la coltivazione di altri cereali e se si riescono a trovare altri partner commerciali oltre al Sudafrica. Cosa non semplice per un paese povero e senza sbocchi sul mare, dove i costi dei trasporti per accedere al mercato internazionale dei cereali sono alti. E anche tralasciando questo aspetto, Lesotho non si trova in una condizione semplice. Oltre al già citato alto tasso di diffusione dell'Hiv, il paese è incastonato tra le montagne e deve combattere con grandi oscillazioni delle temperature e con precipitazioni molto irregolari, cosí come con gli effetti meteorologici differenti causati dall'Oceano

Indiano e dall'oceano Atlantico. Sono sfide enormi. Per non parlare dell'esiguo budget a disposizione per fare investimenti significativi nel settore agricolo. Un primo passo per combattere il cambiamento climatico sarebbe senza dubbio quello di avviare una lotta alla povertà. Le conseguenze della siccità del 2007, cosí drammatiche per via della sua lunga durata, hanno determinato, per la metà dei lavoratori e delle lavoratrici agricoli che possedevano terreni coltivabili di piccole dimensioni, ma anche per le aziende del settore a conduzione familiare, l'uscita da una condizione di autosussistenza e l'ingresso in una di carenza di cibo, costringendo quindi un'ampia parte della popolazione a fare i conti con la fame e la malnutrizione. A causa della siccità le persone sono diventate ancora piú povere (la povertà è aumentata in media di oltre un terzo, di circa il 37 percento). Chi in precedenza poteva permettersi di comprare tre uova, ora non può permettersene neanche due[37]. Il Sudafrica ha superato quasi indenne la riduzione delle esportazioni del 2007. La differenza con cui Lesotho e il Sudafrica hanno attraversato la siccità del 2007 e ne sono uscite si rispecchia nel modo in cui le persone che vivono nei due paesi dell'Africa meridionale sono tuttora alle prese con il loro *giorno zero*.

Il diritto all'acqua.

L'acqua continua a scorrere dai rubinetti nelle case di Città del Capo, per lo meno in quelle che ne hanno uno. Eppure molte tra le persone piú povere nella città non hanno adeguato accesso ad acqua sicura e pulita. E a essere povera a Città del Capo è piú della metà della popolazione. La maggior parte vive nella baraccopoli di Khayelitsha, un vasto insediamento urbano formatosi al di fuori da qualunque regolamentazione. Le abitazioni sono state tirate su usando pezzi di legno, lamiere e cartone, e negli ultimi dieci anni il numero di coloro che ci abitano è passato da 400 000 a 2,4 milioni di persone. Quasi due terzi degli adulti non hanno un lavoro. Quasi tutte le famiglie (poco meno del 90 percento) si trovano in una condizione che oscilla tra la «moderata e la forte insicurezza alimentare»[38]. Piú della metà delle abitazioni a Khayelitsha – nome che significa all'incirca «nuova patria» – non ha alcun allaccio alla rete idrica e le persone devono prendere l'acqua necessaria per bere, lavarsi, mangiare e lavare i loro vestiti dalle fontane comunali. Quando nel 2018 l'amministrazione cittadina ha iniziato a razionare sempre di piú il consumo idrico, la situazione igienica all'interno della baraccopoli è andata peggiorando, e hanno iniziato a diffondersi focolai epidemici. Inoltre, dato che sempre piú acqua veniva raccolta all'interno di contenitori contaminati o in aree non sicure dal punto di vista igienico, le malattie come la dissenteria, l'epatite di tipo A e il tifo sono diventate un problema molto serio.

Allo stesso tempo, in altre parti di Città del Capo «i problemi» erano assai differenti. Molti, ad esempio nel ricco sobborgo di Rondebosch, possiedono una piscina nel loro giardino. Piscina che, naturalmente, può essere usata per raccogliere acqua durante i periodi di siccità, cosí da poterlo annaffiare. Mentre a Città del Capo e nelle zone maggiormente soggette alla siccità l'utilizzo dell'acqua per riempire queste piscine è vietato, è sempre possibile ordinare cisterne da distretti non soggetti a restrizioni, purché si abbiano i soldi[39]. E sono molte le persone che, potendo farlo, scelgono questa opzione. Per 6000 dollari americani è possibile, inoltre, farsi scavare un pozzo in giardino, cosí da diventare indipendenti dalla fornitura pubblica di acqua[40]. Questo significa, semplicemente, che non tutti hanno fatto la loro parte per impedire che l'intera città raggiungesse il suo *giorno zero*.

E non stiamo parlando solo di un qualche imperativo morale, ma di un diritto che riguarda tutti coloro che vivono a Città del Capo, proprio come ogni altra persona in Sudafrica. Infatti, l'articolo 27 della Costituzione sudafricana dichiara che chiunque ha diritto ad avere accesso all'acqua. Inoltre, si tratta di un diritto umano universale[41].

I diritti umani non sono stati quindi il centro della risposta di Città del Capo alla crisi, e anche la ricerca condotta immediatamente dopo la sua fine si è concentrata in gran parte sulla gestione idrica e sulla disuguaglianza, entrambi argomenti all'interno dei quali i diritti umani non svolgono, purtroppo, ancora da nessuna parte un ruolo significativo. Eppure potrebbe essere solo questione di tempo prima che questa situazioni cambi. Il vento potrebbe iniziare a cambiare insieme alla crescente consapevolezza (che si fa strada tra le persone) che i tribunali possono giocare un ruolo significativo nella protezione del clima a livello nazionale e internazionale (vedi il sesto capitolo). Il fatto che il diritto all'accesso all'acqua sia cosí esplicitamente sancito dalla Costituzione sudafricana potrebbe ad esempio portare le persone che abitano nelle baraccopoli a citare in giudizio il governo della città, sostenendo che non sia stato in grado di tutelare un loro diritto fondamentale. Tali cause potrebbero acquistare molta rilevanza in futuro per riuscire a chiarire che cosa concretamente significhi il diritto all'acqua, come possa essere tutelato nel modo migliore e quale ruolo debba svolgere il governo, a tutti i livelli, per garantire un accesso equamente distribuito alle risorse idriche durante i periodi di pioggia e di siccità.

Questo discorso, del resto, non vale solo per il diritto all'acqua, anche altri diritti in Sudafrica sono in pericolo e a volte questo pericolo si aggrava a causa del cambiamento climatico. Molti in Sudafrica sono consapevoli del diritto fondamentale ad avere un'abitazione e si aspettano che il governo si occupi di renderlo effettivo. Al momento il paese ha dei programmi che prevedono l'uso di abitazioni sociali, eppure spesso queste case – oppure i lotti di terreno che le città possono mettere a disposizione – sono cosí fuori mano che da lí sarebbe impossibile raggiungere il posto di lavoro o le scuole[42]. Anche per questo un elevato numero di persone continua a vivere in baraccopoli che crescono in modo incontrollato e la cui esistenza è tollerata dall'amministrazione. Baraccopoli che, però, non soddisfano alcuna normativa edilizia, che non sono collegate alla rete idrica e fognaria e nelle quali non esiste alcuna opzione concreta per lo smaltimento dei rifiuti. La situazione abitativa in queste baraccopoli non offre a coloro che ci vivono le condizioni prescritte dal diritto all'abitazione, e tutto ciò è particolarmente evidente soprattutto quando bisogna proteggersi contro gli effetti di eventi meteorologici estremi. La siccità a Città del Capo ha messo in luce molti aspetti della disuguaglianza che la narrativa colonial-fossile porta con sé. Non soltanto le persone che vivono nelle baraccopoli di Città del Capo ma anche chi ha perso la vita durante la già citata inondazione a Durban erano per la maggior parte persone *non bianche* e vivevano in abitazioni non degne di questo nome.

Capitolo quinto

La povertà è la radice della crisi
Madagascar

> Non c'è niente da fare qui. Io non possiedo alcun terreno, non posso coltivare nulla. Viviamo di tuberi selvatici come il fangitse e il cactus rosso, raccolti nella foresta. Abbiamo venduto tutti i nostri beni domestici, compresi i cucchiai. [...] Non ho piú niente a parte il dolore di aver perso tutto. [...] Non c'è niente che possiamo fare, nessuna opportunità di lavoro, nessun raccolto e niente da mettere in tavola.
>
> Tamaria

> Senza l'aiuto del Programma alimentare mondiale [delle Nazioni Unite], penso che saremmo morti, dato che non ci resta nulla da mangiare. Non so a chi rivolgermi. [...] Limitiamo il nostro consumo a quattordici manciate di riso a settimana. [...] Conserviamo questo cibo per assicurarci di avere qualcosa nello stomaco. Non abbiamo bisogno di essere sazi, solo di mangiare qualcosa ed evitare di rimanere completamente digiuni.
>
> Tema[1].

Nell'estate del 2021 la situazione si è fatta drammatica non solo a Lytton, ma anche nella parte meridionale del Madagascar (anche se, come vedremo, per ragioni completamente differenti). Se il Programma alimentare mondiale (Pam) delle Nazioni Unite non avesse messo a disposizione aiuti supplementari, Tamaria e Tema (le cui parole sono state citate in apertura di questo capitolo), e insieme a loro migliaia di altre persone, avrebbero letteralmente rischiato di morire di fame. D'altra parte anche adesso il loro sostentamento è tutt'altro che garantito e questo perché tutto il paese, e in particolare la parte meridionale, si trova da anni in una condizione di forte crisi. In contrasto con quel paradiso tropicale che forse in molti immaginano quando sentono parlare del Madagascar, la vita quotidiana di moltissime persone non ha nulla di paradisiaco. In questa regione il 90 percento della popolazione (in totale piú di sei milioni di persone) si trova al di sotto della soglia di povertà. Un periodo di siccità ininterrotto negli anni dal 2019 al 2021 ha portato centinaia di migliaia di persone a soffrire, ancora oggi, per seri problemi legati alla malnutrizione e alla fame[2]. Come è potuta accadere una cosa del genere?

Una siccità lunga tre anni in Madagascar.

Nella regione di Androy, una delle aree maggiormente colpite dalla siccità nel cosiddetto grande Sud, circa il 50 percento delle precipitazioni annuali si presenta solitamente durante il periodo delle piogge, tra dicembre e febbraio, e solo il 20 percento tra aprile e settembre. Durante le stagioni 2019-20 e 2020-21 è caduto un quantitativo di pioggia pari solo al 60 percento di quello medio, cosa che ha comportato significative perdite nei raccolti e altre drammatiche conseguenze. Tutto ciò in una regione che, come il Sudafrica, è completamente dipendente dalle piogge, e nella quale la maggior parte della popolazione vive di un'economia di sussistenza, cioè attraverso un'agricoltura basata sull'autoproduzione e grazie a forme di allevamento estensivo in ambienti naturali.

Simili interruzioni della stagione delle piogge si erano già verificate negli anni tra il 1990 e il 1992 e tra il 2018 e il 2020. C'è da dire, però, che anche negli anni in cui non si presentano periodi di siccità la regione lotta sempre contro la fame. Dal 2017 la situazione viene tenuta sotto osservazione da un gruppo di lavoro che coinvolge diverse organizzazioni umanitarie oltre allo stesso governo del paese. Nel 2019 il 14 percento della popolazione, oltre due milioni di persone, ha avuto un urgente bisogno di forniture di alimenti di base. Intorno alla metà del 2021, cioè solo due anni dopo, il numero di chi era in stato di necessità alimentare era triplicato. Per decine di migliaia di persone la situazione alimentare, nel giro di un anno, era per la prima volta diventata allarmante. Non solo non si assimilavano sufficienti sostanze nutritive a causa di un'alimentazione non bilanciata, ma non si riuscivano ad assumere neanche sufficienti calorie con i pasti a disposizione. Il Madagascar fa parte del gruppo di paesi piú poveri del mondo e all'interno dell'Indice di sviluppo umano occupa la posizione centosettantatre su centonovantuno, trovandosi quindi piú in basso persino di Lesotho[3]. Tale indice tiene conto di fattori come: aspettativa di vita, grado di istruzione e reddito familiare. Grazie a un aumento dell'aspettativa di vita e del grado d'istruzione la posizione del Madagascar è lentamente ma costantemente salita a partire dagli anni Novanta. Ciononostante, la povertà era e resta tuttora un problema permanente all'interno dell'isola. Nel 2020 quasi la metà dei bambini fino ai cinque anni ha sofferto di ritardi nella crescita. La parte meridionale dell'isola, maggiormente colpita dalla siccità, si trova in una condizione di povertà ancora piú drammatica. Le infrastrutture idriche e dei trasporti nel grande Sud sono insufficienti. Durante la stagione delle piogge molte strade non sono percorribili, e quell'area rimane tagliata fuori per lunghi periodi dal resto della regione, cosa che causa anche un innalzamento dei prezzi nelle attività commerciali locali e rende piú difficile l'arrivo degli aiuti umanitari. Il fatto che questa condizione di isolamento si presenti anche in anni in cui le piogge sono buone o nella media fa sí che i prezzi restino alti e la malnutrizione persista, dato che importanti alimenti di base o raggiungono prezzi inaccessibili oppure non sono proprio disponibili.

Durante un anno di siccità oppure durante le brevi ma intense piogge, quando le strade non sono percorribili, la quasi costante malnutrizione si trasforma velocemente in una condizione in cui il problema diventa letteralmente la fame. Le persone piú povere della società non hanno la possibilità di comprare nulla da mangiare e sono costrette, a volte, a far affidamento per sopravvivere esclusivamente sulla raccolta di tuberi o frutti selvatici, come nel caso di Tamaria e della sua famiglia. Nel giugno del 2021 la Ong Fews Net, specializzata nel lavorare in condizioni di preallarme legate alla siccità, ha calcolato che la produzione di colture nella parte meridionale del Madagascar era scesa tra il 10 e il 30 percento al di sotto rispetto all'anno precedente e tra il 50 e il 70 percento rispetto alla produzione media degli ultimi cinque anni. In altre parole, non c'era niente da mangiare.

Il periodo principale per le precipitazioni, dunque il mese durante il quale le strade sono piú spesso non percorribili, è allo stesso tempo quello in cui le vie di comunicazione sono piú necessarie. Si tratta di un arco di tempo molto critico per tante persone che lavorano nel settore agricolo, e le cui entrate dipendono dal lavoro nei campi, dato che sono passati mesi dall'ultimo raccolto e il cibo inizia a scarseggiare. Se a causa della siccità, delle tempeste, delle infestazioni di locuste o di altri parassiti come la falena del mais i raccolti dell'anno precedente sono stati scarsi, allora nel periodo delle piogge sulle tavole arriva poco cibo. Nei momenti peggiori alcune persone sono costrette a vendere i propri averi per poter comprare beni di prima necessità. Ma anche questa è una strategia che funziona solo se ci si può spostare per raggiungere i mercati nei quali il commercio è ancora attivo. Nella parte sudoccidentale del Madagascar le mandrie di zebú vengono allevate come una forma di assicurazione per i periodi di siccità. Durante la stagione delle piogge tra il 2013 e il 2014, che ha causato la perdita di molti raccolti, il 56 percento delle entrate, ad esempio, è stato generato dalla vendita di bovini.

Le vie di comunicazione svolgono, quindi, un ruolo determinante nella resilienza della regione e gli investimenti in questo settore avrebbero potuto evitare, per lo meno parzialmente, gli effetti drammatici degli eventi meteorologici estremi (e di altri shock per la popolazione, come le infestazioni di parassiti). Nonostante il ruolo centrale delle infrastrutture, negli ultimi dieci anni né il governo né le Ong o altri enti a livello regionale hanno investito in modo significativo in questo settore.

L'impatto degli eventi meteorologici estremi che si sono abbattuti sul Madagascar a partire dal marzo del 2020 è stato aggravato da problemi già da tempo presenti come, appunto, la pessima condizione delle vie di comunicazione e la mancanza di un sistema sanitario e di assistenza sociale. Anche il tasso molto alto di analfabetismo ha conseguenze negative, poiché le persone che non sono capaci di leggere e scrivere non possono ambire a fonti di guadagno alternative rispetto al lavoro nei campi. Durante la pandemia da Covid-19 la condizione generale della regione si è ulteriormente aggravata. A differenza dell'Europa, dove gli effetti nefasti della disoccupazione sono stati evitati, o comunque in gran parte tamponati, grazie a generosi aiuti statali, il Madagascar non è riuscito a mettere a disposizione della popolazione nessun pacchetto di aiuti. Chi ha perso il lavoro nel grande Sud ha potuto contare, per sopravvivere, solo sugli aiuti della Croce Rossa, oppure sulla ricerca di frutta selvatica. Anche perché, per limitare la diffusione del Coronavirus, il governo ha ristretto in modo significativo la libertà di movimento, anche in quelle aree che si trovavano maggiormente soggette ai problemi legati alla siccità e alla fame. Queste misure hanno finito per ridurre le possibilità di lavoro dei lavoratori a giornata e hanno portato a un vero e proprio esodo dalle città. Molte delle persone che alla ricerca di un lavoro si erano trasferite nelle città sono ritornate nella aree rurali per riprendere le attività agricole, guadagnando però meno di prima. A causa dell'aumento di disponibilità di lavoratori e lavoratrici nel settore, il salario, già basso, è sceso ulteriormente.

Anche nel turismo, nelle industrie mineraria e tessile durante la pandemia i posti di lavoro disponibili sono andati scomparendo. A causa dei rigidi controlli sanitari effettuati nei porti, le importazioni di alimenti hanno subíto dei ritardi e il prezzo dei beni importati è aumentato, colpendo nuovamente la parte piú povera della popolazione, che dopo anni caratterizzati da scarsi raccolti si è trovata, tra le altre cose, fortemente dipendente dalle importazioni.

Questa molteplicità di fattori, che non hanno niente a che fare con il cambiamento climatico e solo parzialmente con le condizioni meteorologiche, fornisce un quadro di quanto sia complesso il compito di organizzare e raggiungere una forma di sicurezza alimentare a livello regionale. Il Madagascar, soprattutto nelle sue aree meridionali, non deve colmare solo un enorme vuoto di investimenti nelle infrastrutture per i trasporti, ma anche nel sistema formativo e dell'assistenza sociale. Allo stesso tempo poco o nulla viene fatto nella lotta alla corruzione e nessuno si sforza per aprire nuove, alternative, possibilità di reddito oltre all'agricoltura, per esempio cercando di attirare aziende disposte a fare investimenti economici o ad avviare programmi di formazione professionale per adulti.

Il clima semi-secco che caratterizza il grande Sud è già di per sé impegnativo per tutte le forme di produzione agroalimentare e di allevamento, anche negli anni in cui non vi sono eventi meteorologici particolarmente significativi. Inoltre, si hanno raccolti sufficienti solo nelle annate buone, ma sono sempre piú rari anche a causa del modo in cui viene sfruttata la terra. Le deforestazioni estensive[4] hanno diminuito in modo considerevole la capacità dei terreni di immagazzinare acqua. Questo significa che l'acqua finisce per evaporare piú velocemente e i terreni hanno bisogno di una maggiore quantità di pioggia o, per essere precisi, di precipitazioni piú regolari per raggiungere lo stesso livello di umidità. Lo stato del terreno ha effetti negativi anche sul pascolo, dato che le piante crescono con radici piú deboli e quindi non riescono a fronteggiare periodi particolarmente aridi. L'intero sistema economico legato all'agricoltura e all'allevamento finisce per diventare sempre piú debole e vulnerabile rispetto a qualunque forma di deviazione rispetto alla norma, come gli anni di siccità, le piogge estreme o le infestazioni di parassiti.

Possiamo trovare una situazione altrettanto difficile e complessa anche in altre parti dell'Africa. In Kenya, ad esempio, un altro paese sempre a rischio, il presentarsi tra il 2016 e il 2017 di una siccità di media intensità, fenomeno che ricorre una volta ogni cinque anni e che quindi ha un buon grado di prevedibilità, ha comunque avuto effetti devastanti. Le condizioni meteorologiche sono difficili: solo in un quinto del paese le precipitazioni si presentano con regolarità. Un quarto della popolazione, circa quindici milioni di persone, e piú della metà di tutto il bestiame del Kenya, vive in regioni aride o semi-aride. Le persone che vivono nelle aree rurali lottano contro gli stessi problemi che affliggono la popolazione della parte meridionale del Madagascar. Chi abita in città e ha un reddito basso è comunque soggetto alle condizioni climatiche estreme, vivendo spesso in insediamenti di fortuna, con un limitato accesso all'elettricità, all'acqua e ai servizi sanitari. La Somalia si trova in una condizione ancora piú grave di vulnerabilità, non soltanto perché i periodi di siccità si presentano regolarmente: il paese soffre anche a causa di una guerra civile che da decenni nessun governo è stato in grado di pacificare.

Rispetto a tutti i fattori di crisi che abbiamo presentato è necessario comprendere chiaramente che non sono né naturali né frutto di una qualche volontà divina. Hanno tutti una formazione e uno sviluppo storico.

Colonialismo.

Nel 2022 il Programma alimentare mondiale delle Nazioni Unite, nato nel 1961, ha dichiarato per il Madagascar la prima «emergenza alimentare climatica»[5], affermando pubblicamente che fosse necessario considerare il cambiamento climatico prodotto dagli esseri umani come la causa principale della scarsità di cibo all'interno della regione. Da quel momento il Pam ha iniziato ad aiutare le persone nella parte meridionale del Madagascar. Una tale diagnosi è molto condivisibile da un punto di vista umanitario, ma sul piano strettamente scientifico non è semplice da giustificare. Lo studio di attribuzione che il mio team ha condotto in collaborazione con il servizio meteorologico del Madagascar e con scienziati e scienziate del luogo conferma le conclusioni a cui era arrivato l'Ipcc, cioè che il periodo di siccità che nel 2021 ha portato all'emergenza alimentare in Madagascar non può essere ricondotto al cambiamento climatico[6]. Né in relazione alla frequenza né in relazione all'intensità dei periodi di siccittà degli ultimi decenni il cambiamento climatico ha svolto un ruolo statisticamente significativo. Va ricordato che anche per il Madagascar, come già detto per altri paesi africani, la raccolta dei dati in merito alle condizioni meteorologiche è lacunosa e per questo una seppur minima influenza del cambiamento climatico non può essere esclusa, anche se al momento non può essere neanche provata. La fame e la malnutrizione nella parte meridionale dell'isola africana, devono essere viste meno come conseguenza di un clima arido e piú come una diretta conseguenza dell'azione dei missionari britannici e dei coloni francesi.

Nel 1895, dopo una brutale guerra condotta contro la popolazione autoctona, la Francia occupò il Madagascar. Prima di questo momento sull'isola erano diffuse contemporaneamente differenti forme di governo; si andava dalla monarchia alle comunità autorganizzate localmente e prive di una struttura politica gerarchica. Durante il dominio coloniale francese sull'isola prese forma per la prima volta una struttura statale unitaria e compatta, portando con sé alcuni vantaggi ma anche molti svantaggi per la popolazione – svantaggi che possono essere riconosciuti tutt'oggi. Le strutture e le istituzioni statali attuali sono per la maggior parte un lascito di quell'era e si sono sviluppate a livello regionale in modi molto differenti. Il sistema giudiziario nel Madagascar è da un lato modellato e organizzato su quello francese, ma dall'altro restano presenti anche dei tribunali tradizionali, i cosiddetti *dina*, che regolano alcune controversie di diritto civile. Gli insediamenti e le città che sono state fondate o assoggettate durante il controllo coloniale francese hanno oggi un livello di povertà leggermente inferiore rispetto ad altri luoghi, ma con un tasso di criminalità particolarmente elevato; cosí come sono molto diffuse forme di giustizia privata, con conseguenti conflitti sociali[7]. Nelle regioni che sono state colonizzate dai missionari britannici, il tasso di povertà è, invece, al di sopra della media. Ciò che accomuna entrambe le aree è una scarsa collaborazione tra governo centrale e forme di organizzazione regionali, cosa che proprio in tempi di crisi finisce per creare una situazione in cui nessuna tra le istituzioni politiche si sente chiamata in causa per aiutare concretamente le persone: un'eredità del progetto di costruzione degli stati coloniali basato sulla costrizione, senza prevedere alcuna possibilità di partecipazione politica per la popolazione. Per il Madagascar, ma anche per molte altre ex colonie africane, come l'Uganda o il Ghana, ciò significa che anche le riforme promosse dai missionari che avrebbero potuto effettivamente costituire un qualche miglioramento, come l'introduzione di un sistema sanitario pubblico o di reti di sicurezza a livello sociale, hanno incontrato la resistenza della popolazione, in quanto alle istituzioni, tanto statali che locali, mancava una qualche forma di legittimità[8]. Le misure introdotte non hanno tenuto conto dei bisogni delle persone che vivevano sull'isola. L'assistenza sanitaria basata soprattutto sull'idea occidentale di cura attraverso l'isolamento dalla rete sociale e l'ospedalizzazione ha dovuto scontrarsi con quelle che in molti paesi sono le abitudini di trattamento del malato e di convalescenza, entrambi momenti organizzati in forma sociale. I molti problemi strutturali contro cui il Madagascar deve lottare trovano il loro fondamento nella politica colonial-fossile delle ex potenze occupanti, che sono le stesse che hanno portato al cambiamento climatico. In ultima analisi il drammatico impatto della siccità sul Madagascar non dipende dal cambiamento climatico, ma entrambi hanno come causa comune la politica coloniale.

Se la vediamo in questi termini, allora non è completamente sbagliato dichiarare che la crisi alimentare nel Madagascar è un'emergenza dovuta al cambiamento climatico. Cosí facendo l'attenzione dell'opinione pubblica viene indirizzata verso la situazione concreta in cui si trova l'isola, aumentando, forse, la predisposizione delle istituzioni e dei cittadini a fare qualcosa, anche economicamente, sentendosi in qualche modo richiamati alle loro responsabilità. Per via del suo passato coloniale l'Occidente si trova ad avere una responsabilità storica. Ciò non vuol dire che le autorità dell'isola non abbiano alcuna colpa rispetto alla situazione attuale. Al contrario, un piú ampio riconoscimento dei pesanti torti coloniali e postcoloniali deve procedere di pari passo con la predisposizione a lottare contro la corruzione presente nei diversi paesi che ricevono delle compensazioni economiche come risarcimento (ad esempio nel caso del Pakistan, sul quale ci soffermeremo nel nono capitolo). Il denaro non deve rimanere nelle mani di pochi, ma essere usato per costruire occasioni formative e un'efficiente protezione dalle catastrofi.

Per comprendere la situazione in cui si trova il Madagascar, quindi, possiamo sia iniziare dalle responsabilità coloniali del passato sia dalla posizione che il Nord globale occupa in qualità di potenza che alimenta senza alcun controllo il cambiamento climatico. Se si tratta di incrementare gli aiuti, anche economici, allora è piú efficace mettere in primo piano, come base della nostra responsabilità, il cambiamento climatico (ritornerò a breve su questo punto). Ma non possiamo ignorare che c'è qualcosa in piú. La posta in gioco riguarda il modo in cui noi cerchiamo di dare forma a un mondo in cui la crisi climatica metta in una condizione di sofferenza il minor numero possibile di persone. Ed è per questo che è importante identificare in maniera precisa gli effetti del cambiamento climatico e differenziarli da altre cause che comunque danno vita a situazioni catastrofiche.

Vulnerabilità.

In una pubblicazione collettiva dell'inizio del 2022, su una rivista che si occupa di scienze naturali, ho presentato quest'argomentazione. La rivista ha dato al nostro breve intervento il titolo: *Stop blaming the climate for disasters* («Basta biasimare il cambiamento climatico per le catastrofi»)[9]. Il titolo, però, sembra suggerire l'ipotesi che il nostro intento sia in qualche modo di minimizzarne il ruolo. Questa è evidentemente un'assurdità, dato che il mio campo di ricerca si occupa proprio di indagare l'incidenza del cambiamento climatico all'interno degli eventi meteorologici. Ma proprio per questo posso distinguere se è o non è determinante all'interno di una catastrofe specifica. Eppure, fare del cambiamento climatico l'unico responsabile ha come conseguenza quella di scaricare la responsabilità su un diffuso potere superiore, contro il quale i governi, le organizzazioni e gli stati non possono apparentemente fare nulla: una retorica fin troppo nota. In questa narrazione il cambiamento climatico finisce con il vestire i panni di Zeus, Thanos, Zanahary (una divinità mitologica del Madagascar) o di qualche altra forza sovrannaturale.

Ma la vulnerabilità delle persone è dovuta alle azioni umane. Lo si vede non solo in ciò che abbiamo descritto nel precedente capitolo – come nei processi di urbanizzazione mal gestiti – ma anche in qualsiasi forma di esclusione sociale basata sulla religione, la casta, la classe, l'appartenenza etnica, il genere o altro[10]. Queste forme di esclusione hanno alle loro spalle un'ingiustizia sistemica nel momento in cui a determinati gruppi (come le donne o le persone appartenenti a una certa religione) non viene permesso l'accesso alle risorse, come mostra l'esempio delle cittadine gambiane. Naturalmente la condizione di disuguaglianza nella quale si trovano le donne non è qualcosa che riguarda solo il continente africano. In molti paesi dell'Asia, ad esempio, non sono di regola proprietarie delle case in cui vivono, e per questo non possono ricevere prestiti o accedere a forme di sostegno finanziario. Quindi, dopo una catastrofe, non possono rimettere in piedi la loro vita, o possono farlo con molte difficoltà, trovandosi in una condizione di maggiore vulnerabilità[11]. Anche in Europa le donne sono spesso piú svantaggiate sul piano finanziario e quindi, ad esempio, piú soggette agli effetti del caldo estremo[12]. La vulnerabilità è il prodotto di un processo sociale e politico e le disuguaglianze strutturali vengono spesso create consapevolmente e inserite all'interno delle conformazioni politiche e sociali. Incolpare la natura o il cambiamento climatico per le catastrofi finisce per distogliere l'attenzione dai processi che generano ingiustizia. Puntare il dito contro le cause naturali crea un racconto della crisi comodo a livello politico, che offre una scappatoia da quelle che sono le responsabilità politiche, storiche e sociali.

Il pericolo insito in questo modo di vedere le cose sta nel fatto che cosí facendo si finisce per rafforzare lo *status quo*, portando i meno forti all'interno della società a esserlo ancora meno. Chi decide di attribuire le catastrofi alla natura apre la porta per una subdola via di fuga per tutti quelli che hanno responsabilità politiche. Nessun governo e nessuna amministrazione cittadina vuole sentirsi dire che è responsabile di una catastrofe. Questo è vero per Città del Capo, come per la Germania e per il Madagascar. Sull'isola si è persino arrivati a una spiazzante alleanza per cui le Ong internazionali e le organizzazioni che fanno capo alle Nazioni Unite tacciono rispetto ai fallimenti del governo nella parte meridionale del paese – costretto a lavorare in condizioni estremamente difficili – dal momento che le critiche renderebbero la situazione locale ancora piú caotica. Inoltre, cosí facendo riescono a organizzare meglio le già menzionate donazioni economiche da parte dell'Occidente, costruendo una narrazione dove l'Occidente, il clima e la natura, sono gli unici veri responsabili della crisi.

Agli occhi di chi fa una donazione, il cambiamento climatico e le responsabilità occidentali sono un argomento piú semplice da afferrare. La storia risulta piú plausibile, piú semplice da raccontare e da comprendere. Se le organizzazioni umanitarie costruissero la loro campagna di raccolta fondi sul concetto controverso di «colonialismo» risulterebbe piú difficile raggiungere le persone e il loro portafoglio, dato che le responsabilità derivanti dal colonialismo non sono ancora accettate a sufficienza.

Non è assolutamente mia intenzione accusare le Ong di fare consapevolmente calcoli di questo tipo e di ingigantire deliberatamente il ruolo del cambiamento climatico. Resta comunque l'urgenza di comprendere sempre meglio il clima e i suoi effetti, di comunicare in modo sempre piú efficace le conoscenze acquisite e, soprattutto, di combatterne le cause. Per questo ritengo problematico il fatto che le Ong non sfruttino all'interno delle loro argomentazioni la responsabilità connessa al colonialismo. Se lo facessero, allora dovrebbero interrogarsi anche sulle loro stesse pratiche, cosa che potrebbe portarle a rendersi conto che il modo in cui avvengono molti processi di consegna degli aiuti di emergenza si fonda su strutture coloniali, e che gli stessi aiuti, a volte, finiscono per sostenere e mantenere in vita problemi già esistenti.

Colonialismo e razzismo all'interno delle Ong.

Dopo che negli anni Sessanta è stata concessa l'indipendenza alla maggior parte delle nazioni colonizzate, i paesi del Nord globale si sono ingegnati per stringerli in una nuova forma di subordinazione, basata sull'esportazione di beni verso i nuovi stati appena costituiti. Gli aiuti sono stati esplicitamente usati per smaltire le eccedenze alimentari dell'Occidente. Nel 1972 l'allora vicepresidente della Banca mondiale ha espresso cosí questo concetto: «L'obiettivo principale degli aiuti per lo sviluppo consiste nel creare un ambiente politico ed economico nel quale gli Usa possono perseguire al meglio i propri obiettivi sociali»[13]. Questo discorso ha mantenuto la sua validità anche con riferimento agli altri progetti finanziati, i quali riguardavano nello specifico la fornitura di cibo. Spesso gli aiuti per lo sviluppo sono stati indirizzati verso la realizzazione di grandi opere che di regola hanno prodotto piú danni che vantaggi. Ad esempio, sono state sostenute quelle attività agricole che attraverso l'impiego di macchinari e di prodotti chimici hanno finito per mettere a dura prova il suolo, cosa che ha permesso di creare sbocchi commerciali per prodotti occidentali. Il livello di resa relativamente alto di attività agricole del genere ha peggiorato la situazione delle piccole attività a tal punto da renderle dipendenti dagli aiuti umanitari.

Lo stesso discorso vale anche rispetto alla maggior parte delle misure indirizzate alle infrastrutture. È per esempio certamente vero che sono stati installati nella regione del Sahel dei sistemi di irrigazione, ma l'installazione non è quasi mai avvenuta lí dove le persone ne avrebbero avuto piú bisogno.

Un altro esempio diventato con il tempo tristemente noto riguarda il sistema di irrigazione delle piantagioni di canna da zucchero nei pressi di Richard Toll in Senegal[14], che ha distrutto in modo permanente molte terre adibite al pascolo, a beneficio di una manciata di grandi proprietari e proprietarie terriere, senza prevedere alcuna forma di compensazione per chi possedeva piccoli appezzamenti.[15] La Fao, l'Organizzazione delle Nazioni Unite per l'alimentazione e l'agricoltura, ha stimato che nel 2016 solo il 54 percento dei sistemi di irrigazione finanziati dai programmi per il Sahel sono stati effettivamente utilizzati, e se da un lato la produzione è cresciuta al di sopra del fabbisogno per uso personale, la situazione delle persone che lavorano nei campi non è quasi mai migliorata, dal momento che i mercati sono cosí lontani che spesso non riescono a vendere il loro grano e le loro verdure prima che si rovinino. Problemi analoghi si sono rilevati con la costruzione di dighe finanziate dalle organizzazioni umanitarie. In molti casi sono state utilizzate le aree lungo il corso dei fiumi, come le terre alluvionali, portando alla distruzione di terreni agricoli o adibiti al pascolo senza che venisse data agli abitanti del luogo alcuna alternativa.

Le istituzioni dell'Occidente, in particolare la Banca mondiale, hanno preso consapevolmente la decisione che le nuove nazioni appena formatesi dopo il colonialismo si sarebbero fatte carico della gestione della situazione di sottosviluppo dovuta al periodo coloniale e che avrebbero dovuto restituire i crediti dei progetti di sviluppo fallimentari degli anni Cinquanta. Solo nel 1996 il Fondo monetario internazionale (Fmi) e la Banca mondiale hanno lanciato l'idea di una possibile cancellazione del debito per i cosiddetti paesi in via di sviluppo. La lunga dipendenza finanziaria ha limitato la capacità delle nazioni di investire in proprio su progetti strutturali. Gli aiuti umanitari quindi hanno contribuito a perpetrare in quelle regioni la stessa condizione di povertà e dipendenza che di fatto avrebbero dovuto aiutare a superare. Il colonialismo non è in alcun modo solo un'eredità della forza coloniale dell'Europa, ma persiste tuttora e continua a danneggiare le ex colonie; e la responsabilità per questi danni ulteriori ricade sulle odierne potenze occidentali.

Dopo che molte delle grandi opere infrastrutturali degli anni Sessanta si sono rivelate fallimentari, in modi analoghi alla diga di sbarramento della regione degli Afar, negli anni Ottanta la Banca mondiale ha iniziato a finanziare piccoli progetti di sviluppo. Sono stati finanziati progetti per dighe di dimensioni piú piccole e per la costruzione di strade locali e altre infrastrutture, ma spesso non hanno avuto successo. In linea generale tutte queste misure hanno portato solo a una maggiore dipendenza dagli aiuti internazionali, dipendenza che negli ultimi decenni ha plasmato dalle nostre parti l'immagine del povero, «sottosviluppato», continente africano. Con la pandemia da Covid-19 e la guerra di aggressione russa, il problema della dipendenza non ha fatto che acuirsi ulteriormente. Per riuscire a migliorare la situazione in modo solido e duraturo non c'è bisogno né di grandi opere né di piccoli progetti infrastrutturali, ma della costruzione di mercati locali funzionali, nei quali le persone che coltivano secondo il sistema della sussistenza possono vendere con profitto i cereali, le verdure, la carne in eccedenza. Devono, inoltre, essere sviluppate delle possibilità di reddito alternative nel settore delle piccole imprese e dei servizi per chi non può lavorare nel settore agricolo. Tutto questo può accadere ad esempio con la concessione di forme di microcredito attraverso cui fondare piccole imprese, avviare forniture di servizi o aziende di media grandezza, oppure proseguire gli studi o la formazione. Allo stesso tempo sono necessari meccanismi per impedire che le grandi superfici coltivabili siano sfruttate da investitori provenienti da altri paesi per la coltivazione di colture destinate all'esportazione.

Per poter mettere in atto tutte queste misure sono necessarie delle condizioni di partenza. Devono essere create opportunità di deposito e conservazione dei cereali, cosicché i contadini non siano piú costretti a venderli immediatamente dopo il raccolto. In questo modo sarebbe possibile anche avere una certa stabilità dei prezzi. Allo stesso tempo c'è bisogno di una migliore comprensione della rotazione ottimale delle colture per i diversi tipi di terreno. Anche la comunicazione tra chi lavora nei campi, chi si occupa della salute degli animali e del bestiame, le aziende di trasporti e i mercati dovrebbe essere migliorata. È possibile raggiungere un miglioramento in tutti questi ambiti solo attraverso la partecipazione delle persone che sono direttamente coinvolte. Ma la maggior parte dei progetti di aiuto umanitario non si sono finora occupati di questo aspetto. Nel Madagascar meridionale le Ong hanno di certo organizzato consegne di cibo quando la situazione è stata particolarmente grave, ma manca un aiuto a livello strutturale.

Perché mi sto soffermando su tutte queste cose, se il mio libro ha come tema la «giustizia climatica» e la siccità del 2021 non ha a che fare con il cambiamento climatico? Lo faccio perché l'esempio del Madagascar ci permette di vedere in modo particolarmente chiaro la relazione che intercorre tra adattamento al clima e giustizia. Ampie porzioni del Madagascar non sono in una condizione tale da poter affrontare il clima dell'isola. E questo è un problema di giustizia le cui radici affondano, anche e soprattutto, nel colonialismo. Nonostante si parli spesso del colonialismo come di un'epoca storica che si è conclusa, continua invece a vivere nelle strutture di potere. Ciò di cui sto parlando si nota chiaramente all'interno dei negoziati internazionali sul clima (vedi a tal proposito il nono capitolo).

Nonostante siano meno visibili, le strutture colonialiste e razziste presenti nelle Ong e nelle organizzazioni sanitarie sono almeno altrettanto problematiche. Lazenya Weekes-Richemond, esperta di salute mondiale, lo ha affermato in modo chiaro all'interno di un articolo dedicato agli aiuti internazionali per lo sviluppo, spiegando cosa dovrebbe cambiare per far sí che la vulnerabilità dei paesi del Sud globale possa concretamente diminuire. Weekes-Richemond mostra in modo inequivocabile che lo sviluppo e la collaborazione possono funzionare con successo solo se le cause delle disuguaglianze vengono effettivamente affrontate. In questo senso le donne bianche, che in molti casi occupano posti di rilievo all'interno degli uffici regionali di questi stati, sono a volte piú d'ostacolo che d'aiuto, ad esempio quando la lotta al sessismo diventa il pretesto per proteggere la loro posizione, mantenendo allo stesso tempo in vita le strutture di tipo razzista: «Ciò di cui il settore amministrativo ha disperatamente bisogno è un'attiva messa in discussione del modo di pensare e di agire da parte delle donne bianche, messa in discussione che riesca a interrompere il ripetersi delle abitudini e a smontare le strutture attraverso cui il dominio raziale viene mantenuto in vita nel nostro lavoro quotidiano»[16].

Da sempre i progetti di sviluppo per il Sud globale vengono guidati nella maggior parte dei casi da caucasici, di cui la maggior parte sono donne. Queste, naturalmente, non hanno intenzione di incidere negativamente, eppure è ciò che accade quando non esaminano l'orizzonte all'interno del quale si sono formate e hanno vissuto. Cosí facendo gli interventi che vengono avviati non sono pensati per i bisogni dei luoghi in cui verranno realizzati, e per questo non possono neanche avere come risultato un miglioramento solido e durevole delle condizioni di vita.

Weekes-Richemond chiede a noi donne bianche di essere *vere e proprie alleate*, di prendere consapevolezza della nostra posizione di privilegio e di usarla anche per aiutare effettivamente chi si trova in regioni in crisi. Le donne non bianche non sarebbero cosí costrette a combattere contemporaneamente contro di noi e contro il patriarcato. In particolare chi occupa posizioni di rilevanza a livello amministrativo o politico dovrebbe indagare le proprie motivazioni e i propri pregiudizi e lavorare in una condizione di parità insieme a loro. Questo significa, per dirlo ancora piú chiaramente, iniziare a retribuirle in modo equo, essere pronte a imparare e anche cedere posizioni di leadership: insomma, farsi da parte e fare posto per loro! Fare posto alle donne e agli uomini che vivono in quei luoghi. I paesi del Sud globale non hanno bisogno di un qualche eroe bianco o di una qualche eroina bianca che li salvi, ma di un solido e durevole aiuto allo sviluppo. Con le parole di Weekes-Richemond: «Milioni di vite sono in gioco ed è arrivato il momento di agire insieme per fare qualcosa di scomodo per noi, cioè rendere noi stessi superflui».

Ritorno al clima.

Il periodo di siccità che ha colpito il Madagascar dal 2019 al 2021 non aveva quasi per nulla a che fare con il cambiamento climatico. Questo, però, non significa che non sia un fattore rilevante per la vita in quella regione, tutt'altro. Mentre i periodi di siccità o le infestazioni di cavallette gravano da decenni su un sistema sociale e infrastrutturale debole, il cambiamento climatico porta con sé nuovi shock. Proprio come accade in tutta l'Africa, anche nel Madagascar le temperature salgono considerevolmente e i periodi di caldo estremo, fino a due gradi al di sopra della media, sono aumentati[17]. Gli uragani, che sono da sempre una piaga, iniziano, a causa del cambiamento climatico, a essere accompagnati da forti piogge, provocando danni sempre piú ingenti[18]. Non dobbiamo quindi assolutamente ignorare la connessione tra periodi di siccità e cambiamento climatico. Non è certo determinante, ma resta senza dubbio una minaccia.

Non è semplice stabilire in che modo la capacità di resistenza e adattamento agli shock sia connessa da un lato ai conflitti politici, le guerre e le guerre civili e dall'altro alle variazioni e oscillazioni meteorologiche naturali dovute al cambiamento climatico. Quello che possiamo di certo chiederci è se vi sia una connessione causale tra le variazioni meteorologiche e i conflitti, cosí come tra le variazioni meteorologiche e le migrazioni, sia all'interno di uno stesso paese sia verso altri.

Se gli eventi climatici estremi diventano piú frequenti e piú intensi allora le persone colpite hanno sempre meno tempo per potersi riprendere. Nel lungo periodo la situazione finisce per peggiorare per la popolazione locale, portando a volte a disordini politici che aggravano ulteriormente l'instabilità e la disuguaglianza. Sullo sfondo del cambiamento climatico le tensioni sociali si acuiscono e le polarizzazioni etniche si infiammano. Gruppi estremisti utilizzano questa situazione per inasprire i conflitti e per attirare nuovi seguaci. La regione del Sahel rappresenta un triste esempio di tutto questo. In quell'area le tensioni etniche e religiose già presenti finiscono per trasformarsi, nel contesto di un meteo estremo, in veri e propri conflitti armati. Danneggiando le infrastrutture pubbliche e private, annientando interi raccolti e mandrie di bestiame, gli eventi meteorologici estremi, come le inondazioni, non fanno che peggiorare la già fragile sicurezza di quei territori. E cosí il numero dei profughi e degli sfollati interni nel Sahel è cresciuto fino a superare i 2,2 milioni di persone. A questi si aggiungono circa altre 900 000 persone che cercano rifugio in quei luoghi, fuggendo da altre aree di crisi nella regione. L'intreccio tra la vulnerabilità socio-economica, le conseguenze degli eventi meteorologici estremi e i latenti conflitti etnici porta in molte zone a violenti scontri tra chi vive di agricoltura e chi basa la propria sussistenza sulla pastorizia nomade che, dopo anni di discriminazione etnica e di scarsa partecipazione politica, si lascia arruolare all'interno di gruppi estremisti come Ansarul Islam nel Burkina Faso o Ansar Dine nel Mali[19]. È questo il modo in cui il cambiamento climatico aggrava le disuguaglianze, senza incidere in modo diretto sul presentarsi di una siccità.

Naturalmente la frammentazione etnica presente in questa regione non fa che complicare ulteriormente la situazione. Ad esempio le persone aiutano solo chi, tra i vicini, appartiene alla stessa etnia; mentre negli ospedali chi ha bisogno di cure viene allontanato se, in quella data area, non appartiene al gruppo etnico dominante.

Nonostante l'accumulo di prove e indizi che mostrano la connessione tra le condizioni climatiche e i conflitti, le spiegazioni in merito sono spesso insoddisfacenti. In molti studi, infatti, quando viene affrontato il tema della loro interazione, è presente una confusione sul senso della correlazione: in altri termini, una relazione di influenza reciproca viene trattata come una relazione causale[20]. Le teorie finora piú promettenti sono spesso anche le piú complesse e ciò significa che sono difficili da armonizzare con i dati quantitativi disponibili. Nel complesso, la ricerca sui meccanismi causali che legano il cambiamento climatico ai conflitti si è finora dimostrata non all'altezza del problema.

Qualcosa di analogo vale anche per il secondo grande tema che si ripresenta sempre quando ci si occupa del continente africano: le migrazioni. L'emigrazione di massa causata dal cambiamento climatico e che dal continente africano va verso l'Europa, o quella che dall'America centrale e meridionale va verso gli Stati Uniti, viene spesso descritta come uno scenario terrificante da chi, in ambito politico, porta avanti idee nazionaliste e conservatrici, mentre l'area progressista la usa come ammonimento per sollecitare l'approvazione di obiettivi ambiziosi in merito alla protezione del clima. Se questo scenario si presenterà effettivamente o meno è ancora una questione dibattuta e al momento non vi è alcuna chiara subordinazione del flusso migratorio al mutamento del clima. Si tratta di un fatto accettato nella comunità scientifica, ma resta comunque un campo poco indagato.

Mentre le scienze politiche e sociali si confrontano con questo tema già da lungo tempo, per le scienze naturali e soprattutto per chi si occupa di meteorologia è un tema di ricerca relativamente nuovo. Mancano, quindi, delle basi empiriche per poter riconoscere le connessioni causali. A ciò poi bisogna aggiungere l'enorme complessità delle condizioni che portano alle migrazioni, nonché le loro molteplici forme. La maggior parte delle persone che abbandona la propria terra lo fa restando comunque all'interno del paese di origine, e spesso solo per qualche mese o anno. Qualcosa di analogo accade nel caso della migrazione internazionale, dove molti restano nel nuovo stato per qualche tempo ma hanno intenzione di ritornare a casa in un prossimo futuro. La fuga e l'emigrazione sono quindi molto piú rari di quanto le voci populiste in Europa vogliano far credere.

Uno dei piú grandi problemi ad aver portato a una situazione alimentare drammatica per la parte meridionale del

Madagascar durante gli anni di siccità è stata proprio la scarsa mobilità delle persone. E questo è un esempio del fatto che le disuguaglianze, aggravate dalle variazioni climatiche, non portano necessariamente a un aumento delle migrazioni, come spesso viene ipotizzato. La crescente povertà, perciò, inchioda le persone al loro posto. Durante i periodi climaticamente drammatici, dunque, migra un numero minore di persone. La carenza di possibilità migratorie deve quindi essere vista come conseguenza della crisi, che a sua volta non fa altro che aggravare la crisi stessa.

Una molteplicità di fattori può portare a prendere la decisione di spostarsi: ragioni di tipo economico, sociale, politico, ecologico e, non da ultime, possono anche esserci motivazioni culturali. Il cambiamento climatico interagisce in modo dinamico con questi fattori e quindi influenza anche la scelta di abbandonare o meno la propria patria. Ma non abbiamo prove solide e definitive che questo intreccio di influenze reciproche tra i fattori menzionati e il cambiamento climatico porti in assoluto a un aumento delle migrazioni.

Negli ultimi anni sono stati pubblicati molti studi che hanno affrontato le molteplici connessioni tra le modificazioni ambientali, i fattori sociali e le migrazioni, e nei quali si sono indagate in particolar modo le aree aride dell'Africa subsahariana. Anche se il 23 percento delle novantasettemila persone intervistate e appartenenti a diversi stati africani ha risposto di aver lasciato la casa e la famiglia a causa di condizioni ambientali troppo dure da sopportare, la maggior parte di queste si è comunque spostata all'interno della propria regione. Dagli studi emerge comunque che la decisione di migrare è legata spesso a fattori che non si lasciano facilmente quantificare, come la rete di relazioni personali. Decidere di migrare, quindi, dipenderebbe anche dal tipo di contatti, piú o meno stretti, che si hanno in una data regione, città o, piú raramente, paese, contatti che possono facilitare l'inizio di una nuova vita. Dagli studi non si possono trarre quindi delle conclusioni precise. Eppure emergono due risultati molto chiari: in primo luogo, il cambiamento climatico non provocherà alcuna migrazione di massa dall'Africa verso l'Europa o altri continenti. E questo perché ci sono altri fattori che influiscono in misura molto maggiore su scelte di vita difficili come questa. Sono le strutture politiche e sociali a determinare la vivibilità di un certo territorio. In secondo luogo, è molto probabile che le migrazioni aumenteranno in modo significativo all'interno dello stesso paese. Questo perché le persone piú gravemente colpite dal cambiamento climatico in Africa non hanno a loro disposizione né i mezzi finanziari né la rete di rapporti sociali che renderebbero possibile una qualche fuga di massa verso un altro continente.

Ricerche recenti aiutano comunque a rendere piú chiaro che le alterazioni meteo dovute al cambiamento climatico solo molto raramente costituiscono una spinta diretta per la migrazione, ma contemporaneamente incidono su fattori che finiscono per incentivarla. Ad esempio, tra i moventi di chi si sposta gioca un ruolo anche il rischio per la salute, che a sua volta cresce in modo significativo a causa del cambiamento climatico. Quando le temperature sono molto alte aumenta anche la diffusione di malattie come la malaria. Il drammatico aumento delle ondate di caldo riduce la produttività (come si è visto nel terzo capitolo) e costituisce un fattore di stress enorme per il sistema cardio-circolatorio, cosa che porta all'insorgere di malori collaterali. Questo potrebbe innescare la fuga dalle campagne verso le città, anche se in città le condizioni legate al caldo e la qualità dell'aria sono persino peggiori. I piú poveri tra gli aspiranti migranti sarebbero probabilmente anche disposti a sopportare tutto ciò, finendo però per aumentare le difficoltà già esistenti a causa della rapida crescita della popolazione e della mancanza di lavoro e spazi abitativi adeguati nelle città.

Comprendere le cause.

La disuguaglianza creata lungo centinaia di anni di dominio coloniale, politico, economico e di aiuti per lo sviluppo fallimentari ha avuto come conseguenza il fatto che oggi, nel primo quarto del XXI secolo, il racconto di Tamaria e Tema, le due donne citate all'inizio di questo capitolo, suoni quasi come una fiaba di Hans Christian Andersen. Ma la loro storia non è per nulla una fiaba e non riguarda neanche un qualche oscuro scenario futuro. Racconta infatti l'amara realtà del mondo che noi stessi abbiamo creato. Possiamo ancora cambiarlo, ma per farlo dobbiamo comprendere il passato e imparare e dare un nome alle ragioni che stanno alla base della situazione attuale. Solo se impariamo a distinguere il cambiamento climatico da altre cause, infatti, possiamo immaginare di adattarci in modo efficace. È un processo lungo, specie per noi bianchi europei, perché dobbiamo cambiare il nostro modo di pensare: dare una nuova forma alla scienza, alla cooperazione per lo sviluppo e all'attivismo, cosí da fare spazio alla vera diversità.

È una sfida difficile, ma non impossibile.

Fuoco

Capitolo sesto
La fine delle foreste pluviali
Brasile

> La foresta è la nostra casa. È lei a guarire la nostra anima. Senza non siamo niente[1].
>
> Se l'Amazzonia soffre, l'intero mondo soffre con lei[2].
>
> I taglialegna sono molto pericolosi.
>
> Non dovremmo essere noi a farlo. Spetta al governo federale e a quello statale ma, dato che loro non stanno proteggendo la foresta, lo facciamo noi.
>
> È inquietante vedere lo stato lanciare delle minacce contro se stesso.
>
> «Voglio fare un accordo con te per vendere legname, – disse l'interlocutore. – Se non accetti, morirai»[3].

Mentre il Madagascar stava iniziando la sua lotta contro un periodo di siccità che sarebbe durato per tre anni, tra luglio e agosto 2019 l'attenzione di tutto il mondo veniva catturata da ciò che stava avvenendo a diecimila chilometri di distanza. In quel periodo, nella foresta pluviale brasiliana, si contavano circa ventimila incendi. Gli incendi nella zona non sono rari durante l'estate, specialmente in anni particolarmente caldi e secchi, come nel 2015, quando la temperatura è stata di 0,91° superiore rispetto alla media degli ultimi cento anni (tra il 1901 e il 2000). Il 2019 sarebbe diventato l'anno piú caldo rispetto alla media citata, con un'anomalia di 0,97°: non una temperatura insolitamente calda e secca all'interno di un mondo dove il riscaldamento globale aveva già raggiunto 1,2° (nel frattempo, mentre scrivo, il record del 2019 è stato battuto nell'estate del 2023). Ciò significa che non c'erano in quel momento evidenti ragioni per una diffusione cosí elevata di incendi, ed è proprio per questo che il fenomeno stava provocando cosí tanta preoccupazione. In molti paesi si è sollevato allora un grido di indignazione generale, e sia il G7 sia, addirittura, papa Francesco si sono rivolti a Bolsonaro, il presidente brasiliano allora in carica, per chiedergli di fare il possibile per contenere nel modo piú rapido le fiamme.

Eppure, nonostante l'incombente disastro, anziché cercare di contenerlo e mettere in salvo la foresta pluviale e le persone che abitano in quelle aree, Bolsonaro ha deciso di utilizzare la scena internazionale per accendere il risentimento nazionalistico. Senza avere il minimo straccio di prove ha puntato il dito contro le Ong internazionali: «Potrebbero essersi verificate azioni criminali da parte delle Ong, fatte per attirare l'attenzione sulla mia persona e sul governo brasiliano. Quella che stiamo affrontando è una guerra»[4].

È stata in particolare questa reazione ad attirare l'attenzione internazionale sul ruolo di Bolsonaro negli incendi scoppiati in Amazzonia. Ed effettivamente non c'è alcun dubbio sul fatto che la sua politica abbia causato gravi danni che oltrepassano anche i confini brasiliani. Il tentativo da parte del G7 e del papa di esercitare una qualche pressione politica e morale non hanno avuto alcun successo. Dinanzi all'indifferenza e all'assenza di azioni concrete per fermare le fiamme alcuni gruppi di persone hanno cercato di percorrere altre strade, arrivando a chiedersi se non fosse possibile portare il presidente brasiliano in tribunale.

Ma facciamo un passo alla volta: cosa è successo, esattamente, nel 2019?

Le fiamme nel 2019.

Tra gennaio e aprile 2019 le immagini satellitari mostravano un numero insolitamente alto di focolai in Amazzonia, in particolare in quelle aree nelle quali erano state segnalate molte attività di disboscamento illegale. Ad agosto il fumo si era sviluppato ed esteso a tal punto che in molti stati federali il cielo risultava completamente coperto ed era buio anche durante il giorno. Il 19 agosto il fumo aveva iniziato a estendersi verso sudest, allontanandosi quindi sempre di piú dall'Amazzonia. Quando infine nella metropoli di San Paolo il sole non è stato piú visibile, i media brasiliani e internazionali hanno iniziato a chiedersi in che misura gli incendi potessero essere collegati con i disboscamenti illegali, con la politica ambientale di Bolsonaro e con il cambiamento climatico.

I primi a cercare di dare qualche risposta sono stati gli scienziati e le scienziate della Nasa[5], interpretando le immagini satellitari grazie alle quali tutti nel mondo erano potuti venire a conoscenza degli incendi. Nonostante questi dati siano indispensabili per localizzare i focolai e, inoltre, siano disponibili praticamente in tempo reale, il loro studio richiede tempo e la valutazione della Nasa in merito alla stagione di incendi del 2019 in Amazzonia è arrivata solo sei mesi dopo le fiamme.

«È fuori discussione che gli incendi avvenuti in Amazzonia nel 2019 siano stati insoliti, ma lo sono stati in un modo del tutto specifico». Queste le parole di Douglas Morton, alla guida del laboratorio per lo studio della biosfera al Goddard Space Flight Center della Nasa. «Fortunatamente non abbiamo visto alcun incendio estendersi in modo incontrollato, come nel caso dei passati anni di siccità (in particolare come nel 2015). Quello a cui comunque abbiamo assistito è stato un allarmante aumento degli incendi dolosi che ha interessato specifiche parti del Brasile»[6].

Anche se il numero degli incendi aveva raggiunto una cifra mai vista prima, la distruzione della foresta pluviale era stata nel complesso contenuta e questo perché nel 2019 non si era presentato alcun periodo di siccità. Alberto Setzer, scienziato alla guida dell'Istituto nazionale di ricerche spaziali in Brasile, ha dichiarato: «Si sarebbe trattato di uno scenario terrificante se il fuoco dovuto agli incendi dolosi avesse avuto questa intensità e il 2019 fosse stato, inoltre, un anno di siccità. In quel caso si sarebbe esteso nella foresta pluviale e avrebbe continuato a bruciare in modo incontrollato per interi mesi»[7].

I dati satellitari della Nasa, generati con l'aiuto di Modis, sono liberamente accessibili online[8]. L'interpretazione dei focolai, contraddistinti con dei punti rossi, non è comunque semplice, poiché sulle immagini vengono segnati nello stesso modo sia i piccoli incendi stagionali legati alle attività agricole sia i grandi falò o gli incendi di erbacce nelle boscaglie che si propagano rapidamente. Usando solo le immagini satellitari non è possibile trarre alcuna solida conclusione che possa permetterci di stabilire se il 2019 sia stato, da questo punto di vista, un anno anomalo. Se si confrontano i dati lungo un arco di diversi anni, le osservazioni compiute grazie a Modis mostrano un numero estremamente elevato di incendi nei primi anni del nuovo millennio (tra il 2001 e il 2004). Ed è per questo che nel 2004 il Brasile ha introdotto una serie di regolamentazioni ambientali con lo scopo di ridurre soprattutto gli incendi dolosi e le altre forme di disboscamento nella foresta pluviale.

Durante il governo di Bolsonaro, a partire dal 2019, l'applicazione di queste misure ambientali si è interrotta completamente e il disboscamento ha iniziato nuovamente ad aumentare. La sua effettiva portata non è semplice da stabilire, dal momento che lo sradicamento illegale spesso avviene cercando di aggirare i sistemi satellitari, focalizzandosi ad esempio su stretti lembi di territorio ai margini della foresta.

Gli incendi dolosi e gli sradicamenti degli alberi sono iniziati, nel 2019, già nel periodo secco dell'anno e anche questo ha avuto un ruolo considerevole nell'attirare l'attenzione internazionale. Quando tra agosto e settembre l'indignazione pubblica ha raggiunto il suo picco, il governo, nonostante il disinteresse iniziale di Bolsonaro, ha inviato decine di migliaia di soldati nella foresta pluviale per combattere gli incendi. L'attività del fuoco in molte parti dell'Amazzonia è stata inoltre smorzata ulteriormente da precipitazioni intense e l'estensione delle aree bruciate è stata alla fine inferiore rispetto alla media. Dopo un inizio drammatico, caratterizzato da un numero estremamente alto di incendi, si è evitata una catastrofe di proporzioni enormi.

Secondo Setzer: «Se i militari non fossero intervenuti e le precipitazioni non fossero aumentate, il conteggio complessivo per il 2019 sarebbe stato senza dubbio molto piú alto»[9].

Bolsonaro e la protezione dell'ambiente.

La foresta pluviale dell'Amazzonia è il polmone verde della terra e per il 60 percento si trova in Brasile. Il paese quindi possiede la piú grande foresta vergine del mondo. Allo stesso tempo proprio in Brasile, ogni anno, ne scompare una parte consistente. Solo nel 2021 sono andati persi 1,5 milioni di ettari[10], un'area grande circa quanto il Libano. Non si tratta solo di una perdita drammatica a livello di biodiversità, dato che viene minacciata anche l'esistenza stessa di molte popolazioni indigene. Tale situazione, inoltre, non fa che intensificare il cambiamento climatico: con il rimpicciolirsi della foresta diminuisce anche la sua capacità di assorbire CO_2. Il disboscamento dell'Amazzonia costituisce, quindi, il contributo maggiore del Brasile a questa accelerazione. Ecco perché sarebbe di estrema importanza tutelarla. All'interno dell'accordo sul clima di Parigi del 2015 il Brasile si è impegnato a fermare entro il 2030 tutte le forme di disboscamento illegale, che costituiscono oltre il 90 percento del totale[11].

Per riuscire a mantenere questo impegno il governo brasiliano deve combattere soprattutto i gruppi criminali che sono responsabili della maggior parte delle attività di deforestazione. L'attuale presidente brasiliano Lula ha di recente assicurato che le leggi emanate prima del mandato di Bolsonaro saranno rimesse in vigore cosí da porre fine al disboscamento illegale. Ma quanto sia difficile gettarsi alle spalle la politica di Bolsonaro lo dimostra un rapido sguardo alle statistiche: nel febbraio del 2023, quindi due mesi dopo l'inizio dell'amministrazione Lula, il tasso di disboscamento registrato è stato del 62 percento superiore rispetto all'anno precedente, malgrado il lavoro congiunto di Lula e Marina Silva, la ministra per l'Ambiente che durante il suo primo mandato (dal gennaio del 2003 al gennaio del 2011) era stata capace di ottenere risultati importanti. Nel 2023 la ministra ha presentato un piano per impedire la deforestazione illegale, che consiste nel ripristinare il Fondo Amazzonia e quello per l'ambiente che Lula aveva lanciato nel 2008 per proteggere e tutelare la foresta pluviale.

Durante il suo mandato, invece, Bolsonaro ha avuto evidentemente altre priorità. Infatti ha attivamente intralciato l'attuazione delle leggi per la protezione dell'Amazzonia e ha ridotto il potere delle autorità ambientali. Ha poi esplicitamente e duramente criticato le organizzazioni, gli attivisti e le attiviste impegnati nella protezione della foresta pluviale, dando cosí campo libero alle reti criminali coinvolte nella deforestazione illegale. Cosí facendo ha messo in pericolo non solo chi vive nella regione amazzonica, ma ha anche minato gli sforzi fatti dal Brasile per attenersi all'impegno di ridurre le emissioni di gas serra. Dovrà passare del tempo prima che tutte le persone e le figure professionali coinvolte nelle organizzazioni a tutela dall'ambiente e nel relativo ministero siano di nuovo nelle condizioni di poter svolgere il loro lavoro, anche perché tuttora subiscono continue pressioni e minacce da parte delle bande criminali che portano avanti le attività di deforestazione.

Il modo in cui Bolsonaro ha gestito la situazione costituisce un esempio eloquente di come un'errata politica sul clima finisca per peggiorare le disuguaglianze, minacciare i diritti umani e causare, senza farsi il minimo scrupolo, un gran numero di morti. L'ex presidente ha infatti tollerato i numerosi omicidi di chi lottava per difendere la foresta[12]. E ha inoltre indirettamente accettato la morte di altre persone, dato che la politica di disboscamento ha contribuito in modo diretto ad acuire il cambiamento climatico, continuando a provocare enormi danni alla popolazione brasiliana.

Deforestazione.

La deforestazione, in particolare quella delle foreste tropicali, è dal 1959 – anno in cui ha avuto inizio la raccolta dei dati in merito – responsabile di quasi un quinto (il 19 percento) delle emissioni globali di CO_2. La deforestazione dell'Amazzonia – per essere piú precisi la quantità di CO_2 rilasciata dalla combustione o dalla decomposizione degli alberi, insieme alla quantità di CO_2 che a causa del loro abbattimento non viene piú assorbita – costituisce la seconda piú grande causa, dopo i carburanti fossili, del cambiamento climatico a livello globale[13]. Secondo il rapporto speciale dell'Ipcc quasi tutti gli scenari che permetterebbero di restare nei termini dell'accordo di Parigi richiederebbero l'interruzione di tutte le emissioni connesse con le deforestazioni entro il 2030[14]. Ciò vuol dire che a partire dal 2030 non dovrà essere abbattuto neanche un albero senza che un altro venga ripiantato in modo sostenibile.

A partire dall'inizio del mandato di Bolsonaro, il 1° gennaio 2019, il tasso di deforestazione è salito in modo marcato. Nel primo anno della sua amministrazione ha raggiunto il piú alto livello di sempre, segnando un +34 percento rispetto all'anno precedente. Nel 2020 ha subíto un'ulteriore accelerazione superando il 2019 di un ulteriore 10 percento: se in un dato lasso di tempo venivano abbattuti 100 alberi nel 2018, nel 2020, nello stesso intervallo tempo, gli alberi abbattuti erano 144. In un rapporto[15] scritto a sostegno di una causa intentata contro Bolsonaro, la sua amministrazione è stata accusata di aver superato il tasso medio di deforestazione degli anni 2009-18. Per poter stimare la portata del danno che può essere attribuito al governo Bolsonaro negli anni dal 2021 al 2022 il rapporto presenta tre scenari: uno scenario in cui i tassi di deforestazione si mantengono ai livelli del 2020; uno in cui l'aumento registrato tra il 2019 e il 2020 prosegue; e uno in cui aumenta linearmente fino a raggiungere, nel 2022, i livelli di picco osservati vent'anni prima. I dati attualmente disponibili fanno presupporre come piú probabile il presentarsi dello scenario intermedio, il che significa che il solo aumento annuo delle emissioni causate dalla deforestazione durante il governo Bolsonaro costituisce circa l'1 percento delle emissioni globali di CO_2, che corrisponde, approssimativamente, a quelle complessive del Regno Unito. E il cambiamento climatico continua la sua corsa, anche perché le mandrie di bovini che occupano le aree disboscate della foresta emettono metano. Lo stato della foresta pluviale alla fine del mandato di Bolsonaro dimostra quale impatto devastante, anche a lungo termine, possa avere la politica di un solo individuo e quanto sia difficile fermare o invertire la tendenza da lui avviata.

La deforestazione prosegue anche adesso, rivelando la lunga ombra delle politiche ambientali di Bolsonaro. Per fermare questa distruzione sono necessarie decisioni a livello politico radicali e coerenti. Alla fine dell'estate del 2023 si sono intravisti dei segnali che aprono uno spiraglio di cauta speranza[16], con l'abbattimento di alberi sceso del 66 percento. Bisognerà vedere se si andrà avanti cosí anche nei prossimi anni. In ogni caso, Lula si trova al cospetto di una sfida epocale.

Danni climatici.

L'1 percento delle emissioni globali attribuibili al governo di Bolsonaro sono responsabili anche dell'1 percento dei danni causati dal cambiamento climatico. Nel secondo capitolo ci siamo occupati di un'ondata di caldo che senza l'attuale aumento delle temperature non si sarebbe potuta verificare. In quel caso hanno perso la vita piú di seicento persone. L'1 percento di queste persone sono quindi almeno sei persone, la cui morte ricade sulle spalle di Bolsonaro. Il conteggio totale, però, solo per l'anno 2021, è ben piú alto. Nel corso dell'anno, infatti, si sono verificati anche altri eventi meteorologici estremi in cui sono andate perse molte vite, come ad esempio gli uragani negli Stati Uniti e in Bangladesh, le inondazioni in Germania, India e Nepal, oppure il caldo e gli incendi boschivi in molte parti dell'Europa e degli Usa[17]. Nessuno ha mai effettivamente contato queste morti e per un motivo o per un altro, come abbiamo già visto, molti di questi decessi non vengono neanche inclusi nelle statistiche. Eppure possiamo stimare con certezza la cifra di oltre 100 000 decessi. L'1 percento di questi corrisponde a oltre mille vite, ed è probabile che questa stima sia al ribasso. Alle morti bisogna aggiungere i danni causati alla natura e alle infrastrutture.

Basando la nostra stima sulla condizione attuale, nei prossimi ottant'anni solamente quell'1 percento di emissioni attribuibili alla politica di Bolsonaro porterà a livello globale a oltre 180 000 morti[18]. Si tratta di 180 000 persone che perderanno la loro vita, anche nel caso in cui le emissioni dovessero scendere considerevolmente. E anche questa stima è molto al ribasso.

Foreste in fiamme.

Nonostante gli incendi che divampano nelle foreste siano spesso attribuibili ad azioni umane, il clima e il meteo possono essere dei fattori chiave rispetto al modo in cui le fiamme si diffondono e alla loro intensità. Abbiamo visto che sono in particolare i periodi di siccità a funzionare come acceleratori nella diffusione degli incendi. E se alle medie latitudini le siccità si presentano senza una regolarità, ai tropici invece dipendono, per lo meno in parte, dalle oscillazioni della temperatura sulla superficie degli oceani connesse a un fenomeno che dagli addetti ai lavori viene identificato con l'espressione El Niño - Oscillazione Meridionale (El Niño-Southern Oscillation, Enso). I concetti di «El Niño» e «La Niña» si riferiscono a oscillazioni nel sistema climatico del pianeta che spesso hanno conseguenze in tutto il mondo. Detto in modo piú preciso, l'espressione «oscillazione meridionale» indica le variazioni nella pressione atmosferica tra la parte orientale e occidentale del Pacifico tropicale, variazioni che accompagnano episodi sia di El Niño sia de La Niña e che, ad esempio, influenzano i venti alisei, i quali a loro volta giocano un ruolo molto importante all'interno del sistema climatico globale.

In concreto El Niño indica un aumento della temperatura sulla superficie dell'oceano che si presenta ogni due anni e si concentra, di solito, nell'area del Pacifico equatoriale centrorientale, e che dunque può essere osservato in particolare sulle coste di paesi come il Perú. Le ultime occorrenze piú importanti di El Niño sono state nel 2015-16 e nell'estate del 2023. Si parla della sua presenza quando si verifica un incremento della temperatura oceanica nella parte orientale del Pacifico tropicale pari a 0,5° al di sopra della media di lungo periodo. L'espressione «La Niña» indica, invece, il fenomeno opposto, quindi episodi in cui la temperatura media sulla superficie oceanica nel Pacifico equatoriale diventa piú fredda ed è per lo meno tre gradi al di sotto della temperatura oceanica media. Gli anni tra il 2020 e il 2022 sono stati, inaspettatamente, tre anni in cui si è presentata La Niña, cosa che tra l'altro ha portato a una siccità in Argentina e in altre regioni sudamericane, e ha impattato sulla produzione mondiale di grano e soia[19].

Si tratta della piú nota e influente oscillazione del sistema climatico a livello globale. Queste oscillazioni determinano quali porzioni degli oceani sono piú calde e quali piú fredde. Insieme alle temperature oceaniche si modificano non solo i venti alisei ma anche altri venti che attraversano gli oceani, influenzando l'andamento della pressione atmosferica, le precipitazioni e i periodi di siccità in Amazzonia. Al momento non abbiamo a disposizione alcuna ricerca che possa dimostrare come il cambiamento climatico causato dall'essere umano modifichi la frequenza di queste oscillazioni. Indipendentemente da Enso, infatti, le temperature oceaniche sono aumentate nel complesso di 0,88° a causa del cambiamento climatico[20].

Per poter affrontare la questione riguardante se e in che modo il cambiamento climatico influenzi gli incendi forestali in Brasile devo prima chiarire un punto: il meteo, nonostante abbia un ruolo importante, non è l'unico fattore in gioco. Una condizione meteorologica infuocata non è associata necessariamente a un periodo di siccità, in quanto il pericolo di incendi forestali cresce in generale se le temperature sono alte, il territorio è arido e il vento è in aumento. Questi fattori possono essere misurati e messi in relazione reciproca per formare degli indicatori, come ad esempio l'indice meteorologico antincendio canadese (Canadian Fire Weather Index System, Fwi) o l'indice di pericolo incendio forestale australiano (Australian Fire Danger Rating System, Afdrs), che combinano l'incidenza della temperatura, dell'umidità dell'aria e della velocità dei venti e tengono in considerazione, a volte, anche la quantità di pioggia nei mesi precedenti per riuscire a determinare quanto sia alto il rischio di incendi in un dato periodo. Non tutti questi indici sono adatti per monitorare le condizioni di ogni regione del mondo, dato che gli incendi boschivi in Australia si comportano in modo diverso rispetto a quelli in Amazzonia, cosí come un incendio nella brughiera britannica ha un andamento differente rispetto a uno in una pineta tedesca.

L'Fwi canadese si è dimostrato adatto per calcolare il rischio incendi nel Cerrado – una vasta zona di savana tropicale umida nella parte sudorientale del Brasile –, dato che ha descritto in modo molto preciso la portata degli incendi forestali che si sono verificati in quell'area nel 2015. Inoltre, questo indice può anche essere usato in relazione ai periodi aridi già trascorsi. Per gli studi di attribuzione diventa importante comprendere se gli effetti del cambiamento climatico causato dall'essere umano abbiano aumentato la ricorrenza di valori piú alti all'interno della scala Fwi (cioè se sia aumentato il pericolo di incendi forestali estremi). Con l'aiuto dei dati di osservazione e delle simulazioni siamo in grado di mettere a confronto le condizioni climatiche attuali con quelle che ci sarebbero state se l'essere umano non avesse immesso nell'atmosfera un quantitativo aggiuntivo di gas serra. A ogni modo si tratta effettivamente solo di una stima. A differenza delle ondate di caldo, per esempio, che possono essere misurate direttamente attraverso i valori delle temperature, nel caso dell'indice di pericolo relativo agli incendi abbiamo solo un'indicazione rispetto alla probabilità che possa verificarsi, ma non ci dice nulla su un evento effettivamente in corso.

Come mostra uno studio[21], sia nel Cerrado sia nel cosiddetto arco della deforestazione ai margini della foresta amazzonica il cambiamento climatico favorisce il presentarsi delle condizioni che causano gli incendi, che si sono spesso verificati in entrambe le regioni con una frequenza sempre piú elevata, e ancora una volta, proprio come nel caso del caldo, l'incidenza è tanto piú grande quanto piú estremo è l'evento meteorologico.

La variazione dell'indice Fwi in relazione al cambiamento climatico può essere fondamentalmente spiegata facendo riferimento a due fattori: l'incremento delle temperature e la contemporanea diminuzione dell'umidità dell'aria nella zona del Cerrado e dell'«arco della deforestazione», che fanno sí che il pericolo di incendi boschivi sia considerevolmente piú alto rispetto ad altre parti del mondo – come l'Australia, dove comunque non sono rari roghi spaventosi (vedi il settimo capitolo). Inoltre, come è avvenuto nel 2015 e nel 2023, durante El Niño il rischio di incendi cresce in modo significativo, mentre negli anni in cui si presenta La Niña, come nel 2022, diminuisce leggermente. Il cambiamento climatico di natura antropica, intrecciandosi con la presenza di El Niño nel 2015, ha aumentato la probabilità di condizioni meteo favorevoli per il divampare delle fiamme. A ogni modo, anche in anni in cui El Niño non ha giocato alcun ruolo, si sono presentati incendi forestali estremi, come nel 2005 e nel 2020. Una qualche connessione, quindi, c'è, ma non nel senso di una relazione causale, poiché i fenomeni coinvolti sono molto complessi.

Le condizioni meteorologiche che favoriscono il presentarsi di incendi sono solo un aspetto del problema. In definitiva il verificarsi di un incendio dipende anche dalla vulnerabilità dell'ecosistema locale, aspetto che riporta in primo piano il tema degli usi che le persone fanno di un certo territorio: le foreste vergini intatte bruciano con piú difficoltà rispetto a quelle in cui sono già stati abbattuti degli alberi e le foreste piú giovani prendono fuoco piú facilmente rispetto a quelle piú anziane.

Il fatto che ci sia una connessione tra le condizioni meteorologiche che favoriscono gli incendi e il cambiamento climatico significa anche che è già possibile adottare diverse misure di adattamento per prevenire il degrado del suolo, contenere le emissioni di carbonio ed evitare i danni alle economie e alla salute, come il miglioramento dei piani antincendio e dei sistemi di monitoraggio e di allarme rispetto alla siccità. In linea di principio, tutte queste misure possono già essere messe in atto dove serve. Ignorarle significa non tenere in conto della vita delle persone, dato che un incendio forestale non è solo un pericolo per l'ambiente, le infrastrutture e i beni immobili, ma costituisce anche un pericolo mortale. Nonostante il numero delle vittime direttamente connesse alle fiamme sia di regola inferiore rispetto a quello di altri eventi meteorologici estremi, gli incendi restano comunque dannosi per la salute, dato che il fumo trasporta anche particelle sottili che se inalate rischiano di entrare in profondità nei polmoni e quindi nel flusso sanguigno. Tali particelle possono essere ancora piú tossiche di quelle emesse dalle auto, e causano molte vittime (vedi il secondo capitolo). Infine, questi inquinanti atmosferici peggiorano i disturbi respiratori già presenti e possono avere effetti a lungo termine sul sistema cardiocircolatorio e persino sul decorso di una gravidanza. A tutto ciò bisogna aggiungere il fatto che spesso gli incendi forestali si presentano insieme a temperature elevate e le due condizioni non fanno che intensificarsi a vicenda. Si tratta di una condizione che a New York, e in altre città lungo la costa orientale degli Stati Uniti, le persone hanno sperimentato nel giugno del 2023, quando la furia del peggiore incendio boschivo della storia canadese si è abbattuta sul Quebec e le nuvole di fumo, anche nella Grande Mela – a centinaia di chilometri di distanza –, hanno per giorni reso difficile respirare. Il cambiamento climatico e le sue conseguenze a livello globale hanno cosí fatto sentire la loro presenza nei polmoni della popolazione americana.

La politica climatica di Bolsonaro non ha come conseguenza la morte di un gran numero di persone solo in virtú dell'aumento delle emissioni prodotte. Anche dopo l'insediamento di un nuovo governo i difensori della foresta pluviale rischiano la vita scontrandosi con i taglialegna che continuano a violare le leggi ambientali. L'attività illegale di deforestazione dell'Amazzonia brasiliana coinvolge quasi esclusivamente reti criminali che hanno a disposizione i mezzi logistici per coordinare non solo l'abbattimento su larga scala degli alberi ma anche la lavorazione e la spedizione dei tronchi, soprattutto verso gli Stati Uniti e l'Europa. Alcune autorità ambientali usano l'appellativo «Ipè-mafia» per identificare queste bande armate che agiscono nell'Amazzonia, nome che fa riferimento all'ipè, un albero il cui legno è tra i piú pregiati e richiesti al mondo. Naturalmente i taglialegna abbattono qualsiasi tipo di albero, dato che il loro obiettivo è, in definitiva, quello di ripulire completamente la foresta per aumentare il piú possibile lo spazio per il pascolo del bestiame e per impiantare colture agricole. Il modo piú diffuso di utilizzare i nuovi spazi creati con la deforestazione è quello di adibirli all'allevamento, dato che la carne animale può essere facilmente venduta alle catene globali di fast food. Ogni singolo hamburger, ogni singola bistecca, contribuisce non solo alla distruzione della foresta pluviale ma anche al cambiamento climatico. Fin quando il consumo globale di carne rimarrà alto, la sfida che Lula ha davanti resterà estremamente ardua.

Perché il Brasile possa mantenere gli impegni derivanti dall'accordo di Parigi, è assolutamente necessario smantellare le bande criminali che incidono cosí pesantemente nel processo di distruzione della foresta. Ciò permetterebbe anche di proteggere quelle persone che si impegnano per difenderla. Si tratta spesso di gruppi di indigeni (come chi è citato all'inizio di questo capitolo). Se Lula riuscirà a intervenire, e a porre un argine al caos lasciato da Bolsonaro, non possiamo ancora dirlo con certezza.

In tribunale.

Abitare in un ambiente il cui clima è favorevole per la vita è un diritto umano. Questo diritto può essere letto tra le righe del rapporto stilato nel 2019 dall'Alto commissario delle Nazioni Unite per i diritti umani e l'ambiente dove, tra le altre cose, c'è scritto che: «La mancata osservazione degli accordi presi per combattere il cambiamento climatico costituisce un'evidente violazione degli obblighi che uno stato ha in relazione alla difesa dei diritti umani dei suoi cittadini»[22]. E i diritti possono essere rivendicati.

Negli ultimi anni sono state intentate varie cause incentrate sul clima, soprattutto come risposta alla mancanza di una regolamentazione giuridica in merito alle emissioni e alle conseguenze del cambiamento climatico. Le lacune che vengono contestate a livello legislativo sono una violazione dei diritti delle generazioni future, oppure consentono di ignorare i bisogni di specifici gruppi di persone. Un esempio importante in questa direzione è il successo della causa intentata da Luisa Neubauer contro il governo federale tedesco. Con la sentenza del 29 aprile 2021, la Corte costituzionale federale ha invitato il governo a rivedere le leggi sul clima, considerando il diritto delle generazioni future.

Mentre sto scrivendo (nell'estate del 2023) un'altra causa è in corso presso la Corte europea per i diritti umani. Secondo un'associazione di anziane signore svizzere, le donne anziane sono una categoria che soffre particolarmente le conseguenze del caldo estremo e le misure per la riduzione delle emissioni prese dal governo del loro paese non sarebbero sufficienti per mitigare le ondate di caldo dei prossimi anni. I tribunali svizzeri hanno respinto la causa ma questa è stata accolta dalla Corte europea. Indipendentemente dal fatto che la causa avrà o meno successo, si tratta comunque dell'indizio di un diverso modo di pensare da parte della giustizia, e piú in generale della società civile, che iniziano ad accordare alla protezione del clima un ruolo sempre piú centrale nel processo di ampliamento dei diritti umani.

Altri tipi di cause legali climatiche hanno come oggetto le compensazioni o gli aiuti finanziari diretti per attuare a livello locale contromisure di adattamento. Un importante esempio in questo senso è una causa tuttora in corso in Germania, nella quale il piccolo agricoltore Saúl Luciano Lliuya ha avanzato la pretesa, facendo riferimento al calcolo del contributo specifico alle emissioni globali della multinazionale dell'energia Rwe, che quest'ultima contribuisca con 17 000 euro alla costruzione di una diga di sbarramento che dovrebbe proteggere la sua città dalle possibili inondazioni dovute allo scioglimento di un lago glaciale[23]. Se la corte d'appello di Hamm dovesse condannare la Rwe, allora lo stesso modello di business perseguito dalla multinazionale, incentrato sull'estrazione e la combustione di carburanti fossili, verrebbe presentato per la prima volta come problematico da un punto di vista giuridico e quindi tutte le multinazionali non potrebbero piú sottrarsi alle loro responsabilità per quanto riguarda la messa in pericolo di vite umane. La causa intentata da Lliuya potrebbe creare un precedente, utile per migliorare la legislazione in materia e ridurre la distanza tra gli accordi internazionali e gli obblighi dei singoli stati e delle diverse multinazionali. In ultima analisi la posta in gioco riguarda il portare una multinazionale con sede in Germania a impostare il suo modello di business in modo da essere in linea con gli obiettivi dell'accordo di Parigi, rinunciando a fare affidamento soltanto sulla combustione di combustibili fossili. Si tratta di una delle prime cause a oltrepassare i confini nazionali e a essere rivolta contro una compagnia energetica che ha responsabilità enormi nel cambiamento climatico, soprattutto per via del suo lavoro di lobbing, che esercita in modo spregiudicato a livello globale. Quasi tutte le altre cause di questo tipo sono state intentate e sono tuttora in corso negli Stati Uniti; mentre scrivo queste pagine, su un totale di oltre mille trentacinque sono ancora in corso, e tra queste c'è, ad esempio, quella intentata dalla contea di Oregon contro aziende come Chevron ed ExxonMobil, accusate di aver contribuito alla catastrofica ondata di caldo estremo che ha distrutto Lytton. Come per Luisa Neubauer, la maggior parte delle cause legali al di fuori degli Stati Uniti sono rivolte contro i governi nazionali. Ma ce ne sono alcune arrivate ai tribunali internazionali, come quelle contro Bolsonaro[24].

Le cause contro Bolsonaro.

Nelle democrazie solide le cause legali costituiscono un mezzo efficace per fare dei concreti passi in avanti nella lotta contro il cambiamento climatico. Ma come stanno le cose nei paesi governati in modo autoritario, dove la politica non solo è colpevole di ignorare la legge ma addirittura tollera che vengano compiute delle vere e proprie azioni criminali, come nel caso di Bolsonaro? Un governo che non si sente obbligato a seguire le sue stesse leggi sarà mai in grado di accettare ciò che gli verrà imposto da un tribunale di ordine superiore?

Quando Bolsonaro era in carica da un anno e mezzo, il 5 giugno del 2020, è stata presentata alla Corte suprema federale brasiliana un'ingiunzione da parte di diversi soggetti istituzionali uniti sotto la sigla Rete della sostenibilità, composta dal Partito dei lavoratori, dal Partito socialismo e libertà e dal Partito socialista. Secondo la Rete della sostenibilità il Fundo Clima, istituito nel 2009 all'interno del piano nazionale brasiliano per il cambiamento climatico, era stato di fatto sospeso nel 2019 e i soldi destinati per la realizzazione di progetti inerenti a questo e le corrispondenti misure di adattamento non erano stati piú investiti.

La causa fa riferimento da un lato all'obbligo del governo e delle amministrazioni locali «di proteggere l'ambiente e di combattere l'inquinamento in ogni sua forma», cosí come «di preservare la flora e la fauna» e dall'altro al principio di precauzione contenuto nella Costituzione brasiliana. L'articolo 225 regola i doveri dello stato che, tra le altre cose, deve conservare e all'occorrenza ripristinare i processi ecologici. Prevede, inoltre, una gestione sostenibile degli ecosistemi e in particolare di quelli piú fragili. Lo scopo della causa era quello di ottenere un provvedimento d'urgenza che obbligasse lo stato a riattivare il Fundo Clima, dotandolo di risorse adeguate per poter finanziare progetti di rimboscamento. Ed è andata a buon fine. Il 1° luglio 2022, quindi ancora sotto l'amministrazione Bolsonaro, la Corte suprema federale brasiliana ha riconosciuto esplicitamente, per prima in tutto il mondo, che gli accordi di Parigi sono sullo stesso piano di un trattato per i diritti umani, dando cosí base legale per rendere perseguibili le mancanze, nella lotta al cambiamento climatico, che mettono in pericolo la vita umana. Sorprendentemente questo verdetto, le cui ripercussioni non devono essere sottovalutate, non ha ottenuto nei paesi del Nord globale nessuna prima pagina: un ulteriore indizio del fatto che dalle nostre parti il cambiamento climatico viene percepito in modo molto differente rispetto ai paesi del Sud del mondo che, pur avendo storicamente contribuito molto meno a tale processo, ne soffrono molto piú di noi le conseguenze. Come abbiamo visto l'«obiettivo 2°», inteso come soglia da non superare fino al 2100, appare agli occhi dei paesi del Nord sempre all'interno di una cornice incentrata sulla stima costi-benefici e viene quindi trattato come un problema economico. I danni che bisogna aspettarsi restando entro questa stima diventerebbero superiori rispetto ai benefici dati dalla combustione di carburanti fossili, solo se venissero superati i 2° di surriscaldamento globale. Le valutazioni degli stati, quindi, continuano a funzionare come quelle fatte dalle grandi assicurazioni, basandosi sui danni materiali, riguardanti infrastrutture che possono essere protette da una polizza (case, strade pubbliche, reti elettriche e idriche). Le vite umane, gli ecosistemi e tutti i danni alla salute, alle condizioni di vita o alla cultura non contano nulla. Lo stesso approccio attraversa la discussione sull'attuazione degli accordi di Parigi. I dibattiti politici si focalizzano su parametri fisici come l'altezza del livello dei mari, l'intensità di una siccità o la quantità delle precipitazioni in un evento che ha una ricorrenza centenaria, mettendo in secondo piano, in ombra, tutti coloro che già oggi soffrono schiacciati dagli effetti del cambiamento climatico.

Il verdetto della Corte suprema brasiliana è pionieristico anche per un ulteriore aspetto: la corte ha fatto qualcosa che ogni tribunale nel mondo può replicare quando si rende conto di non conoscere a sufficienza l'oggetto stesso della causa. A partire dal settembre del 2020 ha infatti tenuto udienze pubbliche alle quali sono state invitate a partecipare persone appartenenti alla comunità scientifica e alla società civile, compresi i gruppi indigeni. Questa pratica ha offerto una visione molto piú dettagliata e approfondita della questione, rispetto alle solite perizie e all'interrogatorio dei testimoni. Solo dopo essersi informato a fondo sui diversi aspetti alla base della causa, il tribunale ha invitato il governo e la Banca nazionale per lo sviluppo economico e sociale a fornire dati precisi sui fondi e sui mezzi stanziati per il Fundo Clima, cosí come sull'importo totale delle spese sostenute per realizzare progetti che lo riguardano.

Dopo aver soppesato tutte queste informazioni, dieci degli undici giudici hanno votato accogliendo le accuse. Si tratta di un esempio che mostra quanto sia importante e quanto possa fare la differenza un sistema giudiziario indipendente. Nelle sue motivazioni, il giudice che presiedeva la corte, Luís Roberto Barroso, ha constatato l'enorme incremento della deforestazione nell'area brasiliana dell'Amazzonia durante il 2021; un problema che, come abbiamo già accennato, continua a persistere nonostante il cambio di governo. A livello globale le emissioni di CO_2 del Brasile si trovano al quinto posto e la deforestazione costituisce la sua principale fonte. Al governo brasiliano è stato richiesto di riattivare il Fundo Clima. Nelle parole del verdetto: «I patti che riguardano il diritto ambientale sono una particolare forma di trattato sui diritti umani e godono di uno status sovranazionale. Dal punto di vista giuridico la possibilità di trascurare la protezione climatica è completamente esclusa»[25].

Il passo compiuto dai componenti della corte brasiliana ha delle notevoli implicazioni per il diritto nazionale e internazionale. Sebbene l'idea di base dell'accordo di Parigi sia quella di proteggere le persone e i loro diritti, questo aspetto viene menzionato solo una volta all'interno del trattato stesso. Nel preambolo si afferma che la lotta contro il cambiamento climatico è una preoccupazione comune dell'umanità e che le parti coinvolte, al momento di intraprendere azioni volte a contrastarlo, dovrebbero rispettare, promuovere e prendere in considerazione i loro rispettivi obblighi nei confronti dei diritti umani[26]. Alla luce di questa formulazione (forse troppo timida), un verdetto come quello espresso dalla corte brasiliana è estremamente importante e potrebbe costituire un passo decisivo lungo la via che porta a mettere la giustizia al cuore delle politiche climatiche. Ma questa via sembra essere ancora in salita perché, sebbene la causa fosse in corso, il processo di deforestazione dell'Amazzonia procedeva in maniera sempre piú rapida. Quando le leggi sulla protezione della foresta pluviale, promulgate prima dell'inizio dell'amministrazione Bolsonaro, sono state abrogate, il disboscamento illegale è diventato immediatamente legale, e il nuovo governo ha difficoltà a ripristinarle[27]. È possibile, però, intravedere un barlume di speranza. Lula ha dichiarato che salvare la foresta pluviale è un obiettivo chiave del suo mandato. E, inoltre, sono in corso ulteriori cause sul clima presso la Corte suprema federale brasiliana, quindi potrebbero presto esserci nuovi strumenti per ottenere una giustizia climatica.

Le corti internazionali.

Di regola a portare delle cause davanti alla Corte suprema del Brasile, che è un tribunale costituzionale, sono dei soggetti a loro volta istituzionali, come i governi o le autorità federali. Le singole persone possono farlo, ma devono dimostrare che i loro diritti costituzionali validi in Brasile siano stati violati, cosa che non è sempre facile da fare. A differenza dei tribunali nazionali come le corti supreme, la Corte penale internazionale, con sede all'Aia, ha un mandato e una giurisdizione completamente differenti. Il lavoro che questo tribunale è chiamato a svolgere è stato stabilito a livello internazionale, cioè con un trattato sottoscritto da una molteplicità di stati: il cosiddetto Statuto di Roma. Il primo articolo di questo statuto dichiara che si tratta di un'istituzione permanente, la cui competenza è quella di esprimersi sui gravi crimini che sono motivo di allarme per l'intera comunità mondiale[28]. La Corte penale internazionale si occupa di genocidi, crimini di guerra e contro l'umanità. Le singole persone non possono presentarvi alcuna causa ma, per far sí che le loro richieste vengano comunque prese in considerazione, il tribunale si affida a un'importante sezione: l'Ufficio del procuratore (Office of the Prosecutor, Otp). L'Otp conduce indagini contro persone che sono sospettate di essere responsabili di crimini perseguibili dal diritto penale internazionale e presenta la questione alla corte nel caso in cui i sospetti risultino essere fondati.

Il 12 ottobre 2021 l'Otp ha ricevuto una comunicazione da parte di una Ong che si occupa specificamente di crimini contro la natura, con la quale veniva ufficialmente richiesta l'apertura di una indagine sul ruolo svolto dal presidente brasiliano nel continuo processo di deforestazione della foresta pluviale amazzonica, e sui conseguenti crimini contro l'umanità. In questa comunicazione si sosteneva che il presidente Bolsonaro avesse «condotto un attacco su vasta scala» contro l'Amazzonia e contro «coloro i quali la difendono e dipendono da essa», cosa che rappresenterebbe «una chiara e persistente minaccia per l'umanità»[29]. Non si tratterebbe, in questo caso, solo dei diritti umani di chi vive in Brasile, ma di quelli di tutta l'umanità, quindi di un grave crimine ai sensi del diritto internazionale. La denuncia parte dall'assunto che la sicurezza climatica del mondo intero dipende dall'Amazzonia, avendo questa un ruolo chiave nella regolazione della temperatura globale e del sistema meteorologico. E dunque «i gravi danni inflitti all'Amazzonia per via della deforestazione, della riconversione delle aree disboscate in aree adibite all'allevamento, e dei vasti incendi dolosi che colpiscono la foresta» danneggiano in modo considerevole la funzione di questo ecosistema critico, trasformandolo gradualmente da area che contribuisce alla diminuzione delle emissioni in area che è fonte di emissioni. A fare da sfondo a questa argomentazione troviamo anche le già menzionate 180 000 morti per il caldo entro il 2100, cosí come gli effetti sul cambiamento climatico che possono essere attribuiti agli incendi forestali. La Ong affermava, inoltre, che le autorità brasiliane non fossero in grado di applicare le leggi internazionali contro Bolsonaro e i suoi alleati e che per questo fosse necessario l'intervento del tribunale dell'Aia. Resta da vedere se questo accetterà o meno tutti questi argomenti. Non vi è alcun dubbio, però, sul fatto che il coinvolgimento della Corte penale internazionale sia importante; crea infatti una nuova consapevolezza per le future rimostranze e può aprire nuovi territori sul piano giuridico, dato che finora gli unici processi ad aver avuto successo in tribunale sono stati quelli in cui veniva richiesta una riduzione piú consistente delle emissioni, mentre sono sempre state respinte le richieste di risarcimento per le perdite dovute alle conseguenze del cambiamento climatico.

Per quali ragioni nei tribunali non si ha quasi mai il coraggio di affrontare questi casi o di decidere in loro favore? si tratta solo di mancanza di coraggio oppure esistono anche degli ostacoli di principio a livello legislativo? In collaborazione con colleghi e colleghe provenienti dalle facoltà di giurisprudenza di diversi paesi ho cercato di dare una risposta a questa domanda[30].

Nel nostro studio siamo riusciti a individuare due motivi che allo stato attuale ostacolano il trattamento giudiziario dei danni causati dal cambiamento climatico, e quindi impediscono anche che si compiano davvero dei progressi rispetto al tema della giustizia climatica.

Prendendo in prestito un concetto elaborato dalla filosofa lettone-americana Judith Shklar, abbiamo identificato il primo di questi motivi con l'espressione «sovrastruttura narrativa», ovvero la percezione sociale del cambiamento climatico, cioè quello che la maggior parte delle persone, che non sono esperte in materia (e fra queste vi è anche chi lavora nei tribunali e nelle corti), intende quando si riferisce a tale tema. Per queste il cambiamento climatico è in sostanza un problema che riguarda il futuro e che può essere ampiamente evitato, in linea di principio, attraverso la diminuzione delle emissioni o l'adattamento. Non è un processo irreversibile di distruzione dell'ambiente che già oggi genera ingiustizia. Il secondo aspetto emerso dal nostro studio si riferisce al concetto di causalità, cioè al modo in cui si relazionano cause ed effetti. L'opinione pubblica può anche essere consapevole che rispetto alle ragioni della crisi climatica siano state compiute innumerevoli e approfondite ricerche, eppure i risultati di queste ricerche non vengono spesso divulgati e compresi in modo chiaro. Questo discorso vale ancor di piú quando si tratta dei risultati di un ambito di ricerca relativamente nuovo, come quello che si occupa delle perdite specifiche e dei danni concreti causati dal cambiamento climatico.

La percezione sociale è un fattore rilevante all'interno di qualunque causa climatica, dato che in prima battuta ci si trova sempre dinanzi alla considerazione di una giudice o un giudice che deve decidere se la causa in questione sia di competenza del tribunale. Si tratta di una valutazione che dipende, non in modo marginale, dalle norme generalmente riconosciute e accettate e dalle concezioni morali; quindi i contesti politico, sociale e culturale giocano un ruolo centrale. Il diritto è dunque sia un modello ideale di ordine sociale sia una prassi culturale e sociale. Questo aspetto dovrebbe risultare piú chiaro attraverso il seguente esempio: in un caso del 1956 che ha fatto scuola un querelante ha sostenuto che la vista di prostitute e dei loro clienti limitasse l'uso della sua abitazione (Thompson-Schwab contro Costaki). Il giudice ha accettato quest'argomentazione e gli imputati sono stati ritenuti colpevoli di disturbo della quiete, perché la pura e semplice esistenza delle lavoratrici del sesso è stata vista come motivo di scandalo. Oggi il verdetto sarebbe stato certamente differente.

Esempi di questo tipo mettono in evidenza come il diritto sia molto di piú di quanto è scritto nei libri di giurisprudenza. Il contesto normativo resta un fattore decisivo. In altre parole, la legislazione non ha una fondazione astratta; al contrario i verdetti vengono emessi da persone che vivono in un ambiente specifico, e in tribunale l'esito di una controversia che non ha precedenti rilevanti dipende, in misura non trascurabile, dalle concezioni valoriali di chi è chiamato a esprimere il verdetto. E di solito, a parte poche eccezioni, chi deve farlo ha completamente interiorizzato la narrazione colonial-fossile, e quindi non vede alcun problema legale nell'intensificarsi del cambiamento climatico causato dall'apertura di nuovi giacimenti di petrolio o dalla contaminazione dell'aria nelle città per via dell'aumento del traffico. Questa situazione però non è scolpita nella pietra, può essere modificata attraverso la ricerca scientifica, i media, il lavoro degli attivisti e delle attiviste e anche, non da ultimo, dalle catastrofi. Cambiare questa situazione significa anche cambiare la sovrastruttura narrativa e la conseguente interpretazione dei testi giuridici. Il percorso intrapreso in Australia negli ultimi anni mostra come un paese, noto perché l'approccio negazionista in merito al cambiamento climatico occupa una posizione politica di rilievo, possa riuscire a mettere al centro dell'attenzione pubblica la giustizia climatica, spinto da un mix di condizioni meteorologiche impazzite e persone indipendenti all'interno dei tribunali.

Capitolo settimo

Da pedina a *game-changer*

Australia

> Alcune delle persone che lavorano nell'unità da venticinque anni sostengono di non aver mai visto niente del genere; le fiamme hanno percorso quattro chilometri in circa venti minuti.
>
> Quando vedo i colleghi della mia unità salire su un aereo o un autobus [...] per andare in battaglia contro un nemico che non ha precedenti e dalle proporzioni catastrofiche, mi chiedo se ci rivedremo ancora. Sono miei amici, sono persone meravigliose.
>
> Quando il mio cerca-persone si attiva nel bel mezzo di un giorno caldo, ventoso e con un elevato pericolo di incendio, e devo correre per affrontare un incendio, mentre sono seduto nel camion che procede verso le fiamme, circondato dal suono e dalle luci delle sirene, mi chiedo se questo sarà anche il mio ultimo giorno[1].
>
> Questo è il cambiamento climatico nella sua forma piú basilare. È proprio davanti a noi. Lo stiamo vivendo sulla nostra pelle, adesso[2].

L'Australia è composta per la maggior parte da aree deserte e semideserte e questo la rende un luogo poco ospitale per gli insediamenti umani. Il lembo sudoccidentale e quello sudorientale del paese costituiscono un'eccezione e sono, quindi, le aree dove vive la maggior parte della popolazione e si trovano la maggior parte degli animali e delle piante. Ed è proprio lí che a cavallo tra il 2019 e il 2020, durante la stagione estiva, si è abbattuta la furia di incendi boschivi che hanno avuto un'estensione e un'intensità mai viste prima. Gli incendi boschivi in Australia sono una realtà che contribuisce a rendere inospitale il paese dal punto di vista climatico e mostrano quanto sia colpito dagli effetti del cambiamento climatico. Le sue condizioni meteorologiche sono sempre state al limite di ciò che le persone possono sopportare, ed è per questo che anche delle piccole variazioni rischiano di avere effetti devastanti. L'argomento spesso utilizzato dagli scettici, per cui gli eventi estremi sarebbero sempre esistiti anche in passato, in riferimento all'Australia suona come completamente assurdo.

Ciononostante, in Australia anche nel 2020 e proprio mentre la devastazione causata dalle fiamme capeggiava su tutte le prime pagine dei giornali, l'esistenza del cambiamento climatico veniva negata da un numero di persone maggiore rispetto a tutti gli altri paesi del mondo[3]. Anche se il 58 per cento della popolazione australiana in quel momento aveva dichiarato di considerarlo un problema rilevante, la sua percezione variava in modo significativo in relazione all'orientamento politico. Le persone orientate a sinistra risultavano essere maggiormente preoccupate per il cambiamento climatico e sentivano l'esigenza di notizie piú accurate rispetto a chi aveva un orientamento piú spostato verso il centro e la destra. Questi ultimi non soltanto mostravano una minore preoccupazione, ma ritenevano anche che la rappresentazione mediatica del problema fosse errata o, per lo meno, esagerata e che quindi gli venisse data troppa visibilità. Un'analoga spaccatura poteva essere osservata a livello generazionale, dato che le persone piú anziane erano meno preoccupate, e giudicavano negativamente le notizie e le informazioni riguardanti il cambiamento climatico, rispetto a quelle piú giovani.

Niente di tutto questo deve sorprenderci.

Proprio come accade in altri stati, gli scettici tendono a informarsi solo attraverso fonti che finiscono per confermare le loro convinzioni. Circa un terzo delle persone coinvolte nello studio sopracitato ha dichiarato di utilizzare come fonte di informazione i media commerciali come Sky o Fox News. Proprio queste due reti televisive, che fanno capo all'azienda News Corp, il cui azionista di maggioranza è Rupert Murdoch, sono note per la presenza di conduttori e conduttrici abituati alla provocazione e che mettono in discussione il consenso della comunità scientifica fino ad attribuire poca rilevanza ai fatti. Un esempio che ha avuto per delle ragioni completamente errate una visibilità internazionale è stato un dibattito messo in piedi nel 2016 dall'Australian broadcasting corporation, che ha coinvolto il popolare fisico britannico Brian Cox per discutere se fosse giunto il momento di prendere sul serio il cambiamento climatico. Durante la trasmissione sono state discusse solo note posizioni errate sostenute da chi nega l'esistenza del fenomeno, mentre non è stata nemmeno sfiorata la questione urgente di come affrontarlo. Si è trattato quindi di un cattivo servizio pubblico, perché è stato implicitamente suggerito che rispetto a questo tema non ci fossero dei fatti ma solo delle tesi opinabili[4].

A sorprendere all'interno dello studio citato è la differenza affiorata tra le convinzioni diffuse nelle aree rurali e in quelle urbane. Ciò che è emerso è che nelle prime ci fosse meno preoccupazione rispetto a quelle cittadine. Si tratta di un risultato sorprendente, perché proprio in quel periodo l'intera parte rurale popolata dell'Australia si trovava avvolta dalle fiamme, e ci si poteva aspettare che le persone piú colpite dagli incendi si sentissero anche maggiormente minacciate dal cambiamento climatico.

Certo, la popolazione rurale, proprio come in altri stati industrializzati, ha un'età media piú alta ed è piú conservatrice rispetto al resto del paese. Eppure questa spiegazione non basta per giustificare il fatto che nel paese il cambiamento climatico fosse, e in parte tuttora sia, cosí ampiamente e insistentemente negato. Sono soprattutto due le motivazioni in grado di spiegare questa situazione (che non riguarda solo l'Australia, ma che lí è molto radicata): in primo luogo, la forte influenza della lobby dell'energia fossile; e in secondo luogo, un panorama mediatico all'interno del quale, a differenza di ciò che suggerisce la pletora di programmi e di pubblicazioni, non trova spazio un vero e proprio pluralismo di posizioni.

L'industria del carbone e del petrolio.

Nel 2021 l'Australia si è posizionata a livello globale al primo posto per l'esportazione del carbone e al secondo per quella del gas[5]. Il sistema economico del continente è stato plasmato dalla narrazione colonialista e, proprio come altre democrazie capitaliste, affonda le sue radici nell'energia fossile. Già da molto tempo, in Australia e altrove, questo è sinonimo del raggiungimento di un elevato tenore di vita. Dunque la costante espansione dell'economia fossile non viene messa in discussione da una grossa fetta della popolazione, ma è percepita come un andamento legittimo, connesso a tutta una serie di abitudini molto concrete come l'uso dell'automobile, dell'aereo e dell'aria condizionata. In Australia l'industria fossile ha saputo sfruttare in modo particolarmente efficace questa forma di inerzia. La sua strategia testimonia di una sorta di consapevole disonestà: nonostante i magnati dell'economia australiana avessero riconosciuto pubblicamente l'esistenza del cambiamento climatico anche prima che altrove, non hanno fatto nulla per affrontare il problema. E cosí nel 2008, all'inizio della sua campagna di pubbliche relazioni contro la proposta dell'allora governo laburista di inserire un prezzo per le emissioni di CO_2, la Australian Coal Association (Aca) ha frettolosamente ammesso che: «Il cambiamento climatico è un reale problema e la combustione del carbone produce CO_2 che contribuisce al surriscaldamento globale»; e ha promesso[6] che avrebbe introdotto misure per la protezione del clima. Il lavoro di lobbying condotto a porte chiuse, però, ha perseguito un obiettivo completamente differente, cercando di mantenere gli obblighi riguardanti la diminuzione delle emissioni il piú possibile lievi e vaghi e di ostacolare il processo di riconversione alle energie rinnovabili. Pubblicamente, inoltre, il riconoscimento formale del cambiamento climatico è stato sempre vanificato da affermazioni riguardanti la sicurezza energetica, i bassi costi dell'energia elettrica e la centralità del mantenimento delle entrate derivate dalle esportazioni di carbone e gas per la tutela dell'interesse nazionale; il tutto chiarendo che questi sarebbero obiettivi raggiungibili solo con fonti energetiche di origine fossile. Il capo dell'industria del carbone australiana, Ralph Hillman, non ha mai perso un'occasione per sottolineare che: «La combustione fossile ha reso possibile la crescita economica dell'Australia e la sosterrà per il prossimo futuro»[7].

Un'ulteriore strategia per indebolire gli sforzi politici volti a garantire una maggiore protezione climatica è stata la richiesta da parte dell'industria del carbone di una *measured response*, cioè di affrontare con moderazione il tema della riduzione delle emissioni. Lo stato, quindi, non deve intervenire troppo, limitando le regolamentazioni, perché l'industria energetica già di per sé affronterebbe la questione in modo razionale e ragionevole. Il tutto facendo passare completamente sotto silenzio il fatto che «ragionevole» per l'industria del carbone significa essenzialmente massimizzare i profitti e non, ad esempio, tutelare gli interessi della popolazione. Da questo punto di vista appare del tutto «ragionevole» aprire nuove miniere di carbone e giacimenti di gas, oppure avviare nuove trivellazioni petrolifere *off-shore*, fingendo che l'unico modo possibile per soddisfare la domanda crescente di energia sia l'uso di carburanti fossili. In questa martellante narrativa sono rimaste intrappolate anche alcune persone che vorrebbero seriamente fare qualcosa per la protezione climatica.

La retorica dell'industria fossile ha fatto ampio uso dell'argomento secondo il quale l'economia può far affidamento in linea di principio sul potenziale di innovazione e trovare cosí una soluzione tecnologica per fermare il cambiamento climatico. Secondo questo ragionamento non si dovrebbe fare nulla adesso e si potrebbe semplicemente proseguire con lo stesso modello economico di sempre. La crescita incontrastata di questo settore industriale sarebbe allora la via migliore per ridurre, a un certo punto e quando le innovazioni lo permetteranno, le emissioni. Ma per far ciò in primo luogo dovrebbero esserci il numero minore possibile di regolamentazioni, dato che altrimenti non sarebbero disponibili abbastanza capitali da investire nella ricerca e nello sviluppo di tali innovazioni.

L'industria fossile ha poi gettato negli occhi degli australiani altro fumo servendosi del concetto di «carbone pulito», ovvero sostenendo che il carbone australiano sarebbe «piú pulito» dei suoi concorrenti sul mercato, mettendo a disposizione una densità di energia superiore e producendo tra il 10 e il 20 percento in meno di emissioni di CO_2 per ogni tonnellata bruciata. Incentivare la richiesta di carbone australiano, quindi, sarebbe un bene per il clima. Naturalmente tutto ciò non ha alcun senso. Il carbone australiano è tutto tranne che pulito, proprio come tutto il carbone del mondo, sia per quanto riguarda il cambiamento climatico sia per le altre forme di inquinamento. L'idea del «carbone pulito» è stata inventata dalla R&R, un'agenzia di comunicazione americana che con le sue campagne ha già aiutato con successo l'industria del tabacco a ostacolare l'introduzione del divieto di fumare[8]. Grazie ai media di proprietà di Murdoch quest'idea è riuscita a diffondersi in Australia ed è tuttora popolare negli Stati Uniti, dopo che Donald Trump ne ha fatto uso durante la sua prima campagna elettorale. Una strategia analoga è stata utilizzata per giustificare il sostegno all'acquisto di gas e petrolio, sostenendo che fosse ragionevole dato che queste fonti energetiche produrrebbero un impatto minore sul clima rispetto al carbone e quindi avrebbero finito per sostituirlo in futuro.

Questo tipo di argomentazioni hanno trovato terreno fertile in Australia nonostante il fatto che, a differenza della maggior parte degli altri paesi industrializzati, la condizione di benessere non riesca a proteggere la popolazione in modo cosí efficiente dalle conseguenze del cambiamento climatico, cioè dagli incendi boschivi devastanti. Mentre è possibile contrastare il caldo costruendo delle case ben isolate dal punto di vista termico, non vi è alcun mezzo efficace per proteggersi dal fumo tossico causato dagli incendi, il cui aumento porta a un incremento dei ricoveri ospedalieri stimato del 42 percento e dei decessi fino al 92 percento[9].

Tuttavia, l'ideologia diffusa dall'industria fossile ha attecchito proprio all'interno dei gruppi sociali maggiormente in pericolo, cioè la parte anziana della popolazione e quella che vive nelle aree rurali, quindi in prossimità dei boschi. Come abbiamo visto, tutto ciò è potuto succedere senza dubbio a causa del panorama mediatico australiano, che ha sostenuto la strategia dell'industria fossile in modo vigoroso. Le emittenti radiofoniche e le televisioni hanno diffuso, e ancora diffondono, non solo gli argomenti pretestuosi di questa lobby, ma hanno anche fornito un grande palcoscenico e un potente megafono al negazionismo climatico. Tutto questo rende la vita particolarmente difficile al giornalismo scientifico e alla diffusione di informazioni fondate in merito al clima, distogliendo l'attenzione da quelli che sono i reali problemi. Divulgare all'opinione pubblica le conoscenze scientifiche è un'arte del tutto peculiare, bisogna trovare sempre un compromesso non troppo rigido tra la complessità e la comprensibilità dell'argomento. Cercare questo equilibrio, mentre allo stesso tempo si compete con messaggi che raffigurano il cambiamento climatico alla stregua di un complotto, rende il compito analogo a quello di Sisifo. Si è costantemente alle prese con le fake news, ma non appena se ne smaschera una ecco che ne viene immediatamente pubblicata un'altra. E cosí in Australia (e non solo) è stato semplicemente dichiarato che negli anni Settanta la comunità scientifica riteneva che fossimo alle soglie di una nuova era glaciale[10]. Evidentemente le cose non stavano in tali termini, eppure per smascherare questa menzogna con le armi della ricerca scientifica la stampa specializzata ha dovuto spendere un'enorme quantità di tempo e fatica. Tempo che è stato sottratto alla diffusione di comunicazioni e resoconti fondati in merito al cambiamento climatico. Inoltre, quando una specifica falsità viene corretta, continua comunque a generare confusione, ripresentandosi leggermente modificata e con vaghi riferimenti a mail trafugate e dati secretati. Nel frattempo, altre informazioni distorte ed errate prendono rapidamente piede, come quelle riguardanti il fatto che chi si occupa di scienza stia semplicemente ignorando nelle sue prognosi sul clima molti fattori come le macchie solari e l'attività vulcanica. Anche questo è falso, ma ancora una volta delle persone esperte in materia devono impegnarsi in ricerche approfondite che non hanno nulla a che fare con la vera urgenza. Cosí, lentamente, la moltitudine di notizie false all'interno dei media australiani e sulle piattaforme online ha dato forma a un quadro molto distorto del cambiamento climatico; e nel bel mezzo del peggiore disastro causato dagli incendi boschivi molte delle persone direttamente colpite negavano l'esistenza stessa del problema.

Che cosa ha a che fare tutto questo con la giustizia?

Molto, dal momento che mentre i media e l'industria fossile si sono spalleggiati nel seminare dubbi sulla realtà del cambiamento climatico la politica australiana è stata influenzata dai grandi interessi economici. La narrazione fossile si è fatta strada, lentamente, non solo nella testa delle figure politiche e delle persone che le eleggono, ma anche in tutti quelli che detengono potere decisionale a diversi livelli sociali e istituzionali.

Fuoco.

Prima del 2023 è stato il 2019, con un aumento di 1,53° rispetto al livello preindustriale, l'anno piú caldo in Australia, oltre che il piú secco dal 1900, anno in cui sono iniziate le misurazioni delle temperature e delle precipitazioni nel paese[11], con il 40 percento di precipitazioni in meno rispetto alla media di lungo periodo. Già i due anni precedenti erano stati, in ampie aree del continente, estremamente aridi, favorendo le condizioni ideali per gli incendi boschivi, che cosí hanno iniziato a fare la loro comparsa in anticipo rispetto al solito (già nel mese di novembre) e si sono velocemente estesi verso aree altamente popolate. Almeno trentaquattro persone hanno perso la vita a causa delle fiamme, mentre non sono state contate le vittime causate della pessima qualità dell'aria dovuta al fumo diffusosi per settimane. Non vi è dubbio che il numero dei decessi sia stato molto superiore. Quasi seimila abitazioni sono state distrutte dalle fiamme. È stato stimato che siano morti animali selvatici e da allevamento in un numero che sta tra i cinquecento milioni e il miliardo e mezzo[12]. Gli incendi boschivi hanno avuto enormi ripercussioni a livello economico (considerando anche i risarcimenti assicurativi), cosí come significative ripercussioni a lungo termine sulla salute di un numero considerevole di persone. E non soltanto a livello fisico, ma anche a livello psicologico: traumi, disturbi d'ansia, stress post-traumatico dovuti alla sensazione di totale disarmo provata al cospetto dell'avanzare delle fiamme.

A causa dell'elevata velocità con cui si sono propagati gli incendi è stato ancora piú difficile per i vigili del fuoco combatterli e salvare delle vite. Interruzioni nella fornitura dell'energia elettrica, del combustibile e dei rifornimenti alimentari sono state all'ordine del giorno. E le chiusure delle strade hanno portato a volte al completo isolamento di intere comunità. Le voci dei vigili del fuoco citate in apertura del capitolo testimoniano il senso di impotenza e di angoscia per la propria vita e per quella di colleghi e colleghe. Vedremo poi alla fine come siano riusciti a uscirne malgrado tutto.

Lo sviluppo e la portata delle fiamme è stato determinato da diversi fattori: dalla quantità e composizione di ciò che ha preso fuoco, dalla temperatura, dall'ossigeno, dalle precipitazioni, dall'umidità, dalla direzione e velocità dei venti, ma anche da dinamiche paesaggistiche specifiche. La popolazione australiana può far affidamento su un ricco bagaglio di esperienze legate ai modi in cui gestire gli incendi: gli aborigeni, ad esempio, praticano da millenni tecniche per contenerne la propagazione. Ma poiché il cambiamento climatico, negli ultimi settant'anni, ha fatto sentire sempre di piú la sua presenza, anche le condizioni che li favoriscono e li innescano sono cambiate. Molte aree sono diventate piú calde e piú aride, il che significa che gli incendi boschivi sono diventati piú frequenti e piú intensi e finiscono per rilasciare quantità significative di gas serra, cosa che intensifica ulteriormente il surriscaldamento globale. Alcuni scienziati e alcune scienziate sostengono che sia iniziata l'epoca del «Pirocene»: una nuova era caratterizzata da un elevato rischio di incendi[13]. Si tratta di qualcosa che siamo stati in grado di verificare con il mio team di ricerca: al termine di uno studio abbiamo scoperto che gli incendi come quello dell'*estate nera* del 2019-20 sono diventati piú probabili del 30 percento[14].

I media.

Nell'opinione pubblica australiana si è consumato un confronto molto acceso in merito alle cause, e quindi alle responsabilità, degli incendi boschivi del 2019-20. La connessione tra le fiamme e il cambiamento climatico è diventata una questione politica[15]. In un'intervista rilasciata all'Abc (Australian Broadcasting Corporation) l'allora vicepremier in carica Michael McCormack ha dichiarato che parlare della connessione tra incendi boschivi e cambiamento climatico fosse «vergognoso e disgustoso». Le persone avevano bisogno di aiuto e non dei «deliri di una manciata di perbenisti green delle metropoli». Gladys Berejiklian, il primo ministro dello stato del Nuovo Galles del Sud, ha detto che fosse «inappropriato» e «frustrante». Carol Sparks, sindaca di Glen Innes, città devastata dalle fiamme, ha avuto il coraggio di contraddire esplicitamente le parole del vicepremier, dicendo ai microfoni della Abc: «Michael McCormack dovrebbe iniziare a leggere la letteratura scientifica». Il cambiamento climatico «non è una faccenda che si presta a giochi politici», ma «un dato di fatto»[16].

Tanto piú intensi diventavano gli incendi, quanto piú accesi diventavano i dibattiti. Il modo in cui il drammatico evento è stato riportato dai media era specchio delle diverse ideologie in gioco. Le emittenti del servizio pubblico Abc e Sbs (Special Broadcasting Service), come i giornali «The Age», «The Sydney Morning Herald» e «The Guardian Australia» hanno parlato delle fiamme marcando l'accento sul ruolo del cambiamento climatico. Il «Guardian» ha dichiarato che: «Nonostante la nebbia creata dai discorsi dei politici» la connessione tra gli incendi e il surriscaldamento globale fosse «inequivocabile». Anche la Abc ha descritto gli incendi come una «rapida, terrificante anticipazione degli effetti futuri del cambiamento climatico»[17]. L'evento è stato invece riportato in modo completamente differente dalle agenzie di informazione di proprietà della News Corp Australia di Rupert Murdoch, che hanno cercato di minimizzare la portata e il significato degli incendi. Quando, sul finire del 2019, l'entità del disastro è diventata piú chiara, il giornale «The Australian» ha pubblicato un articolo nel quale venivano messi a confronto l'estensione, l'intensità e il numero degli incendi negli anni, arrivando alla conclusione che le condizioni dell'estate 2019 non fossero «senza precedenti» e che questi non fossero «una novità». Sky News, quando il discorso ricadeva sul cambiamento climatico, utilizzava ripetutamente l'espressione «allarmisti climatici»[18].

Con il passare del tempo e con il perdurare delle fiamme, i media appartenenti a Murdoch hanno iniziato a non menzionare piú il cambiamento climatico quando venivano riportate le informazioni sugli incendi e a diffamare tutti coloro che facevano il contrario. I media conservatori hanno sostenuto l'idea che gli incendi fossero una cosa «normale» per l'Australia, riconducendoli a un fallimento delle procedure di prevenzione. Ad esempio era stato impedito l'abbattimento controllato degli alberi, e la colpa era delle «politiche dei Verdi»[19]. In questa prospettiva anche la protezione climatica e la riduzione delle emissioni sembravano non avere grande valore. Un'opinione sposata anche dal ministro dell'Energia Angus Taylor, il quale ha dichiarato pubblicamente che l'Australia, con solo «l'1,3 percento delle emissioni globali», non avrebbe potuto avere «un impatto significativo»[20] sul processo di surriscaldamento del pianeta e che quindi non fosse necessaria alcuna riduzione.

Per la maggior parte dei media internazionali non c'era dubbio che gli incendi in Australia fossero stati alimentati dal surriscaldamento globale e che la situazione fosse stata aggravata dal fatto che il governo australiano e l'allora premier Scott Morrison lo avessero negato. Il «New York Times» ha descritto l'Australia come un «noto attentatore del clima», che con le sue politiche fallimentari e la continua estrazione di carbone dalle miniere stava «commettendo una sorta di suicidio climatico»[21]. Altri media in Occidente hanno ricordato che Morrison solo due anni prima degli incendi devastanti avesse portato un pezzo di carbone in parlamento per manifestare il suo orgoglio rispetto a tale industria australiana. Il commento del britannico «The Independent» è stato: «Ecco come si presenta una crisi climatica»[22].

Naturalmente anche sui social media si sono diffuse false informazioni in merito agli incendi. Con l'hashtag «ArsonEmergency» è diventata virale la notizia che fossero stati per la maggior parte dolosi[23]. Si è scoperto molto velocemente che l'hashtag era stato generato e diffuso a livello globale da un bot, ma questo non ne ha mitigato la presa sull'opinione pubblica. Molti dei media di Murdoch hanno dato seguito all'idea, e alcuni l'hanno rivestita di allusioni riguardanti il fatto che se l'Australia fosse andata in fiamme gli «allarmisti climatici» ci avrebbero guadagnato qualcosa, riuscendo a diffondere il panico in modo molto piú efficace. I media conservatori sono riusciti a distorcere il dibattito pubblico, cosí che i devastanti incendi hanno funzionato come un campanello d'allarme per quella parte della popolazione che nutriva dei dubbi sul cambiamento climatico, andando a rafforzarli.

Anche in Germania è stata usata la medesima tattica, concentrando l'attenzione sul fatto che gli incendi fossero dolosi. Jörg Kachelmann, un ex meteorologo per il canale Ard, ha diffuso una storia simile in merito agli incendi in Canada del 2023. In questo caso si è trattato anche di una reazione a uno studio che il mio team e io avevamo pubblicato nell'agosto del 2023 e dal quale era emerso che il cambiamento climatico avesse reso le condizioni meteorologiche il 50 percento piú favorevoli per gli incendi. Naturalmente il valore di questo dato non cambiava se gli incendi erano di natura dolosa. A causarli in Canada sono spesso i fulmini, ma altre volte sono appiccati dall'uomo. Il problema però è che, qualunque sia la causa che innesca le fiamme, gli incendi che ne derivano sono piú pericolosi a causa del cambiamento climatico. E ciò vale per il Canada, l'Australia e l'Europa. E questa tecnica di distrazione dell'opinione pubblica, purtroppo, non resta circoscritta solo all'Australia[24].

Fortunatamente, con il tempo, un numero sempre crescente di persone in Australia sta iniziando a prendere sul serio la minaccia e a informarsi sulla stampa internazionale, oppure consultando l'ufficio meteorologico australiano, presso il quale lavora un gruppo di scienziati e scienziate che si occupa proprio di studiare la relazione tra cambiamento climatico e condizioni meteorologiche estreme. Questo team pubblica regolarmente degli studi che mostrano quanto i record di caldo e il pericolo di incendi siano aumentati negli ultimi anni e forniscono prove inequivocabili in merito al modo in cui il cambiamento climatico influisce su questo processo. Nonostante l'ufficio meteorologico sia una istituzione statale, le persone che lavorano a tale servizio svolgono un ruolo consultivo e quindi possono incidere a livello politico solo se il governo di turno lo desidera.

Durante la stagione degli incendi del 2019-20 il governo ha ripetutamente ignorato gli avvertimenti provenienti dalla comunità scientifica cosí come le proteste delle persone che si impegnano per ottenere una maggiore protezione climatica; tra cui quelle di una buona parte del personale che aveva dovuto lottare contro la crescente forza di incendi boschivi sempre piú estesi.

La ricerca concorda ampiamente sul fatto che le esperienze personali tendono a confermare piuttosto che a negare la propria visione del mondo[25]. Cosí le convinzioni di chi nega il cambiamento climatico non verranno smosse, di regola, neanche da una catastrofe. Allo stesso tempo, però, chi non lo mette in discussione, a causa di esperienze drammatiche come gli incendi boschivi, matura una rafforzata percezione, anche emotiva, dell'urgenza del problema. Il cambiamento climatico non è piú soltanto una qualche teoria ma diventa un'esperienza vissuta capace di innescare il desiderio di fare qualcosa, di impegnarsi. L'attivismo che ne deriva può assumere diverse forme che vanno dalla protesta pubblica alla disobbedienza civile, fino ad arrivare all'impegno politico e alle cause portate davanti ai tribunali. Queste ultime sono state molto efficaci in Australia e hanno probabilmente contribuito all'elezione di un nuovo governo il 23 maggio del 2022 che, si spera, possa dare un migliore contributo alla giustizia climatica globale. Finora non c'è nulla che giustifichi questa speranza ma è comunque solo cosí che è possibile trasformare il cambiamento climatico da argomento al servizio delle ideologie e degli interessi politici a tema politico vero e proprio.

Tribunali.

La prima causa ad aver avuto successo nella quale si sia fatto esplicito riferimento agli studi scientifici riguardanti il ruolo del cambiamento climatico all'interno di un evento estremo concreto è stata, in Australia, quella intentata dai sopravvissuti agli incendi del 2019-20[26].

Le persone che l'hanno portata avanti sono state rappresentate dalla Ong New South Wales Environmental Defenders Office, che si occupa nello specifico di dare aiuto giuridico in cause ambientali. Il tribunale si è interessato del caso dall'aprile del 2020 all'agosto del 2021, e i querelanti hanno avanzato la richiesta all'Autorità per la protezione ambientale (Environmental Protection Authority, Epa) di emettere linee guida vincolanti che possano contribuire a ridurre le emissioni di gas serra fino a portarle a zero entro il 2050. Pur avendo accettato l'accordo di Parigi, l'Epa, secondo i ricorrenti, non aveva elaborato alcun reale piano di attuazione nazionale. L'Epa ha negato le accuse ma il tribunale ha comunque deciso di occuparsi del caso. Sul banco dei testimoni è salita la climatologa australiana Penny Sackett, della University of New South Wales di Canberra, per presentare lo stato del cambiamento climatico in Australia e dire se la curva delle emissioni nel continente stesse procedendo nella giusta direzione per riuscire a mantenere il surriscaldamento sotto la soglia di 1,5°. Il fatto che venissero portate in un tribunale australiano delle prove in sostegno del cambiamento climatico che mostravano come il governo non avesse rispettato i suoi impegni dinanzi alla legge è stata per le persone che avevano fatto causa una novità.

Il giudice Brian Preston ha ripreso nel suo verdetto l'argomentazione presentata nella citazione in giudizio e ha dichiarato che la minaccia del cambiamento climatico è effettivamente reale e significativa e che l'Epa non ha adempiuto al suo obbligo di proteggere la popolazione. Le linee guida che erano state adottate fino a quel momento sarebbero state secondo Preston «dirette verso cause o conseguenze secondarie o di poco conto del cambiamento climatico»[27]. Finora, il governo di Anthony Albanese non ha contestato la sentenza e, stando a quanto riportato dai media, non intende contestarla in futuro; promette anzi di fare tutto il necessario per seguirne le indicazioni.

Il verdetto contiene anche un altro aspetto degno di nota. Il giudice ha usato la sentenza anche come pretesto per indicare ai futuri e alle future querelanti come presentare cause piú solide e con una maggiore probabilità di essere accolte. Nel secondo paragrafo delle motivazioni del verdetto ha scritto (ne riporto il senso) che è difficile accogliere cause che non si basano su dei fatti ma su delle opinioni che sono contestabili, e ciò indipendentemente da quanto possano essere giustificabili le cause stesse. Come esempio è stata citata la seguente affermazione contenuta nell'atto d'accusa: «Il rilascio non regolamentato di gas serra è la piú grande minaccia per l'ambiente nel Nuovo Galles del Sud»[28]. Nonostante nessuno metta seriamente in dubbio che il rilascio di gas serra sia un pericolo per l'ambiente, nel momento in cui questo pericolo viene caratterizzato come «il piú grande» mette a rischio l'intera riuscita dell'azione legale, perché sarà difficile dimostrare che l'emissione di gas serra costituisca un pericolo piú grande rispetto a ogni altro.

Preston ha preso sul serio la causa perché è uno dei pochi giudici al mondo a essersi confrontato in modo approfondito con il tema del cambiamento climatico, e quindi è consapevole di quali siano le prove piú o meno solide che possono essere presentate all'interno di un procedimento legale. Rappresenta dunque un'eccezione, poiché nella maggior parte dei casi nei tribunali, ma anche nell'universo dell'attivismo, sul cambiamento climatico nessuno sa niente di piú di quello che viene riportato dai media. Posso fare un'affermazione del genere, perché abbiamo condotto uno studio nel quale sono state esaminate piú di ottanta cause climatiche ed è emerso che neanche una di queste avesse presentato lo stato della ricerca climatica in modo adeguato[29]. Spesso contenevano errori simili a quello sottolineato da Preston, oppure venivano fatte delle affermazioni in merito alla correlazione tra il cambiamento climatico e i danni concreti senza che fosse possibile portarne a sostegno delle prove solide, perché non erano disponibili dei dati abbastanza significativi. Infine, venivano continuamente citati degli studi che allo stato attuale della ricerca risultavano superati da decenni sul piano metodologico.

Il giudice Preston ha fatto uso, nel suo verdetto, di un'efficace similitudine per illustrare ciò che potrebbe compromettere una causa, scrivendo che è possibile paragonare una controversia in tribunale a una vera a propria partita di tennis. La lunghezza e l'intensità degli scambi sono, poi, come i dibattimenti e le arringhe che si scambiano gli avvocati e le avvocate, fornendo prove e rispondendo di conseguenza. Tuttavia, il modo di procedere della disputa legale con l'Epa, caratterizzata da una parte dalle affermazioni delle persone sopravvissute alle fiamme e dall'altra dalle risposte evasive della stessa Autorità per la protezione ambientale, non aveva seguito questo schema, ma era sembrata piú una partita di golf, in quanto entrambi i concorrenti si erano confrontati su aree completamente distinte del campo e quindi non c'era stata nessuna contrapposizione effettiva. Per ovviare al problema della conoscenza parziale o superficiale delle questioni climatiche, Preston ha deciso di invitare comprovati esperti in materia a partecipare al processo contro l'Epa, sintetizzando il contenuto dell'atto d'accusa in cinque domande precise:

1. In che misura le emissioni di gas a effetto serra di origine antropica hanno causato un aumento significativo degli incendi estremi ed esteso la stagione degli incendi in tutta l'Australia?
2. Allo stato attuale, è possibile che il mondo riesca a raggiungere l'obiettivo di non oltrepassare la soglia di 1,5°? E se è ancora possibile raggiungere tale obiettivo, come farlo? Mentre se non è piú possibile, perché?
3. Le attuali condizioni normative in merito alle emissioni in Australia si allineano con la limitazione dell'aumento globale della temperatura a non piú di 1,5°?
4. L'attuale riduzione delle emissioni nel Nuovo Galles del Sud è in linea con la limitazione dell'aumento globale della temperatura a non piú di 1,5°?
5. Gli obiettivi e le linee guida proposte dalla controparte risultano adatti per:
   a) ridurre le fonti dirette e indirette di emissioni di gas serra in modo coerente con la limitazione dell'aumento globale della temperatura a 1,5° rispetto ai livelli preindustriali?
   b) attenuare la minaccia che il cambiamento climatico rappresenta per l'ambiente e per la popolazione del Nuovo Galles del Sud?

Le risposte fornite da parte delle persone esperte coinvolte hanno supportato l'accusa. All'Epa è stata data la possibilità di controbattere alle accuse, ma non è stata in grado di produrre delle controargomentazioni convincenti e quindi la causa climatica è stata accolta e ha avuto successo.

Il giudice Preston ha presieduto anche un altro processo riguardante il clima. Il gigante minerario Gloucester Resources Limited aveva citato in giudizio il ministro australiano per la Pianificazione, reo di aver respinto la richiesta della multinazionale di costruire una miniera di carbone nel Nuovo Galles del Sud. Il Rocky Hill Coal Project avrebbe dovuto produrre ventuno milioni di tonnellate di carbone in sedici anni. Il tribunale del Nuovo Galles del Sud non ha accolto la causa, confermando la decisione del ministro di non concedere il permesso di costruzione. Dopo aver soppesato i costi e i benefici del progetto (compreso l'impatto ambientale a causa delle emissioni dirette e indirette di gas serra), il giudice ha stabilito che il progetto non fosse nell'interesse pubblico.

La società ha presentato ricorso argomentando che il carbone sarebbe stato «piú pulito» di quelli disponibili sul mercato mondiale. La corte non ha cambiato la sua posizione e il ministero per la Pianificazione ha nuovamente respinto la richiesta della Gloucester Resources Limited. Nelle motivazioni della sentenza Preston ha scritto, tra le alte cose, che: «Le conseguenze negative del progetto, incluse quelle sociali, la distruzione del paesaggio, l'inquinamento acustico e dell'aria, cosí come l'accelerazione del cambiamento climatico, superano i benefici economici del progetto stesso»[30].

Con queste due sentenze Preston ha dimostrato di essere in linea con ciò che viene sostenuto dalla comunità scientifica, ma purtroppo è probabile che sia ancora soltanto un precursore dei tempi. La carenza di conoscenze in merito alla correlazione tra gli eventi estremi, i danni che causano, e il cambiamento climatico, che abbiamo scoperto caratterizzare gli atti d'accusa presentati nei tribunali, non è qualcosa che riguarda solo chi presenta le cause, ma anche chi deve giudicarle. Ma sono queste persone, in ultima analisi, a decidere quali citazioni in giudizio prendere in considerazione e quali respingere. E la loro valutazione dipende in modo decisivo, come già detto nel capitolo precedente, dalle norme generalmente riconosciute e accettate. Il contesto politico, sociale e culturale, che determina la formulazione e l'interpretazione di una legge, è estremamente importante per lo sviluppo della prassi giuridica.

In un mondo che da tempo è ormai profondamente dipendente dalla tradizione fossile – dipendenza che le lobby e i media aiutano a consolidare – la sovrastruttura narrativa funziona come una forza inerziale. Le cause climatiche possono, però, riuscire a mettere in movimento la società. Sia in Australia sia in altri paesi dove si è assistito al successo di alcune battaglie legali sono iniziati anche dei processi di cambiamento a livello politico e giuridico. Ma la strada da percorrere per compiere dei radicali e profondi mutamenti sociali è ancora molto lunga. Si tratta di modificazioni profonde che la legge e la ricerca scientifica, da sole, non possono realizzare, pur avendo indubbiamente un ruolo cruciale. Tuttavia, ancora oggi, né i governi né le imprese sentono molto il rischio di essere portati in tribunale. E cosí restano aggrappati a modelli di sviluppo economico fondati sulla dipendenza da combustibili fossili. Nella maggior parte delle aziende, a occuparsi del cambiamento climatico non sono gli amministratori delegati che determinano i piani finanziari, ma gli uffici che si occupano di comunicazione.

Mentre le cause climatiche che hanno avuto successo hanno rafforzato la consapevolezza dell'ingiustizia nei singoli, a livello della collettività nel suo complesso hanno prodotto finora soltanto un effetto marginale. Manca infatti ancora una qualche forma di obbligo a livello legale che imponga di corrispondere dei risarcimenti nel caso dei danni realmente dovuti al cambiamento climatico (vedi l'ottavo capitolo). Mancano ancora dei meccanismi di controllo vincolanti per i rischi climatici in contesti economici. Nel Nord globale, in particolare, i cittadini continuano a considerarlo un rischio futuro.

Questo dipende in parte dal lavoro delle lobby, ma anche dal fatto che in merito al clima manca un accesso formativo ampio che si muova nella linea di congiunzione tra scienza e diritto. Il cambiamento climatico viene spesso solo brevemente accennato nei percorsi scolastici e anche gli attivisti e le attiviste, cosí come le persone impegnate nelle Ong, non sono spesso in grado di distinguere i fatti scientificamente fondati dalle mere speculazioni.

La scienza climatica è senza dubbio in grado di dimostrare in molti casi quali siano, oggi, i danni concreti e quelli con cui, invece, dovremo fare i conti in futuro e legati a specifiche fonti di emissione di gas serra. Queste informazioni dovrebbero essere presentate in modo comprensibile e coinvolgente e costituire parte integrante di un'educazione che deve trovare spazio nelle scuole, nelle università, nei media e nelle aule di tribunale. A Londra, per esempio, abbiamo lanciato un'iniziativa per fornire un contributo scientifico a una rete di giuristi. La Germania ha progetti simili che forniscono nozioni di base utili nei procedimenti giudiziari[31].

Portando avanti progetti come questi è possibile sperare di ottenere un effetto a cascata che potrà contribuire a modificare la sovrastruttura narrativa all'interno della quale il cambiamento climatico viene valutato. Un tale cambiamento potrà aumentare le chance di successo per ulteriori cause climatiche di cui c'è urgente bisogno per proteggere oggi, e non in futuro, le persone piú fragili.

Naturalmente ciascuno di noi può fare la sua parte per accrescere la consapevolezza generale delle conseguenze del cambiamento climatico all'interno della società, nella misura in cui cerca di informarsi sullo stato della ricerca scientifica e si impegna per diffondere queste conoscenze. In questo processo devono essere coinvolte anche le persone che lavorano nei settori creativi, dell'arte, del cinema. Si tratta di persone che con le loro opere possono avere una grande influenza sul modo in cui l'opinione pubblica percepisce la realtà. Perché *Don't Look Up*, un film di successo di Netflix, si è accontentato di accostare il cambiamento climatico a un asteroide diretto verso la terra (un'analogia che, come abbiamo visto, non serve a niente)? Perché Hollywood non produce un blockbuster emozionante su una causa contro la Exxon? Il cambiamento climatico non riguarda la sfortuna, ma è soprattutto una questione di ingiustizia. Comprenderlo è fondamentale. E per poter muovere delle accuse contro questa ingiustizia bisogna rendersi conto che in molti casi l'intera catena delle cause, che parte da una fonte di emissione e arriva a dei danni concreti, può essere documentata in modo preciso e fondato. Allo stesso tempo, non tutti gli effetti di un evento meteorologico estremo possono essere attribuiti al cambiamento climatico causato dall'essere umano. Ci sono anche casi in cui non è possibile stabilire in modo chiaro un collegamento diretto.

Si tratta di un campo del sapere scientifico relativamente nuovo e per questo non ancora molto conosciuto. Attualmente non esiste nemmeno un inventario completo degli effetti del cambiamento climatico, ma solo singoli studi che indagano casi concreti, come quello sui danni causati dall'uragano Sandy a New York nel 2012, un evento in cui la proporzione di ciò che è stato provocato dal cambiamento climatico di natura antropica ammonta a otto miliardi di dollari[32]. Oggi calcoli come questo possono essere effettivamente fatti.

Eppure, vari gruppi di interesse, soprattutto quelli legati alle lobby del carbone, del petrolio e dell'industria automobilistica, sollevano dei dubbi sull'affidabilità e sulla solidità dei risultati degli studi sul clima. Alcuni sostengono che si tratterebbe solo di modelli, e che quindi non possano dare dei risultati applicabili ai casi concreti. A tali affermazioni bisogna rispondere che i dati di questa disciplina non sono soggetti a piú errori e imprecisioni di quanto lo siano le altre branche della scienza e che la ricerca è in grado di fornire risposte concrete rispetto a molte questioni altrettanto concrete. È vero, ci sono numerose domande alle quali non siamo ancora in grado di rispondere. Ma questo è il principio stesso del movimento che caratterizza tutta la scienza, poiché una risposta, di regola, pone anche decine di nuovi quesiti.

Naturalmente le probabilità giocano un ruolo rilevante all'interno della ricerca sul clima, ma anche questo non è un difetto, è parte integrante della buona prassi scientifica. L'intera branca della fisica quantistica, ad esempio, si basa sulle probabilità. E anche i tribunali accettano in linea di principio di aver a che fare con la probabilità, come nei casi che riguardano i danni alla salute: non viene richiesto a nessuno di dimostrare che senza il contatto con sostanze cancerogene un certo tumore non si sarebbe potuto verificare. Le cose stanno in modo analogo quando si ha a che fare con la relazione tra amianto e malattie polmonari. Anche se in casi specifici un singolo datore di lavoro non può essere considerato come la causa principale di uno specifico danno alla salute, questo non significa che non possano essere comunque condannati molti altri datori di lavoro. E ciò può essere fatto anche nel caso in cui ciascun datore di lavoro fosse responsabile di un contatto cosí minimo tra l'amianto e la vittima che preso singolarmente non avrebbe causato danni alla salute[33]. Il compito dei tribunali è quello di interpretare le leggi in modo tale da portare una società da una condizione di minore a una di maggiore giustizia.

A ogni modo, il problema del cambiamento climatico e delle sue conseguenze non può essere posto al centro dell'attenzione generale solo attraverso la ricerca scientifica e i tribunali. Si tratta di un tema epocale che necessita della mobilitazione di porzioni sempre piú ampie della popolazione. Gli sviluppi avvenuti in Australia dopo gli incendi boschivi del 2019-20 fanno ben sperare. La domanda di informazioni riguardanti il cambiamento climatico è cresciuta ovunque, in particolare durante gli eventi meteorologici estremi. Mentre le fiamme infuriavano, la percentuale degli utenti che ha ricercato notizie di rilevanza pubblica è aumentata del 52 percento[34]. Si tratta di un dato degno di nota, se si considera il fatto che prima degli incendi la popolazione australiana aveva consumato in generale meno notizie di quel tipo rispetto al resto del mondo. Nella classifica globale sul consumo delle informazioni l'Australia è salita di sei posizioni, e ora che il paese ha assistito al successo di due cause climatiche e ha eletto un governo che si dichiara sensibile ai temi ambientali inizia a scemare anche l'entusiasmo per le narrazioni cospirazioniste e antiscientifiche. Nel 2022 il 75 percento della popolazione ha riconosciuto nel cambiamento climatico un problema serio[35]. È molto probabile che nei prossimi anni l'Australia fornirà al mondo meno «carbone pulito» e piú ispirazione per la giustizia climatica.

Alluvioni e inondazioni

Capitolo ottavo

Colpa e responsabilità
Germania

> La catena di comunicazione che avrebbe dovuto allertare tutti della situazione di pericolo non ha funzionato, e cosí nessuna comunità è stata informata del fatto che altri luoghi fossero già stati sommersi dall'acqua, nessun allarme è stato lanciato e i residenti sono rimasti all'oscuro per troppo tempo. È stato un fallimento collettivo della politica e delle autorità[1].
>
> I bambini piangevano e urlavano per la paura[2].
>
> Ringraziamo il cielo, veramente. Ma ci vorrà molto tempo prima di riuscire a riprenderci mentalmente, fisicamente e soprattutto finanziariamente[3].
>
> Tutto questo si sarebbe potuto evitare [...]. La sua morte è stata completamente inutile. [...] Speriamo solo che tutto ciò che verrà fatto in futuro, servirà a garantire che un disastro come questo non accada di nuovo[4].

Durante le lezioni di geografia a scuola ho sentito spesso dire che noi in Germania siamo molto fortunati, perché nel nostro paese non si è mai verificata alcuna catastrofe naturale. Non c'è mai stato un tornado e solo molto raramente dei terremoti – che sono comunque sempre stati molto lievi e hanno causato solo pochissimi danni. Inoltre, non dobbiamo neanche fare i conti con le eruzioni vulcaniche. Tutto ciò è abbastanza corretto, ma oggi so che anche alle nostre latitudini i fenomeni legati al maltempo possono essere pericolosi e persino mortali. Quello che ho descritto nel secondo capitolo in merito all'area nordoccidentale del continente americano vale anche per la Germania e per il Regno Unito. Durante il periodo di caldo estremo del luglio 2022, nel Sud dell'Inghilterra, dove attualmente vivo, sono morte piú di tremila persone. Purtroppo, nessuno ha la percezione delle morti causate dal caldo e cosí le torride estati che si sono verificate in questo secolo non sono riuscite a mettere in discussione quel senso di invulnerabilità instillato in tutti coloro che hanno sentito «perle di saggezza» analoghe a quelle raccontatemi a scuola.

In Germania però è stata l'estate del 2021 a spazzare via questo senso di invulnerabilità. La popolazione che abita negli stati della Renania Settentrionale-Vestfalia e della Renania-Palatinato, cosí come, in parte, le persone che vivono nel Lussemburgo, in Belgio e nei Paesi Bassi, hanno vissuto in modo drammatico sulla propria pelle che anche in uno dei paesi piú ricchi del mondo, e con un clima favorevole per la vita umana, le condizioni meteorologiche possono essere fatali. Le forti precipitazioni dovute alla tempesta «Bernd» hanno causato tra il 14 e il 15 luglio del 2021 violente inondazioni e uno spaventoso numero di decessi.

Non sarebbe del tutto corretto sostenere che il mio insegnante di geografia abbia cullato i suoi studenti e le sue studentesse in una certezza che si è rivelata tragica. Non avrebbe potuto fare di meglio, e comunque quello che diceva non era del tutto falso. Ciò che è successo nella valle dell'Ahr, lungo il fiume Mosa e nelle aree circostanti è stata senza alcun dubbio una catastrofe, ma non si è trattato di una catastrofe *naturale*.

L'alluvione del 2021.

La tempesta Bernd si è diretta molto lentamente verso la Germania e nel suo percorso ha avuto tutto il tempo di accumulare lungo il Mediterraneo aria calda e umida, che attraversando le basse catene montuose occidentali – nelle Ardenne, nella regione del Sauerland, in quella del Westerwald e dell'altopiano dell'Eifel – è salita raffreddandosi cosí da formare piogge intense, abbondanti e persistenti che hanno causato l'esondazione di piccoli fiumi e inondazioni improvvise. Quando le precipitazioni, anziché cessare, sono proseguite, anche i fiumi di media grandezza come l'Ahr, l'Emscher, l'Erft, il Kyll, il Lippe, la Prüm e infine la Ruhr, il Roer, il Sieg e il Wupper sono fuoriusciti dai loro argini, causando inondazioni su vasta scala che hanno coinvolto parti della Renania e dell'area della Ruhr fino ad arrivare in Vestfalia. A subire inondazioni in Belgio, nelle Ardenne, sono state le aree lungo il corso del Vesdre e dell'Ourthe, ma anche l'area a valle del Mosa. Nei giorni successivi al 15 luglio la depressione isolata ad alta quota «Dana» ha spinto la tempesta Bernd verso est, provocando ulteriori forti precipitazioni sui Monti Metalliferi orientali, nella regione della Lusazia e nel circondario bavarese di Berchtesgadener Land.

Le precipitazioni che hanno colpito queste aree, in quella disastrosa settimana di luglio, sono state inoltre precedute da altre forti piogge, che hanno quasi completamente saturato il suolo, che non ha potuto trattenere e assorbire ulteriore acqua piovana. In particolare, nello stato della Renania-Palatinato e nella parte meridionale della Vestfalia è diventato simile a una spugna completamente impregnata di acqua. A tutto ciò hanno sicuramente contribuito anche le particolari caratteristiche geologiche della regione intorno all'Ahr. In gergo tecnico si parla di «rocce sedimentarie silicoclastiche paleozoiche», nelle quali è presente calcare. Conoscere le caratteristiche geologiche è importante per comprendere come sia stato possibile che le piogge abbiano innescato inondazioni cosí devastanti.

Il terreno sulla superficie di queste rocce si è sviluppato in modo relativamente pianeggiante e con una bassa capacità di trattenere l'acqua. Dal punto di vista topografico l'area del fiume Ahr è costituita da un altopiano (che va dai 200 ai 500 metri di altezza) dominato da singole catene montuose (che raggiungono i 700 metri) scavate in profondità da una rete di fiumi durante una fase di sollevamento tettonico che ha creato in molti casi valli a forma di imbuto con pendii molto ripidi. Queste «valli a forma di V» sono solitamente molto strette, e quando i fiumi sono in piena l'acqua che scorre si gonfia rapidamente e finisce per esondare. I pendii ripidi, inoltre, favoriscono l'accumulo di detriti che causano ulteriori problemi, quando per esempio massi e alberi precipitano sopra gli edifici. I cumuli di detriti possono anche modificare il corso di fiumi e ruscelli e, in casi particolarmente sfortunati, bloccarne il corso causando onde di piena.

A differenza della valle dell'Ahr, la baia del Basso Reno, nella quale scorre il fiume Erft, non presenta alcun pendio ripido naturale, ma vi sono comunque pendii creati dall'uomo attraverso l'estrazione mineraria, la costruzione di argini stradali e ferroviari e l'accumulo di detriti.

A causa di queste caratteristiche idrologiche e topografiche, l'area è particolarmente soggetta alla rapida formazione delle condizioni che favoriscono le inondazioni. La combinazione tra il meteo estremo del luglio del 2021 e i suoli già fradici per le precedenti piogge ha creato i presupposti per il verificarsi delle devastanti inondazioni. Non si è trattato comunque della prima alluvione in questa regione, già negli anni 1804, 1888, 1910, 2003 e 2016 c'erano state grosse inondazioni dopo intense piogge estive. Il 2021 ha, però, battuto tutti i livelli di acqua alta precedentemente raggiunti. Alcune stazioni di misurazione sono state addirittura portate via quando i fiumi hanno rotto gli argini ad alta velocità. Quasi duecento decessi, novemila abitazioni spazzate via e circa diciassettemila persone che hanno perso tutti i loro beni[5].

Il quantitativo di pioggia che cade in una certa regione non dipende, in ultima analisi, dalla tipologia e dalla rapidità di una tempesta, ma viene determinato anche fortemente dalle caratteristiche stesse dell'area, come l'altezza e le condizioni delle montagne. In uno studio di attribuzione condotto dal mio team in collaborazione con il servizio meteorologico tedesco abbiamo preso in esame, dopo la catastrofe, due regioni fortemente colpite nel bacino idrogeologico dei fiumi Ahr, Erft e anche del Mosa, per cercare di determinare in che misura il cambiamento climatico avesse alterato l'intensità e la frequenza dell'evento. Esaminando anche i dati relativi all'intera area colpita dalla pioggia ci siamo chiesti quanto il cambiamento climatico alteri l'intensità e la frequenza di eventi simili nelle aree dell'Europa occidentale e centrale, quindi all'incirca dal Nord delle Alpi fino ai Paesi Bassi. Dal punto di vista delle precipitazioni tutta questa zona ha caratteristiche simili a quelle delle regioni colpite dalle inondazioni nel luglio del 2021, quindi abbiamo preso in esame per intero l'area in cui le piogge estive si verificano a causa degli stessi processi meteorologici. Piú a nord, dove fa piú freddo, il trasporto di aria calda verso gli strati piú alti dell'atmosfera gioca un ruolo minore, mentre piú a sud le Alpi influenzano le proprietà delle precipitazioni, e piú a est gli oceani sono cosí lontani da non avere piú alcuna incidenza[6].

L'incidenza del cambiamento climatico.

Il quantitativo di acqua maggiormente responsabile delle inondazioni drammatiche che hanno colpito l'aria dell'Ahr e dell'Erft è caduto il 14 luglio del 2021, dunque in un solo giorno. In Belgio, nell'area del fiume Mosa, nell'arco di due giorni. Dal nostro studio è emerso che il ruolo del cambiamento climatico di origine antropica è stato notevole. Se all'interno delle nostre attuali condizioni climatiche una catastrofe alluvionale del genere ha una frequenza di una volta ogni cinquecento anni, in un mondo senza il cambiamento climatico si sarebbe invece presentata solo una volta ogni quattromilacinquecento anni.

L'intensità delle piogge è aumentata del 19 percento, quasi un quinto. L'incremento dell'intensità, escludendo il surriscaldamento globale, sarebbe dovuto essere solo del 7 percento. Che sia stato quasi tre volte superiore non si spiega solo per il fatto che l'aria piú calda assorbe piú acqua. L'intera situazione meteorologica è cambiata. È quindi probabile sia che tempeste di questo tipo si muovano piú lentamente, sia che se ne presentino in numero maggiore.

Quello che emerge dallo studio è che senza il cambiamento climatico causato dall'uomo sarebbe piovuto di meno e quindi probabilmente meno persone avrebbero perso la vita e un numero maggiore di abitazioni sarebbero rimaste in piedi. Nonostante altri fattori non strettamente climatici hanno contribuito alla catastrofe, comunque le condizioni meteo verificatesi erano anomale, quindi è probabile che avrebbero comunque causato ingenti danni.

Secondo i dati dell'Em-Dat piú di duecento persone hanno perso la vita a causa delle inondazioni avvenute in Germania e in Belgio nel luglio del 2021[7]. Case, strade e auto sono state distrutte e in totale il calcolo dei danni è senza dubbio nell'ordine delle decine di miliardi. Una piccola parte è stata pagata dalle compagnie di assicurazione, il resto dai contribuenti tedeschi. Il governo ha messo insieme un pacchetto di aiuti di trenta miliardi di euro a una velocità di solito possibile solo durante le elezioni[8].

Ma come sono stati possibili tutti questi danni?

Interventi sul territorio.

L'alluvione si è verificato in una regione con una lunga tradizione di interventi umani sul territorio: pendii resi edificabili, costruzione di canali di drenaggio delle acque, introduzione di monocolture. Questi fattori hanno tutti conseguenze sfavorevoli sulla dinamica dell'acqua alta. Durante una campagna di mappatura del territorio avvenuta dopo la catastrofe alluvionale[9] sono stati rilevati segni sistemici di erosione. In particolare, si è rilevato che lungo i piccoli torrenti e i pendii scorrevano quantità superiori alla media di detriti, terra e macerie. La mappatura nel suo complesso si presentava insolita. Pianure boschive con una forte erosione accanto a prati e boschi praticamente intatti, sezioni di pendii immutati con rilevanti segni di distruzione. Nella maggior parte dei casi, grazie all'uso delle immagini satellitari, si è capito che era tutto dovuto alla presenza di condutture usate per l'irrigazione. Gli strumenti di mappatura satellitare (che elaborano sia la luce visibile sia quella a onde piú lunghe) sono in grado di individuare anche ciò che non sarebbe possibile vedere a occhio nudo.

Dalle interviste fatte a chi viveva in quelle aree è emerso che il sistema di drenaggio piastrellato è una pratica comune, usata per evitare che i vigneti diventino troppo umidi e per smaltire le acque di scarico dalle case. Le conseguenze di questa pratica nel luglio 2021 sono state disastrose: finché il drenaggio ha tenuto, la massa d'acqua ha continuato a scorrere lungo i pendii e nei torrenti circostanti. Lentamente, però, le condutture di drenaggio sovraccariche hanno iniziato a riempirsi di detriti, e cosí l'acqua ha iniziato a fuoriuscire saturando il terreno, causando delle frane e innescando un vero e proprio circolo vizioso che ha favorito la formazione delle onde di piena. Molti di questi sistemi di irrigazione hanno diverse decine di anni e a volte non sono neanche documentati, il che significa che non sono segnalati all'interno delle mappe di pericolosità e di rischio di alluvioni e nei sistemi di allarme del servizio meteorologico e dell'Istituto federale di idrologia. Mappare la rete di condutture, riparare i tubi danneggiati o rimuoverli e rinaturalizzare le pianure sarà una sfida complessa ma urgente per prevenire disastri simili in futuro.

L'entità dei danni senza precedenti nella valle dell'Ahr e nella baia del Basso Reno non è dovuta solo alle dimensioni dell'area interessata, ma anche all'alta velocità raggiunta dalle acque, velocità che ha sradicato e portato con sé moltissimi alberi e prodotto tonnellate di detriti. Ciò ha permesso la formazione di onde di piena alte diversi metri che non hanno inondato solo le cantine e il piano terra delle abitazioni, ma hanno raggiunto i piani superiori. Anche le gravi inondazioni degli anni precedenti nella valle dell'Ahr, come quelle del 2003 e del 2016, avevano causato danni materiali significativi, eppure non era stata messa a repentaglio la vita delle persone.

Dal momento che il disastro del 2021 è stato il risultato di una combinazione di circostanze sfortunate, nessuno tra i soggetti coinvolti poteva essere additato chiaramente di colpe specifiche, eppure l'evento ha prodotto la sua dose di ingiustizia.

Le persone colpite non sono state avvertite in modo efficace e la rete di drenaggio ostruita ha, almeno in parte, peggiorato la situazione. Un'indagine al momento in corso[10] dovrà fare chiarezza per stabilire se gli investimenti in sistemi di preallarme siano stati rimandati o se le persone residenti siano state ingannate in merito alle condizioni delle infrastrutture, oltre a scoprire perché non fossero previsti piani di prevenzione contro le alluvioni che riguardassero anche i piccoli torrenti.

La consapevolezza dei pericoli.

Anche nella ricca Germania, con un solido stato di diritto e un sistema sociale che funziona relativamente bene, a perdere la vita sono state le persone che non potevano salvarsi da sole. E questo nonostante le inondazioni fossero preventivate. Le previsioni avevano indicato, già giorni prima dell'evento, un'alta probabilità di alluvioni nell'area. Piú di centocinquanta avvertimenti sono stati trasmessi dal sistema meteorologico tedesco e dalle autorità europee, e per raggiungere le persone si è fatto uso di sirene, radio e televisione[11]. Ciononostante, evidentemente, sia la popolazione sia parte delle autorità non hanno percepito la gravità della situazione, perché mancava una consapevolezza del pericolo basata su eventi catastrofici precedenti (come si è visto nel secondo e terzo capitolo). Un sondaggio compiuto online tra agosto e ottobre del 2021 ha messo in luce che solo un settimo delle 856 persone (il 15 percento) raggiunte dagli avvertimenti si aspettava che la situazione avrebbe causato danni cosí imponenti e messo a rischio la loro vita. La maggior parte dei residenti intervistati ha dichiarato che in quel momento gli era sembrato sufficiente mettere al sicuro tutti gli oggetti di valore spostandoli ai piani superiori delle abitazioni, mentre quasi la metà (il 46 percento) ha affermato di non sapere cosa avrebbe dovuto fare per mettersi al sicuro, e un terzo (tra il 29 e il 35 percento) di non aver proprio recepito gli avvertimenti[12].

Non erano stati previsti né avvisi mirati e personalizzati rivolti a bambini, persone anziane e con disabilità, né raccomandazioni specifiche per queste categorie, e ciò sebbene l'esperienza dimostri che proprio questa sia la parte della popolazione maggiormente in pericolo in caso di alluvioni e inondazioni. Si tratta, infatti, di coloro che sono meno consapevoli dei rischi, che hanno maggiori difficoltà a mettersi in salvo in autonomia, e spesso piú difficilmente raggiunti dalle informazioni utili[13]. Una tragica fatalità nella città di Sinzig, nei presi del fiume Ahr, ha portato alla morte per annegamento di quasi tutti quelli che risiedevano in un istituto che ospitava persone con disabilità, perché gli aiuti sono arrivati troppo tardi.

Le persone piú vulnerabili sono spesso vittime della scarsa consapevolezza dei rischi legati alle catastrofi meteorologiche. Le ondate di caldo del 2003 e del 2010 sono state due fra gli eventi climatici estremi piú letali d'Europa nel XXI secolo[14]. Entrambe erano state previste in modo molto preciso, eppure quasi nessuno sapeva come comunicarlo alla popolazione. Avremmo potuto e dovuto imparare qualcosa da questi eventi, soprattutto perché sappiamo da anni ormai che, con il progredire del cambiamento climatico, questi possono presentarsi con maggiore intensità rispetto a quella attesa. Tuttavia, al momento in Germania non esiste alcun piano educativo e formativo che si ponga l'obiettivo di aumentare la consapevolezza dei rischi nella popolazione, nelle scuole, nei posti di lavoro o nelle case di cura per anziani.

La catastrofe alluvionale del 2021 ha anche rivelato delle criticità nel modo in cui le autorità condividono le informazioni. In un sistema federale come quello tedesco, la federazione è responsabile della protezione civile, mentre sono i singoli stati a doversi occupare delle misure di salvaguardia contro le catastrofi. Questa forma di ripartizione delle responsabilità ha creato una situazione nella quale nessuno sapeva in modo chiaro quale autorità fosse preposta al compito di avvertire le persone e come avrebbe dovuto farlo. Purtroppo, la Germania ha pagato un caro prezzo per imparare che anche la messa in allerta della popolazione deve essere oggetto di esercitazioni, simulazioni e messe alla prova.

In Bangladesh, ad esempio, sono presenti strutture di comunicazione efficienti che dimostrano quante vite umane in piú si possono salvare anche quando si tratta di eventi inediti. Anziché avvertire la popolazione delle alluvioni solo attraverso la radio e la televisione, le persone ricevono le informazioni piú rilevanti direttamente sul telefono cellulare. Informazioni personalizzate e incentrate sulle conseguenze; ad esempio viene consigliato di allontanarsi da alcuni quartieri poveri di Dhaka, perché possono diventare molto pericolosi a causa delle piogge intense. Chi non è in grado di comprendere un avvertimento o un allarme non sarà neanche in grado di reagire al pericolo. Per questo è decisivo dare informazioni che siano le piú chiare possibili. Non ha molto senso comunicare solo che sono attesi 10 millimetri di precipitazioni, ma bisogna parlare delle chiusure stradali, dei pericoli e dei rischi specifici legati alle alluvioni in distretti e aree specifiche.

Ma tutto ciò può funzionare solo se le persone all'interno delle istituzioni si assumono le loro responsabilità e se vengono effettuati investimenti in sistemi di comunicazione, istruzione e preallarme. In Germania la situazione è aggravata dal fatto che dopo la fine della guerra fredda gli investimenti nella protezione civile sono stati massicciamente ridimensionati e le autorità non hanno condotto quasi nessuna esercitazione. Dopo che la riunificazione ha messo fine alla minaccia nucleare permanente, il paese si è cullato in un falso senso di sicurezza. Ma ora le persone che hanno potere, denaro e altre risorse devono prendere sul serio il loro ruolo nella società e contribuire a renderla piú giusta.

Di chi è la colpa?

Rispondere alla domanda in merito alle colpe quando si ha a che fare con delle catastrofi meteorologiche è un compito veramente arduo. Su chi ricade la responsabilità della mappatura del sistema della rete fognaria nella valle dell'Ahr? Sulle autorità o su chi per decenni ha continuato a montare tubature senza ponderare i potenziali rischi? Si tratta di aspetti con cui devono fare i conti le commissioni d'inchiesta e i tribunali e la cosa ha certamente senso, soprattutto se si tratta di casi di negligenza individuale. Eppure tutto ciò non aiuta a risolvere i problemi strutturali di ingiustizia.

Non sempre quando c'è un'ingiustizia c'è anche un'azione illecita dal punto di vista legale. La differenza tra questi due piani è spesso sfumata e dipende dall'interpretazione della legge fatta nei tribunali. Ad esempio, se le norme edilizie vengono aggirate per costruire case a buon mercato, la vita delle persone povere durante le ondate di caldo sarà a rischio. Lo stesso discorso vale per i regolamenti edilizi che non sono sufficienti quando si tratta di costruire abitazioni che riescano a proteggere dalla pioggia, figuriamoci dalle forti tempeste. In entrambi i casi si producono vittime di ingiustizie. Ma se nessuno è consapevole di come le normative edilizie debbano essere formulate per offrire una protezione ottimale delle persone e dell'ambiente, oppure se gli edifici sono molto vecchi, e quindi sono difficili da ristrutturare, allora non è chiaro se sia stato o meno commesso un illecito sul piano giuridico. Ma di certo si tratta in ogni caso di una condizione ingiusta. Colpa e responsabilità sono due cose differenti. Chi fa politica ha la responsabilità di elaborare e migliorare i regolamenti edilizi, ma non farlo non costituisce una colpa sul piano legale. Gettare le fondamenta di una società giusta quando manca una chiara ripartizione delle colpe è molto difficile, ma è assolutamente necessario. E non dobbiamo dimenticare che anche i media hanno le loro responsabilità. Greta Thunberg in merito sostiene che: «La nostra incapacità di fermare la crisi climatica ed ecologica è il frutto di un continuo fallimento da parte dei media [...] Una crisi di informazioni che non passano, perché non vengono raccontate, confezionate o veicolate nel modo in cui dovrebbero»[15]. I giornalisti e le giornaliste che diffondono attivamente delle menzogne e delle falsità sono senza alcun dubbio personalmente responsabili e colpevoli per quello che fanno (a tal proposito vedi anche il precedente capitolo). Ma cosa dire di chi ignora il problema? Hanno delle colpe?

È possibile porre la questione anche in questi termini: i singoli giornalisti e le singole giornaliste hanno delle responsabilità? Certamente! Le strutture editoriali e il modo in cui i progetti sono assegnati possono comportare il fatto che non abbiano il potere di fare come dovrebbero il loro lavoro, ma hanno sicuramente delle responsabilità. Similmente le autorità nella valle dell'Ahr, che forse non hanno avuto alcuna colpa dal punto di vista legale o morale, hanno comunque delle responsabilità, la cui distribuzione poco chiara può comportare che oscillino da una parte all'altra. E cosí le reciproche recriminazioni impediscono di mettere in pratica le azioni necessarie. Perché le evacuazioni sono iniziate solo a tarda sera, quando l'acqua aveva già inondato intere case, in particolare nel circondario amministrativo di Ahrweiler? Chi è responsabile del fatto che molte persone, nel mezzo di una drammatica inondazione, abbiano rischiato la vita sui tetti delle loro case o siano addirittura annegate? Si tratta di questioni molto importanti e le risposte aiuteranno a elaborare anche a livello psicologico il disastro, ma alla fine non creeranno una società piú giusta. La giustizia non può essere separata dalla responsabilità, ma la responsabilità può esistere senza un'ammissione di colpa o senza che una qualche colpa possa essere dimostrata.

Razzismo strutturale.

Per quanto riguarda gli effetti delle catastrofi meteorologiche che ricadono sulle persone, chi lavora nei campi agricoli in Gambia non ha lo stesso margine d'azione delle persone bianche che si trovano in Europa. Le forme di ingiustizia sono molto piú estese in Gambia, poiché forme strutturali di sessismo si sovrappongono a un'amministrazione inefficiente e ai residui di modelli postcoloniali di sfruttamento. Le storie che insistono sulle «povere vittime» del continente africano sono solo un aspetto della realtà, quello che a noi occidentali fa piú comodo mostrare e vedere. In ultima analisi, l'immagine di un continente disfunzionale deriva dalla stessa condotta che porta l'Europa a trasferire in Ghana i suoi rifiuti speciali. Si tratta di un atteggiamento razzista, basato sull'assunto: «Noi contro gli altri».

E cosí ritorniamo al mio insegnante di geografia che, abbracciando questa mentalità, dichiarava che il privilegio meteorologico dell'Europa fosse del tutto «naturale», senza neanche menzionare i secoli di pratiche di dominio messe consapevolmente in atto e mantenute attraverso la repressione. L'amara ironia di questa storia è che tale atteggiamento ci ha resi ciechi di fronte alla vulnerabilità presente nelle nostre stesse case, nelle nostre città, nei nostri comuni, nel nostro paese. E tale cecità coincide con quello che io stessa ho imparato da quelle lezioni: sono «gli altri» a soffrire a causa dei disastri naturali.

Questa errata convinzione ha come conseguenza il fatto che la Germania si trovi dietro a molti paesi per quanto riguarda il tema della giustizia climatica. Non solo dietro la Francia, che dopo la drammatica ondata di caldo del 2003 ha investito con continuità nella formazione e nei sistemi di preallarme – mentre la Germania ha iniziato solo nel 2023 a concepire piani d'azione per contrastare gli effetti del caldo –, ma anche in ritardo rispetto a molti paesi del Sud globale. Ad esempio, la città indiana di Indore, situata nello stato sempre piú colpito dalla siccità del Madhya Pradesh, ha iniziato a rinaturalizzare i corsi d'acqua e a ripristinare i pozzi storici. Le sue numerose sorgenti indipendenti hanno contribuito a ridurre il carico di acqua sul sistema di approvvigionamento idrico esistente e a migliorare la ritenzione idrica nel terreno. Questa misura ha reso la popolazione molto piú resiliente in tempi di siccità, in particolare negli insediamenti abitativi informali.

La giustizia climatica comporta la protezione dei diritti di coloro che sono piú a rischio, condividendo gli oneri del cambiamento climatico e dei suoi effetti in modo equo e in ogni settore della società. La maggior parte di questi oneri ricadono sui paesi del Sud globale o sulle vite delle generazioni future, e non si immaginava potessero riguardare le regioni vinicole della Germania occidentale colpite nell'estate 2021. Eppure dobbiamo parlare di giustizia climatica anche in relazione a eventi come questi. La popolazione relativamente omogenea della Germania (rispetto ad altri paesi dell'Europa come la Francia e la Gran Bretagna) contribuisce certamente alla mancanza di consapevolezza del razzismo strutturale.

In una società tuttora attraversata dal patriarcato e dal razzismo come quella tedesca, l'amministrazione è orientata verso i bisogni di uomini bianchi relativamente benestanti, i quali a loro volta si sentono nella maggior parte dei casi invulnerabili. Mentre a livello nazionale anche in Germania nessuno può piú tirarsi indietro dinanzi a temi come la diversità e la protezione delle minoranze, a livello locale e regionale le cose stanno spesso in modo molto differente. Nel capitolo precedente abbiamo esaminato come in Australia la narrazione alimentata dall'industria fossile venga messa in discussione meno nelle aree rurali che nelle città. In Germania le cose non stanno in modo diverso, tanto piú che, a eccezione delle poche grandi città, è un paese molto rurale. In questo contesto «rurale» non significa agricolo, ma con una densità di popolazione relativamente bassa e con poca immigrazione ed emigrazione, e quindi pochissimi cambiamenti. In queste aree, la politica locale tende a essere lo specchio di una mentalità razzista e patriarcale.

L'unico rimedio è quello di «disimparare il patriarcato», come recita il titolo della raccolta di saggi *Unlearn Patriarchy* curata da Naomi Ryland e Lisa Jaspers. Cosa significa quest'espressione? Si tratta di rintracciare nella nostra società i modi di pensare e agire il cui contenuto patriarcale è quasi sempre inconscio e irriflesso, e liberarcene. In questa cornice è interessante mettere in campo anche la nozione di decolonizzazione: lo sforzo di setacciare le strutture sociali, le leggi, gli ambienti di lavoro e la sua organizzazione e tante altre forme di interazione sociale alla ricerca del modo in cui sono plasmate da idee razziste e colonialiste. In Germania c'è tuttora poca consapevolezza rispetto alla necessità di questa pratica, perché a differenza di ciò che è successo nel caso dell'Olocausto non ha né preso consapevolezza né tantomeno ha avviato un processo di rielaborazione del proprio passato coloniale. Sempre piú persone, però, possono decidersi a intraprendere questo percorso di presa di coscienza, se disastri come quello della valle dell'Ahr mettono davanti ai loro occhi quanto il modello colonialista sia pericoloso, perché fa credere di essere invulnerabili e di avere diritto a privilegi che si stanno esaurendo sempre piú.

L'idea secondo cui la partecipazione di tutte le cosiddette minoranze alla vita pubblica gioverebbe principalmente solo a queste, e non alla parte maggioritaria della società, costituisce un ritorno al passato. Non sto dicendo che nessuno sarebbe morto nella valle dell'Ahr se la Germania avesse avuto piú a cuore, al di là delle mere parole di circostanza, il tema della diversità. Ma non possiamo semplicemente respingere l'idea che una comunità consapevole della sua diversità intrinseca prenderà misure per proteggere diversi gruppi di persone in modo differente in base alle loro esigenze specifiche.

La radice colonial-fossile.

Cosa ha a che fare tutto questo discorso con la questione in merito alla colpa e alla responsabilità per ciò che è accaduto nei pressi dei fiumi Ahr e Erft, cosí come rispetto ai danni causati da altre catastrofi? I singoli e le autorità hanno fallito perché non hanno pienamente riconosciuto cosa davvero significhi il cambiamento climatico. Non abbiamo a che fare con un qualche problema tecnico, ma con un problema di giustizia a livello globale, per il quale dobbiamo ringraziare il dominio persistente del racconto colonial-fossile.

Questa narrazione non attraversa solo la catastrofe alluvionale del 2021 o le ondate di caldo degli anni precedenti (o quelle che dovremo affrontare nell'immediato futuro), ma anche le discussioni in merito all'adempimento dell'obiettivo 1,5°. Si tratta di un obiettivo che non raggiungeremo senza uscire da questa sorta di incantesimo. L'attuale ordine mondiale, e la struttura economica e sociale che ne dipende, si fondano sullo sfruttamento della forza lavoro e degli ecosistemi al solo scopo di arricchire pochi privilegiati.

Ogni volta che Greta Thunberg, Luisa Neubauer o altri attivisti e attiviste rilasciano dichiarazioni pubbliche su questo argomento, la reazione impulsiva non si limita affatto alla creazione di troll. Nel marzo 2019 Christian Lindner, ministro federale delle Finanze della Germania (appartenente al Partito liberale democratico) ha scritto su X (allora Twitter) che la protezione del clima è una questione che spetta ai professionisti, lasciando intendere che chi solleva delle critiche non sa di cosa parla e non è in grado di comprendere il contesto del discorso[16]. Il suo tweet rispecchia l'umore di ampie parti della popolazione che sono contrarie a una rapida trasformazione del sistema economico.

In una direzione analoga va anche la reazione al libro pubblicato da Greta Thunberg nel 2022, *The Climate Book*, all'interno del quale scienziati e scienziate, attivisti e attiviste, giornalisti e giornaliste, scrittori e scrittrici illustrano quali sono le cause e le conseguenze del cambiamento climatico e presentano le misure che dovrebbero essere adottate nell'immediato. Durante una trasmissione dell'emittente radiofonica Swr il libro è stato etichettato come «infantile», accennando anche in modo critico al fatto che mancasse una sezione dedicata alla tecnologia[17]. Questa reazione costituisce un buon esempio di una deliberata incomprensione del problema, infatti uno dei punti chiave del testo sta proprio nel sottolineare che il cambiamento climatico non è un problema che può essere risolto grazie a soluzioni tecniche. In questo contesto gli attivisti e le attiviste vengono spesso dipinti come ingenui poiché ignorerebbero le reali questioni sociali ed economiche. «Essere infantili» significherebbe, dunque, ritenere che la narrazione colonial-fossile è ingiusta e pretendere un immediato cambio di prospettiva. Il cambiamento climatico non viene cosí negato, ma di fatto ogni proposta concreta per porvi un argine continua a essere etichettata come ingenua e quindi ridicolizzata.

Esiste anche un'ulteriore pratica che viene in supporto alla narrazione colonial-fossile e consiste nella tendenza quotidiana e in un certo senso inconscia a consolidare le proprie abitudini. Semplicemente, si continua a fare come si è sempre fatto. Lo stress quotidiano viene usato come giustificazione per la nostra incapacità di riflettere sui nostri sessismo e razzismo latenti. Abbiamo bisogno di assegnare quel posto di lavoro il piú rapidamente possibile, quindi non c'è tempo per pensare a come includere candidati appartenenti a gruppi di persone sottorappresentate. Il nome del nuovo collega è cosí complicato che lo chiameremo semplicemente in un modo che suona vagamente simile – e naturalmente si tratterà solo di un incidente quando l'orario della riunione verrà inviato all'indirizzo e-mail sbagliato. I bambini sono cosí schizzinosi con il cibo, non c'è tempo per porsi il problema della sua provenienza. La lezione di danza di Clara inizia alle 4,00 e Paul deve essere a football alle 4,30, sarebbe troppo complicato prendere le bici dal garage e uscire prima.

Modificazioni.

Per la maggior parte di noi, far fronte ai problemi della vita quotidiana costituisce già una sfida complicata. Eppure bisogna trovare la forza per ricominciare a raccontare storie che mettano al centro cosa significa «vivere una vita buona». È possibile farlo? E se sí, come?

Rispetto alla catastrofe alluvionale che ha colpito la Germania nel 2021 ho cercato di rendere visibile il reale problema e porre la questione di come passare dalla determinazione delle colpe individuali a una forma di responsabilità collettiva. Com'è possibile far capire alla gran parte della società che la narrazione colonial-fossile sta solamente producendo danni che ricadono su tutti noi?

Non è un caso che io abbia deciso di affrontare questo tema in un capitolo nel quale si è parlato di una catastrofe che ha interessato la Germania. Si tratta del paese in cui sono cresciuta e dove ho imparato a usare gli attrezzi del mestiere attraverso i quali ora faccio ricerca scientifica. È anche il paese che ho lasciato, all'inizio non con l'intento esplicito di non ritornare mai piú, anche se oggi sarebbe difficile per me vivere in Germania, perché non sarei in grado di condurre le mie ricerche nello stesso modo in cui posso farlo nel Regno Unito. Non sono, quindi, forse la persona piú adatta per interrogarmi su cosa la società tedesca possa e debba fare, eppure si tratta di una questione che mi sta molto a cuore. E so che la generazione di Greta Thunberg, sia nel Regno Unito sia in Germania, vede il cambiamento climatico come una questione di giustizia. Questo mi dà coraggio! Eppure la mia impressione è che la maggior parte degli elettori e delle elettrici, e di chi occupa posti chiave a livello decisionale in entrambi i paesi (come in molti altri), non sia in grado o non voglia capire qual è la reale posta in gioco.

Le cose potranno cambiare solo quando l'opinione pubblica prenderà consapevolezza dei problemi legati al racconto dominante. E oltre a me ci sono molte altre persone che si impegnano per mettere in crisi questo racconto. La scrittrice canadese Naomi Klein, l'economista francese Thomas Piketty, la scrittrice americana Maggie Nelson, il mio amico (e youtuber) Dr Adam Levy, gruppi come Ultima generazione, Just Stop Oil e Extinction Rebellion e molti altri, persone diverse impegnate a discutere e a cercare dei modi piú efficaci per convincere la gente a modificare il proprio comportamento: alle urne, al supermercato, alla pompa di benzina, ma soprattutto in tutti i luoghi in cui la narrazione dominante viene comunicata e tramandata.

Accanto alle proposte teoriche ci sono le idee e le pratiche portate avanti dagli attivisti e dalle attiviste: indispensabili per preparare il terreno all'emergere e al consolidarsi di una nuova narrazione. Alcune di queste idee devono comunque essere ricalibrate, perché involontariamente potrebbero fare il gioco della narrazione colonial-fossile, provenendo a volte da specifiche tradizioni appartenenti al movimento ambientalista e per la pace, movimenti attraversati dal patriarcato e che in parte si muovono ancora all'interno della cornice colonialista. Un esempio lampante è Extinction Rebellion, il cui fondatore Roger Hallam ha descritto l'Olocausto come «solo un'altra stronzata nella storia dell'umanità». Nel quinto capitolo ho citato Lazenya Weekes-Richemond e la sua analisi delle strutture tossiche e colonialiste presenti in molte Ong, che hanno effettivamente fatto della giustizia la loro causa. Un pericolo simile riguarda anche la giustizia climatica, non appena l'attivismo è incapace di riflettere sulle proprie tradizioni. La preoccupazione per il bene non può servirsi di metodi sbagliati, e se questa si traduce in una giustizia climatica tossica, allora i risultati raggiunti non andranno a beneficio di nessuno e danneggeranno chiunque voglia un vero cambiamento. Un esempio di giustizia climatica tossica è screditare pubblicamente chi fa scienza per aver preso un volo per partecipare a una conferenza. O giudicare negativamente chi ha piú figli sostenendo che hanno messo al mondo persone che, statisticamente parlando, avranno un'elevata impronta di carbonio in futuro.

Per realizzare concretamente la giustizia climatica abbiamo bisogno di qualcosa di molto particolare: nuovi racconti che non siano allineati con il modo tradizionale di intendere la giustizia e che siano incomparabilmente piú coinvolgenti, ai quali tutti possono accedere senza doverci riflettere.

È possibile? Naturalmente lo è! Sono crollate narrazioni estremamente consolidate nella storia umana. La schiavitú è stata abolita, c'è stata una generale estensione dei diritti civili, le coppie gay possono sposarsi e crescere dei bambini e le donne partecipano pienamente alla società. Oggi queste cose sembrano ovvie, ma meno di un secolo fa non lo erano, e il senso della giustizia era completamente diverso. Non abbiamo ancora eliminato il sessismo e il razzismo, ma il quadro generale è cambiato: attraverso le proteste, l'istruzione, l'arte e la cultura, che hanno modificato i rapporti di forza e di potere. La scrittrice Maggie Nelson spiega nei suoi libri che nessuno viene al mondo sapendo qualcosa in merito alle disuguaglianze interne alle strutture di potere e al loro impatto sulla società. L'ingiustizia è qualcosa che si apprende. E ciò significa che può anche essere disimparata. Per questo abbiamo assolutamente bisogno di proteste, di educazione e di arte che affrontino la giustizia climatica. E ne abbiamo bisogno piú di ogni altra cosa! Anche se in letteratura il filone narrativo della *climate fiction* si è consolidato, non ho ancora letto un buon romanzo sull'argomento. E non ho ancora trovato le arti visive che vorrei vedere. Almeno questa è la mia esperienza personale. Forse ho bisogno di cercare piú a fondo, ma potrebbe anche essere la dimostrazione che l'argomento non è ancora arrivato abbastanza in superficie.

In definitiva, però, i rapporti di forza e di potere sono il problema principale. Se per gli esseri umani fosse stato piú facile rinunciare al potere, le narrazioni dominanti sarebbero mutate molto piú velocemente. Nel loro libro *Unlearn Patriarchy* le autrici Ryland e Jaspers offrono una buona panoramica degli ambiti in cui oggi i cambiamenti sono necessari e urgenti. E si tratta di ambiti estremamente importanti: istruzione, denaro, famiglia, scienza, identità, sesso, lavoro, razzismo, arte e cultura.

Non otterremo giustizia climatica con un approccio basato esclusivamente sui danni, ma questo deve essere uno dei punti fermi da cui partire. Dobbiamo tenere d'occhio le emissioni, l'andamento della temperatura e le sue ripercussioni con precisione scientifica. Disastri come le inondazioni del 2021 nella valle dell'Ahr devono essere rivisti in dettaglio, con conseguenze significative, e ciò sta già accadendo.

In Germania la riforma delle misure per la protezione dai disastri ha subíto un'accelerazione durante la pandemia da Covid-19, anche a causa della catastrofe alluvionale del 2021. L'Ufficio federale della protezione civile e dell'assistenza in caso di catastrofi (Bundesamt für Bevölkerungsschutz und Katastrophenhilfe, Bbk) e l'Agenzia federale di soccorso tecnico (Bundesanstalt Technisches Hilfswerk, Thw) hanno ricevuto maggiori attrezzature e risorse per il personale. È stato anche istituito un nuovo centro operativo che riunisce le parti interessate del governo federale e dei rispettivi ministeri dell'Interno. Questo consente un migliore coordinamento delle squadre di crisi a livello locale e statale. Due mesi dopo il disastro è stato lanciato un programma di finanziamento per introdurre delle sirene di allarme elettroniche che possono essere attivate direttamente anche dalle autorità federali. L'app ufficiale del governo che dovrebbe allertare in caso di pericolo (Nina) è stata modificata ed è stato introdotto un sistema di avviso che invia messaggi direttamente agli smartphone nelle regioni colpite in tutta la Germania. Si prevede, inoltre, una riorganizzazione della protezione civile. Si stanno discutendo programmi di formazione obbligatoria ed esercitazioni regolari per la popolazione, insieme a nuovi programmi di reclutamento per i volontari della protezione civile[18].

Queste sono tutte, senza dubbio, misure auspicabili, ma non dobbiamo perdere di vista il fatto che la giustizia climatica è ostacolata dalla riproduzione di rapporti di forza e di potere che Max Liboiron – grazie ai suoi studi sulle modalità di coinvolgimento civico e sull'inquinamento ambientale – chiama «neoliberisti» e che io, appunto, chiamo «colonialfossili»[19]. Nel corso di due secoli, il mondo è stato spremuto da una morsa fatta di crescita alimentata da risorse fossili e coloniali. Per spianare la strada alla giustizia climatica questa morsa deve essere allentata fino a sparire. Allo stesso tempo devono essere rimossi gli ostacoli mentali provenienti dall'idea (spacciata ormai come una necessità logica) che la salvezza possa arrivare dalla crescita in sé, indipendentemente da chi ne trae profitto. Perché ciò accada, ognuno di noi dovrà assumersi la responsabilità del cambiamento.

Capitolo nono

Un paese annegato nei danni climatici
Pakistan

> Vedo centinaia, migliaia di persone indifese. Il black-out in questa zona è totale. Non c'è elettricità e manca la connessione internet. Si cerca di chiamare aiuto. [...] E la gente [...] si è rifugiata su qualche isola, strada sterrata o in qualsiasi altro luogo che potrebbe salvarla dall'acqua[1].

> Qui è dove dorme il piccolo. Tutto quello che abbiamo è il pavimento. Non abbiamo niente. Ho questi piatti e nient'altro. Niente da cucinare. È tutto vuoto[2].

> Voglio essere chiaro: è una questione di giustizia climatica. Non stiamo incolpando nessuno, non stiamo lanciando accuse, non è compito nostro farlo. Quello che stiamo dicendo è che siamo diventati le vittime. Dovrei appellarmi al mondo come un mendicante? Con in mano una ciotola? Sarebbe ancora piú sbagliato. Non è giusto, non è neanche equo[3].

Un paese sott'acqua.

La metà di giugno del 2022 ha segnato l'inizio di precipitazioni monsoniche da record in ampie parti del Pakistan. Nelle province maggiormente colpite del Belucistan e del Sindh è caduto un quantitativo di pioggia tra le sette e le otto volte superiore rispetto alla media. Nell'intero paese la media è stata oltre triplicata. Le piogge intense hanno innescato frane, esondazioni di laghi glaciali e inondazioni improvvise. Il fiume Indo, che attraversa tutto il Pakistan, ha inondato migliaia di chilometri quadrati di territorio, portando alla creazione, nella parte meridionale del paese, di un lago di un'ampiezza di oltre 100 chilometri.

Queste forti precipitazioni monsoniche hanno colpito un paese con un'alta densità di popolazione e un alto tasso di povertà. Dei 240 milioni di abitanti, oltre 33 sono stati colpiti dalle inondazioni[4], 1,7 milioni di abitazioni sono state distrutte e quasi 1500 persone hanno perso la vita[5].

Il 25 agosto 2022 il governo ha dichiarato lo stato di emergenza nazionale. Secondo le stime della Banca mondiale ci sono stati danni per circa 30 miliardi di dollari americani. Questo significa che ci vorranno anni prima che la regione possa riprendersi. Piú di 6700 chilometri di strade, 269 ponti e 1460 strutture sanitarie sono state spazzate via, 18 590 scuole hanno subíto danni strutturali, quasi 1 000 000 di animali d'allevamento sono stati uccisi e circa 18 000 chilometri quadrati di terreni agricoli sono finiti sott'acqua. Quasi la metà del raccolto di cotone – uno dei piú importanti beni da esportazione del paese – è stato cancellato dalla forza distruttiva della tempesta, cosí come altre coltivazioni importanti per il paese. Le perdite in questo settore sono state stimate intorno ai 2,3 miliardi di dollari americani, cosa che a sua volta, sovrapponendosi con la guerra in Ucraina e con gli effetti dell'ondata di caldo estremo che nel periodo premonsonico si era abbattuta sulla stessa regione, ha finito per diminuire ulteriormente e in modo drammatico la disponibilità di alimenti[6].

La situazione è stata particolarmente difficile nelle province del Belucistan e del Sindh, dove sono scoppiati focolai di dissenteria, colera e malaria e si sono diffuse infezioni alla pelle e agli occhi. Le condizioni igieniche negli alloggi temporanei messi a disposizione per le persone costrette ad abbandonare le loro case – nel settembre 2022 si è stimato che il numero degli sfollati avesse raggiunto la cifra di 664 000 persone[7] – non hanno fatto altro che peggiorare la situazione.

Vulnerabilità.

Secondo l'ultimo ranking (2021) pubblicato dalla Ong tedesca Germanwatch, il Pakistan appartiene a quel gruppo di paesi dove, a livello globale, i rischi legati al clima estremo sono piú elevati. Questo dipende in parte dalla sua posizione geografica. Si trova, infatti, nel mezzo di due tra i piú grandi sistemi meteorologici portatori di piogge: in estate, quelle monsoniche a est e a sudest; in inverno, le cosiddette perturbazioni occidentali, delle aree di bassa pressione provenienti dalla regione mediterranea[8]. Gli studi mostrano che il cambiamento climatico esercita una significativa influenza su entrambi i fenomeni, anche se piú sulla loro variabilità che sulla loro intensità[9]. Ciò significa che anche se la quantità media complessiva di pioggia resta invariata, alcuni anni possono essere molto piú umidi e altri molto piú aridi. Queste variazioni meteorologiche connesse al cambiamento climatico espongono ancora di piú il paese a catastrofi come quella del 2022[10].

Già nel 2010 il Pakistan era stato colpito da un simile evento estremo. La Corte suprema, nel rapporto dedicato alla catastrofe, è giunta alla conclusione che i danni fossero dovuti non solo al presentarsi di un evento meteorologico cosí fuori dal comune, ma in molti casi anche dalla rottura intenzionale di dighe e argini per proteggere le grandi città e i siti industriali[11]. Dal punto di vista economico, il Pakistan è un paese povero e quindi non può facilmente adattarsi a condizioni meteorologiche estreme. Secondo l'Indice di Notre Dame (Nd-Gain Country Index) che misura, avvalendosi di criteri economici, strutturali e sociali, la capacità di adattamento di uno stato agli effetti del cambiamento climatico, il Pakistan occupa la posizione numero 150 (su un totale di 181 paesi). Questo indice prende in considerazione, per esempio, l'apertura dei paesi alle innovazioni per mitigare le conseguenze dei mutamenti del clima. Le misure di adattamento tenute in considerazione per stilare questo ranking riguardano i fattori istituzionali, le forme di disuguaglianza sociale, la promozione dell'istruzione e della formazione. Mentre scrivo, il primo posto è occupato dalla Norvegia, l'ultimo dal Ciad[12].

Le indagini condotte dopo l'enorme inondazione del 2010 hanno fatto emergere che il rafforzamento delle dighe e della rete idrica non sarebbe stato sufficiente, da solo, a impedire future catastrofi legate a forti precipitazioni e che quindi un disastro analogo a quello del 2010 si sarebbe potuto ripetere. Ed è proprio cosí che le cose sono andate nel 2022. E se non avverranno dei cambiamenti strutturali all'interno dello stato, neanche il disastro del 2022 sarà destinato a rimanere l'ultimo. All'origine della vulnerabilità che caratterizza le grandi e piccole città lungo il delta del fiume Indo vi sono due fattori distinti. In primo luogo, la gestione dei corsi d'acqua da parte degli urbanisti statali, che si basa su procedure tecnologiche che mettono a disposizione l'acqua per le città e per le aree industriali, senza però tenere in considerazione le esigenze dei piccoli agricoltori presenti nella regione. In secondo luogo, la fiducia riposta su un sistema di irrigazione istituito all'epoca del controllo britannico sull'area indiana, che però era al servizio di obiettivi politici completamente differenti rispetto alle esigenze di oggi. Gli occupanti occidentali volevano innanzitutto dimostrare la loro potenza e in questo progetto rientravano anche le infrastrutture.

Per quanto riguarda la gestione dei rischi legati alle inondazioni, il Pakistan ha basato la sua strategia soprattutto sulla costruzione di grandi impianti idrologici, che hanno però causato una serie di problemi. Gli interventi massicci sul corso naturale delle acque hanno infatti finito per prosciugare intere aree. Col passare del tempo si sono presentati anche problemi legati all'usura e all'invecchiamento delle infrastrutture, per esempio l'accumulo di sedimenti all'interno della rete idrica, che non solo ha comportato una riduzione della capacità dei canali ma ha anche favorito degli allagamenti.

A partire dai primi anni Duemila si sono verificate diverse inondazioni lungo il corso del fiume Indo, causate dalla rottura mirata, intenzionale, di argini per deviare l'acqua alta. La vulnerabilità che caratterizza oggi il Pakistan è quindi figlia anche della politica coloniale e postcoloniale. Come abbiamo detto poco sopra, la pratica stessa, tuttora in uso, di deviare l'acqua verso le campagne per evitare che le inondazioni colpiscano le città ha origine nel periodo del dominio coloniale britannico. Per questo le inondazioni del 2022 hanno colpito soprattutto le aree rurali, dove molte persone (circa il 64 percento) si guadagnano da vivere con l'agricoltura. Il lavoro nei campi è una delle colonne portanti dell'economia del Pakistan e costituisce il 26 percento del suo Pil[13]. Il fiume Indo fornisce acqua per circa il 90 percento della produzione di alimenti e la metà della forza lavoro è impegnata nella coltivazione di cereali, riso, cotone e canna da zucchero[14]. Sono queste le persone che soffrono maggiormente a causa delle inondazioni. Per cercare di evitare i rischi legati a eventi catastrofici di questo tipo, molti agricoltori hanno deciso di investire nell'allevamento di bestiame, che comunque non è un'attività cosí sicura. Proprio gli animali d'allevamento di grossa taglia sono maggiormente esposti alle inondazioni. Secondo le stime delle perdite causate dalle inondazioni del 2022, solo nella provincia del Sindh sono morti annegati piú di centomila animali d'allevamento[15].

Danni e perdite.

Nello stesso anno in cui il Pakistan veniva travolto da una catastrofe alluvionale, in Egitto – per la precisione in una delle sue piú note località balneari, Sharm el-Sheikh, situata tra il deserto della penisola del Sinai e il Mar Rosso – ha avuto luogo la ventisettesima conferenza internazionale sui cambiamenti climatici (Cop27). Sponsorizzata dalla Coca-Cola. Con un pizzico di cinismo possiamo forse considerarlo un passo avanti rispetto alla presenza dello stand in rappresentanza dell'industria polacca del carbone del 2018.

Le inondazioni in Pakistan sono state una tragica esemplificazione di quanto fosse allo stesso tempo rilevante, delicato e complicato, all'interno della conferenza del 2022, il tema dei danni e delle perdite. Mitigazione, adattamento, danni e perdite sono i tre pilastri della politica climatica internazionale e hanno la funzione di indicare gli ambiti fondamentali che devono essere presi in considerazione a livello politico.

Eppure va detto che allo stato attuale non sarebbe possibile costruire nulla su di essi: il pilastro della mitigazione è enorme, quello dell'adattamento, fragilissimo, mentre quello relativo ai danni e alle perdite è cosí gracile da avere una funzione perlopiú decorativa.

Questa mancanza di equilibrio non è dovuta effettivamente agli accordi presi a Parigi, ma di certo al modo in cui vengono messi in atto[16]. In merito alla mitigazione, il gruppo di lavoro dell'Ipcc, con il compito di elaborare un inventario dei gas serra e degli standard di riferimento per misurare le emissioni, ha avuto a disposizione una bibliografia scientifica relativamente ampia che ha permesso di misurare i diversi progressi compiuti dai singoli paesi in relazione alla diminuzione delle emissioni, e verificare nel concreto gli obiettivi prefissati dalle diverse nazioni (i cosiddetti *contributi determinati a livello nazionale*).

Le cose stanno in modo molto diverso rispetto all'adattamento. L'accordo di Parigi ha previsto un rafforzamento generale delle strategie di adattamento a livello globale; l'articolo 7 recita: «Le parti stabiliscono l'obiettivo mondiale di adattamento, che consiste nel migliorare la capacità in tal senso, rafforzare la resilienza e ridurre la vulnerabilità ai cambiamenti climatici, al fine di contribuire allo sviluppo sostenibile [...]».[17] Eppure mancano in questo caso dei criteri di misurazione. Nonostante alcuni paesi abbiano stabilito delle linee guide nazionali, queste restano molto vaghe. Il governo federale tedesco, ad esempio, ha dichiarato il proprio impegno per lo sviluppo di una strategia di prevenzione che presenti anche degli obiettivi *misurabili*, impegnandosi ad aggiornarla regolarmente e a svilupparla nel tempo, ma ha anche affidato ai singoli membri della federazione il compito di capire cosa significhi nel concreto sviluppare delle strategie di adattamento[18]. Inoltre, tuttora, non è disponibile alcuno studio abbastanza ampio in merito a come effettivamente le persone si adattino al cambiamento climatico, e che possa servire da base per delle unità di misura quantitative e qualitative.

Le misure di adattamento devono essere messe in atto a livello locale e tenere in considerazione aspetti molto differenti, come la solidità del sistema sanitario nazionale, la natura degli apparati di preallarme, nuovi metodi di coltivazione dei campi e di produzione agricola, la costruzione delle dighe e degli sbarramenti e, naturalmente, le campagne di informazione. Proprio per questo misurare le forme di adattamento è un processo difficile, ma non impossibile. Si può, infatti, convergere su criteri condivisi, come il numero di persone che hanno un'assicurazione sanitaria, oppure il numero delle esercitazioni delle procedure di allarme. Finora a mancare sembra la volontà di farlo. Durante i negoziati della ventiseiesima conferenza internazionale sui cambiamenti climatici (Cop26) a Glasgow nel 2021 è stato evidente che a regnare fosse la poca chiarezza rispetto all'obiettivo globale dell'adattamento e a come misurare i progressi fatti. Di conseguenza, non si è raggiunto alcun accordo in merito. Eppure, già prima del vertice di Glasgow del 2021 si era convenuto che a partire dal 2020 i paesi del Nord globale avrebbero dovuto supportare le misure di adattamento mettendo a disposizione in un fondo 100 miliardi di dollari americani l'anno[19]. A oggi il fondo è vuoto, ma almeno è possibile calcolare l'aumento del deficit rispetto all'impegno preso.

La situazione è ancora piú difficoltosa nel caso dei danni e delle perdite. In questo caso a mancare è proprio una qualche idea condivisa in merito a quali debbano essere gli obiettivi da raggiungere. L'accordo di Parigi, all'articolo 8, dichiara: «Le parti riconoscono l'importanza di evitare e ridurre al minimo le perdite e i danni associati agli effetti negativi dei cambiamenti climatici, compresi gli eventi meteorologici estremi e quelli lenti a manifestarsi, e di porvi rimedio, cosí come riconoscono l'importanza del ruolo dello sviluppo sostenibile nella riduzione del rischio di perdite e danni»[20]. Nel 2013 è stato introdotto e si è iniziato a utilizzare il cosiddetto Meccanismo internazionale di Varsavia, uno strumento come sempre vago nella sua definizione, che avrebbe dovuto aiutare a stimare i danni e le perdite. Cosa dovrebbe essere incluso nella stima e come dovrebbe funzionare il meccanismo è tuttora poco chiaro. Da quando è stato siglato l'accordo di Parigi si sono succeduti molti dibattiti in merito a questo ominoso Meccanismo internazionale di Varsavia, ma purtroppo non c'è stato alcun progresso. Ecco perché istituire un fondo specifico nel 2022 e confermarlo nel 2023 è un enorme passo avanti, anche se è lontano dal fornire un aiuto serio a qualsiasi paese vulnerabile.

Quando si parla di danni e perdite il tema delle responsabilità diventa ancora piú complesso. Non esiste una chiara definizione di che cosa siano i danni e le perdite in relazione al cambiamento climatico. La formulazione attualmente in uso è cosí tanto ampia da abbracciare sia le perdite economiche causate dall'innalzamento delle acque o da eventi meteorologici estremi, sia le misure esclusivamente precauzionali (le quali però non possono essere facilmente distinte dalle strategie di adattamento). Come è possibile affrontare un problema se non si è ancora definita in modo chiaro la natura del problema stesso? Questo tema è stato causa di scontri dopo essere stato aggiunto alle agende politiche sotto la pressione di nazioni insulari come le Mauritius, le Bahamas o anche le Fiji, stati che sanno di essere estremamente e pericolosamente toccati dalla realtà del cambiamento climatico, ma non hanno per nulla contribuito a causarlo. Bisogna ringraziare i paesi del Nord globale se la definizione concreta dei danni causati dal cambiamento climatico è rimasta vaga. Almeno sulla carta però sono stati fatti dei progressi. Il successo ottenuto può essere presentato attraverso qualche annuncio che arriva nelle case degli elettori e delle elettrici, ma concretamente nulla è cambiato. Lo stesso discorso vale in merito alla prevenzione. In questo caso sono stati posti degli obiettivi concreti e misurabili, ma di fatto non è cambiato niente. Il governo tedesco è già stato citato in giudizio perché le sue leggi non sarebbero conformi all'accordo di Parigi. Eppure, ancora nel 2023, queste non sono compatibili con gli obiettivi globali.

Il problema della giustizia, in breve.

I danni e le perdite hanno evidentemente a che fare con la giustizia: gli stati del Nord globale devono assumersi la responsabilità di essere all'origine del cambiamento climatico. Sebbene la pressione per affrontare il problema cresca di anno in anno, anche a causa dei danni sempre maggiori legati al clima, le parti coinvolte di fatto si trovano in conflitto di interessi: i paesi del Nord globale non hanno intenzione di pagare per gli effetti delle loro politiche, mentre quelli del Sud non hanno alcun interesse ad accettare un qualche compromesso, cosa che nel caso dei piccoli stati insulari potrebbe minacciare la loro stessa esistenza. Ciò non significa che queste isole corrano il rischio di sparire completamente, anche se, considerando una scala temporale di un paio di secoli, può effettivamente succedere. Non vi è dubbio che la sovrapposizione tra l'innalzamento delle acque e le tempeste sempre piú frequenti porterà a inondazioni piú intense ed estese, aumentando la salinità dei terreni e rendendo impossibile una ricostruzione sostenibile. A essere distrutte non saranno solo intere aree dove le persone vivono e lavorano, ma finiranno per sparire anche antichissime culture e tradizioni.

Un primo risultato raggiunto in favore dei paesi estremamente vulnerabili è stato quello di aver posto come tema di negoziazione, all'interno degli accordi internazionali sul clima, il problema dei danni e delle perdite.

All'interno delle conferenze sul clima sono state condotte delle indagini mirate, che hanno coinvolto i diversi soggetti impegnati nelle negoziazioni, con l'obiettivo di scoprire come arrivare a una definizione del tema «danni e perdite». Le indagini hanno evidenziato quanto è forte la divergenza tra le opinioni in merito, e ciò ricade sulle possibili soluzioni a livello internazionale[21].

La maggior parte delle persone intervistate è concorde nel ritenere che la regolamentazione da elaborare dovrebbe affrontare sia i cambiamenti lenti (come l'innalzamento del livello dei mari) sia gli eventi meteorologici estremi. C'è un relativo accordo anche rispetto all'orizzonte temporale entro cui le misure devono essere introdotte. La maggior parte dei gruppi di interesse concorda sul fatto che devono essere prevenuti i danni futuri (*ex ante*) e che i danni e le perdite già subiti in passato dovrebbero essere risarciti (*ex post*). Tuttavia, rispetto a come devono essere conteggiati, le risposte divergono in modo significativo.

Ci sono poi altri aspetti del problema rispetto ai quali i punti di vista sono ancora piú inconciliabili. Da un lato, c'è un'interpretazione dei danni e delle perdite che corrisponde largamente con le strategie di adattamento, e che pone l'accento sul fatto che il mandato dell'Unfccc (le ultime due «c» stanno per *cambiamento climatico*) sarebbe quello di prevenire il cambiamento climatico, lasciando cosí intendere implicitamente che dovrebbe occuparsi solo del futuro. Non sorprende che tale argomentazione sia ampiamente sostenuta da coloro che negoziano per conto di Usa, Australia ed Europa, che sostengono che la differenza tra i danni e le misure di adattamento non avrebbe alcuna base scientifica e sarebbe esclusivamente politica.

Dall'altro lato, c'è un'interpretazione dei danni e delle perdite che guarda ai limiti dell'adattamento, tenendo in considerazione sia il passato sia il futuro. Questa, quindi, pone l'accento sui danni a cui non è possibile adattarsi, come quando un'isola diventa un luogo inabitabile a causa dell'innalzamento del livello dei mari, oppure sui danni ai quali l'umanità non può adattarsi a causa della mancanza di volontà politica, delle conoscenze o dei capitali necessari. Non ci sarebbe, perciò, distinzione tra i danni e le perdite connessi con il cambiamento climatico e quelli che, invece, non hanno a che fare con questo. Si tratta di una posizione che ha il suo senso in quanto mira ad aiutare quegli stati (e soprattutto le loro popolazioni) che allo stesso tempo sono altamente vulnerabili e contribuiscono molto poco alle emissioni. Tale posizione ignora tutto ciò che la ricerca sull'attribuzione è in grado di fare, mirando a risparmiare tempo nel fornire assistenza. Un altro argomento a favore di questo approccio è che non possiamo eseguire uno studio di attribuzione per ogni evento meteorologico estremo, perché i modelli efficaci per farlo non sono sempre disponibili e non sempre i dati di osservazione sono sufficienti. Tuttavia, tale posizione porta a un altro problema e rischia di compromettere l'accordo di Parigi nel lungo termine. Se mettiamo da parte il cambiamento climatico come causa delle perdite e dei danni, allora perché questa categoria dovrebbe essere inclusa nell'accordo di Parigi? La regolamentazione delle perdite e dei danni non sarebbe altro che un aiuto allo sviluppo, e si potrebbe facilmente sostenere che non si dovrebbe includerla nei negoziati sul clima. Per questo motivo mi sembra sbagliato introdurre nell'Unfccc un meccanismo che non faccia distinzione tra i danni causati dal cambiamento climatico e quelli causati da altri fattori.

Ma forse sto cadendo anche io nella stessa trappola nella quale finisce chi vuole che il cambiamento climatico sia trattato come un fenomeno che riguarda solo le scienze naturali, finendo per trascurare qualcosa di cruciale: se ci concentrassimo solo sulle perdite e sui danni, l'ingiustizia non finirebbe per consolidarsi ulteriormente?

L'analisi delle drammatiche inondazioni del Pakistan getta una luce su questo interrogativo.

L'attribuzione.

Le disastrose inondazioni che hanno travolto il Pakistan nel 2022 si sono guadagnate le prime pagine di tutti i giornali. Sulla Bbc l'evento è stato descritto come conseguenza di «monsoni sotto steroidi» e «scioglimenti dei laghi glaciali», mentre il «Guardian» ha parlato di «precipitazioni record»[22]. Anche la ministra pakistana per il clima Sherry Rehman ha ricondotto le inondazioni al cambiamento climatico e ha richiesto ai paesi del Nord globale un risarcimento per le riparazioni. Si tratta però di una richiesta difficile da sostenere, in quanto da un punto di vista scientifico non esiste un modo chiaro per dimostrare quanto alto dovrebbe essere questo risarcimento e quale sia l'incidenza del cambiamento climatico.

All'interno di uno studio di attribuzione che abbiamo condotto in collaborazione con il servizio meteorologico pakistano, e che abbiamo pubblicato nell'ottobre del 2022, abbiamo mostrato il perché di quest'ultima difficoltà: le inondazioni sono risultate la diretta conseguenza delle piogge monsoniche estreme avvenute nel 2022. Nell'agosto 2022, nelle province di Sindh e Belucistan, il quantitativo delle precipitazioni ha raggiunto picchi mai toccati, aggravando la situazione. Abbiamo, quindi, esaminato il valore massimo delle precipitazioni in un arco di sessanta e cinque giorni, circoscrivendo la ricerca all'intero bacino dell'Indo e a entrambe le province durante la stagione dei monsoni[23].

Il Pakistan si trova al margine estremo occidentale della regione monsonica del Sud dell'Asia, con un clima prevalentemente desertico e secco nelle province meridionali, fra cui quelle di Sindh e Belucistan, e un clima umido nel Nord. Da giugno a settembre si presentano spesso, in particolare nelle aree settentrionali del paese, delle forti piogge e circa mezzo milione di persone ogni anno viene colpito dalle inondazioni. Le cause di ciò non sono le zone di bassa pressione che si sviluppano a causa dei monsoni, ma quelle che si formano a livello locale. In media in Pakistan ci sono meno precipitazioni rispetto agli stati indiani di Uttar Pradesh e Assam, che si trovano alle stesse latitudini. E anche la quantità di precipitazioni è molto irregolare: in alcuni anni non piove affatto, in altri piove cosí tanto da generare delle inondazioni. Ecco perché sono necessari dati pluriennali di osservazione meteorologica per misurare quale sia il meteo «normale» e che cosa, di contro, è estremo a livello meteorologico.

Alle medie latitudini, come per esempio a Londra, la quantità delle precipitazioni varia da un giorno all'altro e da una settimana all'altra, ma se si prendono in considerazione le quantità annue allora queste sono molto simili. Inoltre, nel Regno Unito i registri con le indicazioni meteorologiche coprono un arco temporale molto lungo. Qui, in uno dei paesi che, storicamente parlando, è maggiormente responsabile del cambiamento climatico, possiamo usare sia il clima locale che una lunga serie di osservazioni per calcolare con precisione quali eventi si verificano una volta ogni secolo. In questo modo è possibile stimare quanto il cambiamento climatico influisca sull'intensità dei fenomeni meteorologici. E tali informazioni possono essere utilizzate per dedurre con precisione quali danni aggiuntivi sono stati causati e il livello delle perdite.

Nel caso delle inondazioni verificatesi in Pakistan è possibile vedere, sulla base dei dati meteo disponibili, che un evento come le precipitazioni estreme del 2022 può presentarsi al massimo una volta ogni otto anni, ma da un punto di vista di mero calcolo numerico è anche possibile che non si ripresenti mai piú. La realtà si trova da qualche parte tra questi due estremi, ma dove esattamente non può essere determinato, a causa della grande variabilità del meteo. Per le stesse ragioni è anche difficile calcolare la percentuale attribuibile al cambiamento climatico. Statisticamente non possiamo escludere la possibilità che non abbia alcun ruolo, ma è ugualmente possibile che abbia reso questo evento estremo fino a cento volte piú probabile.

A ogni modo la statistica non è l'unica fonte di informazioni a nostra disposizione. La fisica ci dice che l'aria piú calda può assorbire piú vapore acqueo e quindi portare a piogge piú intense. Studi dimostrano che, almeno su brevi scale temporali (1-5 giorni), l'intensità delle piogge monsoniche aumenta con il riscaldamento globale in tutta l'Asia meridionale[24]. Possiamo, perciò, dire con un alto grado di sicurezza che il cambiamento climatico abbia avuto un ruolo nelle inondazioni avvenute in Pakistan, ma non possiamo quantificare la sua influenza sulla base delle informazioni disponibili. Questa è stata la conclusione (non particolarmente soddisfacente) del nostro studio di attribuzione.

Ciò è dovuto in gran parte alle condizioni climatiche e a uno storico relativamente breve di dati di osservazione meteorologica (dati che comunque sono, rispetto ad altri stati, molto piú estesi). Come abbiamo visto in precedenza, in alcune parti dell'Africa occidentale, dove il clima è spesso ancora piú variabile, la raccolta dei dati meteorologici è molto sporadica, rendendo ancora piú difficile calcolare l'attribuzione dei danni al cambiamento climatico.

Nei paesi particolarmente vulnerabili che hanno contribuito in misura minima al cambiamento climatico, le perdite e i danni possono essere difficilmente quantificati. L'introduzione a livello internazionale di un meccanismo in grado di farne una stima potrebbe essere controproducente, e finire per mettere gli stati a basso reddito in una condizione ancora piú svantaggiata.

Appellarsi alla giustizia.

Il testo dell'accordo di Parigi fa sorgere un'ulteriore problema intrecciato con il fatto che non si ha intenzione di dare seguito alla richiesta di risarcimento per i danni causati dal primo mondo in Pakistan (come altrove). La categoria «Danni e perdite» non comporta di per sé il pagamento di qualche risarcimento. I risarcimenti, al contrario, vengono esclusi. All'interno della categoria il tema delle compensazioni non è esplicitamente menzionato per via delle pressioni dei paesi del Nord globale[25]. Tutto ciò mostra quanto sia urgente un'esatta definizione dei danni e delle perdite che possa fare da base per poter iniziare ad affrontare concretamente il problema. Parlare dei risarcimenti è solo un altro modo per parlare di aiuti in vista dell'adattamento, oppure è un tema che dà anche voce a una qualche richiesta di giustizia compensativa? In questo momento, la mia risposta è probabilmente la stessa delle persone piú coinvolte nelle negoziazioni: non ne ho idea. E anche se nel 2023 ci sono state trattative su scala piú ridotta, la mancanza di chiarezza persiste. Si è raggiunto un accordo sul fatto che gli aiuti per la ricostruzione sono importanti, ma finora non c'è niente di piú specifico. E probabilmente non si arriverà a niente di piú fino a quando il denaro non verrà effettivamente versato. La voce «Danni e perdite» è stata il tema principale dei negoziati sul clima nel 2022. Nello stesso anno, durante l'Assemblea generale delle Nazioni Unite, il segretario generale António Guterres ha sottolineato che questo argomento è una «questione fondamentale di giustizia climatica, solidarietà internazionale e fiducia», aggiungendo che «chi inquina deve pagare», perché «i paesi vulnerabili hanno bisogno di un'azione significativa»[26].

Le trattative sono culminate nella decisione di istituire un fondo per aiutare i paesi altamente vulnerabili a far fronte ai danni e alle perdite. All'Onu i soldi sono la cosa principale. Soldi che il Nord globale non vuole pagare, soldi richiesti dai paesi meno sviluppati che partecipano ai negoziati sul clima, soldi di cui hanno disperatamente bisogno. Il Pakistan non può far fronte alle conseguenze delle inondazioni del 2022 senza un sostegno finanziario. Similmente anche la Nigeria non può pagare con le proprie tasche i danni causati dalle drammatiche inondazioni avvenute durante la stagione delle piogge del 2022. Eppure il discorso non è solo monetario. Tutti i soldi del mondo non servirebbero a riportare in vita i morti causati dall'ondata di caldo che ha colpito l'Asia meridionale nel 2022, oppure a togliere dall'elenco delle specie estinte il roditore Melomys rubicola[27]. Queste perdite, che in letteratura vengono classificate come «danni e perdite non economici», costituiscono le vere e proprie conseguenze drammatiche del cambiamento climatico. Ne fanno parte, accanto a un incalcolabile numero di morti e di piante e animali estinti, anche l'annientamento di intere culture, come quella delle persone che abitano le isole dello stretto di Torres, i cui siti di sepoltura tradizionali, luoghi di incontro, ma anche opere d'arte e abitazioni sono sempre piú minacciati dell'innalzamento del livello del mare[28].

Innumerevoli tipologie di perdite.

Gli autori e le autrici di uno dei pochi studi che affronta in modo sistematico il tema dei danni non economici scrivono che qualsiasi ricerca che intenda occuparsene dovrebbe partire dall'esperienza vissuta da coloro che ne sono coinvolti, e mettere in primo piano il fatto che le perdite riguardano un «cosa», un «dove» e un «come», hanno a che fare con la sofferenza delle persone, e ciò dovrebbe essere tenuto in considerazione. Inoltre, ci si dovrebbe chiedere se tali perdite possono essere sopportate o se possono essere reversibili[29].

Lo studio sviluppa un'analisi sistematica e comparativa dei danni e delle perdite connessi con il clima (indipendentemente se questi siano stati o meno causati dal cambiamento climatico di natura antropica). Sulla base di oltre cento casi presi in esame, di natura diversa e provenienti da tutto il mondo – dalle ondate di caldo, alla siccità, all'innalzamento dei mari –, lo studio mette in evidenza le perdite subite nel contesto della vita quotidiana. Vengono, quindi, prese in considerazione perdite che hanno a che fare con cose tangibili come la salute fisica e mentale o i terreni agricoli, ma anche beni immateriali come l'identità e le tecniche culturali. Con il titolo degno di nota di *One thousand ways to experience loss* («Mille modi di sperimentare la perdita e il danno»), questo studio si presenta esplicitamente come un campanello d'allarme evidenziando i contorni morali ed etici della questione e ponendo al centro il tema della giustizia climatica. L'urgenza di sostenere i piú deboli è palese, perché sono loro a subire le perdite, ma altrettanto urgente risulta evitare danni futuri con misure di adattamento adeguate. Lo studio si conclude sostenendo che le riparazioni dovrebbero essere assicurate in modo tale da promuovere attivamente la solidarietà sociale e le pratiche culturali.

Mostra, inoltre, quanto sia sbagliato descrivere come accidentali e meno significative le perdite e i danni non materiali, non economici. Un atteggiamento che permette di accantonarli, quasi come se fossero una distrazione rispetto ai fattori quantificabili, che possono essere affrontati con misure politiche (dall'alto verso il basso). Gli esempi utilizzati sono molto reali: mandrie di renne della Lapponia che muoiono a causa di nuovi parassiti, la solitudine degli uomini in Siberia e Nigeria quando le donne lasciano le fattorie per lavorare nelle città perché i terreni agricoli sono stati distrutti, l'abuso di alcol e la violenza come reazione allo scioglimento di un ghiaccio marino, che rende impossibile viaggiare e cacciare, ma anche il trauma dei sopravvissuti costretti a guardare inermi persone e animali morire a causa di un'inondazione o di un incendio. Non è possibile trattare tutti questi esempi come dei casi isolati. Si tratta di perdite intrinseche, che non appaiono nelle polizze assicurative e non sono incluse nei calcoli costi-benefici. La misura di tali perdite non quantificabili può essere infinitamente grande, e il fatto che siano difficili da calcolare non significa che non possano essere prese in considerazione e ponderate.

La prima cosa da fare è riconoscere effettivamente che il cambiamento climatico distrugge le strutture sociali e culturali. Prenderne atto porterebbe anche ad ammettere che è una delle conseguenze dello stile di vita colonial-fossile, basato sullo sfruttamento di molti a beneficio di pochi. Ed è questa la motivazione per includere il tema dei danni e delle perdite nei negoziati dell'Onu. Naturalmente, in ultima analisi, si tratta anche di denaro, l'unica valuta in grado di mostrare un reale riconoscimento del problema, che può essere utilizzato per finanziare progetti volti a ridurre la vulnerabilità e ad aiutare nella ricostruzione.

Il livello coloniale e patriarcale del problema.

L'inclusione di misure efficaci che riguardano i danni e le perdite non è stata finora esattamente un successo, e non solo nei negoziati sul clima dell'Onu. Anche in campo scientifico. L'Ipcc pubblica regolarmente relazioni sulle piú recenti conoscenze in merito al cambiamento climatico causato dall'uomo. Per produrre queste relazioni, gli scienziati e le scienziate esaminano, interpretano e riassumono tutte le pubblicazioni sull'argomento, pubblicazioni che hanno già superato un processo di revisione tra pari.

Queste relazioni, quindi, possono contenere solo affermazioni riguardanti aspetti del problema che sono stati oggetto di una ricerca accademica. Non esistono, però, studi concernenti le scienze naturali che abbiano al loro interno l'espressione «danni e perdite», che non può dunque trovare alcun posto nei relativi rapporti stilati[30]. In parte dipende dal fatto che la maggior parte degli scienziati e delle scienziate si vede come «neutrale», e di conseguenza considera la propria ricerca priva di qualsiasi connessione con l'ambito politico. Per me questa idea è solo un'illusione.

Il secondo problema riguarda la struttura completamente colonialista e patriarcale del mondo scientifico e dell'Ipcc stesso. A prima vista il rapporto tra autori del Sud (38 percento) e autori del Nord globale (62 percento)[31] sembra promettente, ma solo se l'obiettivo è la parità percentuale. Ma il nostro metro di misura dovrebbe essere la distribuzione della popolazione mondiale, perché in tal caso il rapporto sarebbe intorno ai sette autori del Sud per uno del Nord.

La rappresentanza e, ancor di piú, la partecipazione paritetica consentirebbero di produrre una scienza con una rilevanza politica orientata verso le circostanze della vita reale. Gli scienziati e le scienziate del Sud globale, però, non sono spesso nelle condizioni di poter partecipare alla ricerca e al dibattito scientifico, perché per farlo avrebbero bisogno di accedere a riviste di settore costose – l'accesso a tutte le riviste accademiche pubblicate da Elsevier può costare fino a 1,2 miliardi di dollari americani[32]. Inoltre, avrebbero bisogno di una connessione a internet ad alta velocità, attiva ventiquattr'ore su ventiquattro per partecipare alle riunioni e condurre tutte le ricerche necessarie. Molte istituzioni accademiche del Sud globale non dispongono di risorse del genere[33]. La letteratura scientifica è dominata dai paesi del Nord, e non solo per il numero di articoli presentati. Anche nella scienza climatica, per quel che riguarda i modelli e gli scenari di base, non ce n'è uno che sia stato sviluppato in Africa: il che significa che in definitiva non esiste alcun modello climatico *per* l'Africa.

La cecità e il pregiudizio che attraversano la ricerca scientifica prodotta in Europa e negli Usa diventano ancora piú evidenti quando osserviamo gli scenari socioeconomici futuri sui quali si basano tutti i calcoli relativi alle emissioni e di conseguenza anche quelli relativi alla loro diminuzione. Le istituzioni che li delineano si trovano in Germania, Austria, Svizzera, Usa, Paesi Bassi, Belgio e Giappone. Di conseguenza, gli scenari di riduzione delle emissioni partono da quelle che in una pubblicazione recente vengono denominate «Assunzioni estremamente problematiche sull'economia mondiale»[34]. E presuppongono come standard un elevato consumo energetico e una continua crescita economica dei paesi ricchi fino al 2100. La crescita ininterrotta degli stati del Nord globale si accorda con gli obiettivi dell'accordo di Parigi, presupponendo un consumo energetico limitato nel Sud. Si fanno, inoltre, «vere e proprie speculazioni anche sui progressi tecnologici, presentandone un impatto che non è supportato dalla letteratura empirica»[35]. L'idea molto popolare tra le personalità politiche del Nord (anche in Germania e Gran Bretagna), secondo cui saremo in grado di inventare una qualche tecnologia capace di rimuovere CO_2 dall'atmosfera, sembra cosí allettante agli occhi di studiosi e studiose occidentali che anche loro rifiutano il realismo scientifico e finiscono per farne uso. E ciò nonostante numerosi studi dimostrino chiaramente che non è possibile nel lasso di tempo entro il quale le emissioni dovrebbero diminuire.

Anche se questi scenari non sono direttamente rilevanti per l'analisi dei danni e delle perdite, sono sintomatici del sistematico svantaggio di tutti coloro che non hanno storicamente tratto profitto dalla combustione dei combustibili fossili. Questo dimostra quanto la ricerca scientifica sia bloccata nella narrazione colonial-fossile, in particolare le scienze naturali, che prestano troppa poca attenzione ai valori etici.

Anche se il compito di definire e misurare le perdite e i danni può costituire una sfida ardua e insidiosa, ciò non significa che il tema è troppo complesso per essere affrontato sia a livello scientifico sia a livello politico: deve essere inserito nelle politiche globali di protezione del clima, perché le perdite e i danni crescenti, come quelli che si sono verificati in vaste zone del Pakistan nel 2022, minacciano la vita cosí come la conosciamo da centinaia di anni.

Un punto di rottura?

Come abbiamo detto in alcune pagine precedenti, alla conferenza sul clima del 2022 la voce «Danni e perdite» è stata per la prima volta ufficialmente all'ordine del giorno, ed è stato deciso di istituire un fondo che dovrebbe mettere a disposizione un aiuto finanziario per i paesi piú vulnerabili. Finora resta solo un passo retorico. Non è infatti chiaro quali paesi debbano contribuirvi, quali possano accedere ai finanziamenti, e quanti soldi questo fondo dovrebbe contenere. Ancora una volta, tutte queste domande sono state rinviate. La sola cosa concreta è stata la nomina di un comitato transitorio che chiarirà le questioni aperte[36], e a cui è stato affidato il compito di presentare le proprie proposte durante la Cop28 (la ventottesima conferenza internazionale sui cambiamenti climatici) negli Emirati Arabi Uniti alla fine del 2023[37]. Quando questo libro sarà pubblicato la Cop28 si sarà già svolta ma, a parte alcuni accordi minori, molte delle domande poste nel novembre 2022 sembrano destinate a rimanere senza risposta. Ancora una volta, si dichiarerà semplicemente che occorre agire con urgenza e che per farlo c'è bisogno di denaro[38].

Tuttavia, e a ragione, la risoluzione di istituire un fondo specifico per i danni e le perdite è stata lodata come un importante passo avanti, perché ciò significa almeno il riconoscimento di un argomento per il quale il Nord globale ha delle chiare responsabilità. Non è certo che questo accetti pienamente le responsabilità anche sul piano finanziario, e se guardiamo alle altre risoluzioni della conferenza sul clima del 2022 (come di quasi tutte le altre), emerge che la giustizia internazionale non è l'obiettivo primario di chi porta avanti le trattative per conto degli Usa e dell'Europa. Anche altri stati con vaste ricchezze petrolifere, come gli organizzatori della conferenza del 2023, non nascondono affatto i propri interessi. Il sultano al-Jaber, ceo dell'Abu Dhabi National Oil Company (Adnoc), è stato nominato presidente della Cop28.

Durante i preparativi della conferenza sul clima del 2022, l'India ha attirato molte critiche pubbliche per aver annacquato la strategia per l'abbandono graduale dei combustibili fossili parlando, invece, di una fase di riduzione, quindi di una diminuzione graduale della combustione del carbone, ma lasciando indeterminata la questione di un completo abbandono. Tuttavia, l'India ha poi cambiato rotta, forse sospinta dalla drammatica ondata di caldo del 2022. Il primo giorno di colloqui ha richiesto l'eliminazione graduale di tutti i combustibili fossili e ha ricevuto il sostegno di molti altri paesi, tra cui l'Ue, il Regno Unito e persino l'Australia e gli Stati Uniti. I paesi del Nord globale sono riusciti a introdurre di nascosto alcune restrizioni suggerendo l'introduzione dell'espressione «combustibili fossili non abbattuti»[39], che permette ancora una volta di scommettere sui sogni delle tecnologie future, anziché abbandonare una volta per tutte l'energia fossile[40]. Al termine della conferenza non è stata adottata alcuna effettiva risoluzione. Ma mentre l'India aveva inizialmente (e giustamente) attirato molte critiche da parte dei media, non ha ricevuto alcun elogio per il suo cambiamento di rotta, proprio come gli stati del Nord globale non sono stati criticati per aver modificato la formulazione degli accordi presi.

I media hanno focalizzato l'attenzione sulla mancanza di progressi nelle misure per rispettare l'obiettivo di 1,5°, mentre il mancato accordo su una risoluzione riguardante lo smantellamento dei combustibili fossili non ha quasi per nulla destato interesse: una prova della persistenza della narrazione colonial-fossile. Forse negli ultimi anni sono iniziate a formarsi le prime crepe all'interno di questo racconto, ma è chiaramente ancora la cornice al cui interno agiamo e dunque pensiamo. C'è da dire, quindi, che gli oltre seicento tra lobbisti e lobbiste dell'industria dei combustibili fossili che hanno partecipato alla conferenza sul clima hanno fatto un buon lavoro.

Ci sono certamente molte ragioni per criticare il governo indiano di Narendra Modi, in particolare quando si tratta di diritti umani e libertà religiosa. Eppure l'India sembra aver riconosciuto quanto sia alto il prezzo da pagare se si resta all'interno del quadro colonial-fossile e sembra voler guidare il cambiamento, almeno a livello internazionale. Lo stesso vale per il Pakistan che, come ex presidente dell'organizzazione intergovernativa delle Nazioni Unite denominata G77, ha svolto un ruolo significativo per far sí che venisse accettato il tema dei danni e delle perdite all'interno dei negoziati. Gli eventi in Pakistan nel 2021 e nel 2022 hanno mostrato al mondo in modo inequivocabile, ancora una volta, la portata che possono avere i danni e le perdite connessi al clima. La promessa di istituire un fondo è stata una vittoria importante nella lotta di tutti i popoli e le nazioni che pur non essendo stati storicamente responsabili del cambiamento climatico ne pagano comunque il prezzo, come una grande percentuale della popolazione pakistana.

Alcuni dubitano anche che attirare cosí tanta attenzione su un tema politicamente cosí problematico costituisca un passo avanti per la giustizia climatica. Secondo tali voci critiche si rischia di distogliere l'attenzione dal tema dell'adattamento, al quale viene già data troppa poca importanza e per il quale i soldi promessi non sono ancora stati messi a disposizione. Se si promettono ora fondi per i danni e le perdite, si ridurrebbero ulteriormente le probabilità di vedere finanziate le misure di adattamento. Guardando gli ultimi ventisette negoziati sul clima, non si può escludere tale possibilità. Penso, tuttavia, che un tale modo di pensare finisca per rimuovere la questione fondamentale della giustizia. Se la posta in gioco è cambiare il mondo, è importante che il tema dei danni e delle perdite abbia la stessa rilevanza dell'adattamento e della transizione a un mondo a emissioni zero. L'obiettivo è di dare ai paesi a basso reddito risorse finanziarie sufficienti, non solo di tenerli buoni con impegni verbali. Si tratta di un punto centrale e da affrontare con urgenza, come evidenziato, attraverso l'uso di una metafora, da Harjeet Singh della Rete per l'azione climatica (Climate Action Network): «A qualcuno che sta affogando, noi [l'Onu] diciamo: "Non possiamo aiutarti ora, ma se sopravvivi potremmo [teoricamente] aiutarti a prepararti per il prossimo disastro"»[41].

Coloro che prendono parte ai negoziati sul clima globale cercano di ottenere consenso e collaborazione, motivo per cui risulta costantemente difficile raggiungere obiettivi comuni. Siamo completamente abituati a pensare all'interno di una logica del compromesso, ma se guardiamo le cose piú attentamente dovremmo provare una forma di spiazzante imbarazzo. Alla fine, tutti i paesi dovrebbero concordare sul fatto che i diritti umani universali sono il piú grande obiettivo comune dell'umanità. E io non sono certo l'unica che con il proprio lavoro quotidiano evidenzia la misura con cui il cambiamento climatico violi i diritti umani alla vita, alla salute, alla cultura e all'appagamento personale. La conferenza sul clima delle Nazioni Unite ne è altrettanto a conoscenza, dato che è proprio all'interno di tali conferenze che vengono analizzati con attenzione i rapporti dell'Ipcc.

E anche se nel XX secolo può essere stato fatto qualche progresso, la cornice colonialista inquadra ancora in parte le Nazioni Unite. Una cornice che è venuta allo scoperto ancora una volta nella battaglia per la distribuzione dei vaccini durante la pandemia da Covid-19.

In un paese come il Bangladesh, che spesso soffre a causa di drammatiche alluvioni, la popolazione è molto consapevole delle conseguenze del cambiamento climatico e della responsabilità storica dei paesi del Nord globale. Alla luce dei lenti progressi compiuti dalla politica internazionale, il Bangladesh si trova in una posizione d'avanguardia ed è il primo stato al mondo ad aver istituito un proprio programma per affrontare i danni e le perdite[42]. Nel frattempo, un altro approccio è stato avviato dal Gruppo africano per la capacità di gestione del rischio (Community Managed Disaster Risk Reduction, Cmdrr), che finanzia i rischi aggiuntivi derivanti dal cambiamento climatico utilizzando gli aiuti internazionali – provenienti principalmente da Regno Unito, Germania, Svezia, Svizzera, Canada e Francia – invece di servirsi dei premi dei clienti assicurati[43]. Anche se a prima vista potrebbe sembrare una buona soluzione servirsi dei premi assicurativi, cosí facendo il tema del risarcimento e delle riparazioni sarebbe oscurato, e il problema vero e proprio non sarebbe preso in considerazione dal momento che le assicurazioni climatiche si concentrano solo sui danni futuri e non su quelli già subiti. E anche se possiamo certamente accusare un paese come il Pakistan di non aver imparato abbastanza dalle drammatiche inondazioni del 2010, ciò non cambia il fatto che la colonizzazione e il cambiamento climatico causato dall'essere umano hanno contribuito ai danni e alle perdite subiti. Lasciare il Pakistan da solo a pagare per questi danni non sarebbe solo moralmente sbagliato e iniquo in sé, ma a lungo termine finirebbe per consolidare un mondo sempre piú ingiusto.

Capitolo decimo
E adesso?

Questo è un libro sul clima e sul meteo. Eppure al suo interno si parla anche di povertà, sessismo, razzismo, arroganza, ignoranza, potere. Gli esempi sui quali mi sono soffermata sono spesso strazianti, anche se due delle conseguenze piú drammatiche del cambiamento climatico vengono solo sfiorate: la guerra e la migrazione di massa. Ci sono molte ragioni per non aver affrontato in modo diretto ed esteso questi due temi. In primo luogo, rintracciare e ricostruire le catene causali è altamente complesso, e raramente risulta chiaro se e in che misura i cambiamenti a livello climatico giochino o abbiano giocato un ruolo nello scoppio di un conflitto o nella decisione di abbandonare il proprio paese. Se il cambiamento climatico si manifesta in un'ondata di caldo che distrugge i raccolti, tutte le persone che dipendono da tali raccolti non hanno piú a disposizione alcun mezzo economico di sostentamento, e senza denaro non è possibile neanche emigrare. Come abbiamo visto nel caso del Madagascar, il cambiamento climatico può allora essere una delle cause che portano a poche, locali migrazioni. Vi sono, poi, anche casi in cui le persone emigrano semplicemente perché si prevedono cambiamenti climatici negativi. Il fatto che il clima stia cambiando, anche se gli effetti non possono ancora essere avvertiti direttamente, per esempio sta costringendo i produttori di vino della Gran Bretagna o le persone impegnate in lavori agricoli connessi alla produzione del latte a spostare le loro attività in altri paesi o a cambiare professione. Se le cose andranno bene, tutto ciò si tradurrà in una vita migliore e di maggiore successo, ma spesso può essere difficile sopravvivere in una grande città. Di norma, una scelta cosí importante come l'emigrazione si compie per molte ragioni e a volte le persone non sono neanche consapevoli di tutti i fattori che le hanno spinte a partire.

Per quanto riguarda il tema della guerra, la ricerca delle cause presenta delle difficoltà ancora maggiori. Nel maggio del 2023 nella Repubblica Democratica del Congo e in Ruanda sono morte piú di seicento persone a causa delle forti precipitazioni. O per lo meno cosí sono state presentate le cose nei rapporti di media locali e delle organizzazioni umanitarie[1]. Ma i dati meteo per il Ruanda ci dicono che le forti piogge hanno avuto inizio quando la maggior parte di quelle persone aveva già perso la vita a causa di inondazioni e valanghe. Ciò significa che deve essere piovuto molto sul lato congolese nei giorni precedenti. Ma non ci sono dati meteorologici che ci dicono esattamente quando e dove. La zona colpita (intorno al lago Kivu) ha una lunga storia di conflitti e instabilità influenzate dal colonialismo. La regione ha ancora oggi gravi problemi di sviluppo nelle infrastrutture e nel settore dei servizi. Nel 2023 violenti scontri tra gruppi statali e non statali hanno portato a un importante sfollamento a sud del lago sia nella Repubblica Democratica del Congo che nel Ruanda occidentale. Gli sfollati vivono in condizioni difficili, all'interno di rifugi improvvisati, il che li rende particolarmente vulnerabili alle conseguenze di un evento meteorologico estremo. Le inondazioni del 2023 hanno danneggiato le già carenti e precarie infrastrutture idriche, sanitarie e igieniche e distrutto i campi agricoli, aumentando l'insicurezza alimentare e innescando focolai di malattie come il colera. Migliaia di persone sono fuggite dalla regione.

Come si è arrivati a una situazione del genere? La deforestazione per favorire gli insediamenti abitativi, l'agricoltura e l'estrazione mineraria hanno portato a una grave erosione del suolo intorno al lago, aumentando il rischio di frane. Il governo, già poco efficiente, è cosí impegnato a gestire i conflitti sociali che ha a malapena il tempo di applicare le norme edilizie, urbanistiche e di uso del suolo. Nelle miniere congolesi materiali rari vengono estratti per la produzione globale di batterie e altri componenti nel settore tecnologico, in particolare per le energie rinnovabili. Ma le foreste, che stanno scomparendo a vista d'occhio, sono un importante serbatoio per il carbonio prodotto principalmente dalla combustione di carbone, petrolio e gas nel Nord globale.

Nella regione intorno al lago Kivu si intrecciano molti dei fattori che causano disuguaglianza e ingiustizia. Gli effetti degli eventi meteorologici estremi sono amplificati dall'estrazione mineraria, che contribuisce al deterioramento della qualità del suolo e dell'acqua, favorisce lo sfruttamento della forza lavoro e alimenta i conflitti sociali. Ma come nella maggior parte delle zone attraversate da tensioni di lungo corso i dati (sul meteo, il clima e le condizioni di vita) sono scarsi. Il mio campo di ricerca e la scienza di cui mi occupo dipendono dai dati, per questo non è possibile concentrarsi davvero sulla relazione tra clima, guerra e conflitti. Se fosse documentata, sarebbe un'ulteriore prova che il cambiamento climatico è molto di piú il risultato della narrazione colonialfossile che un mero problema di fisica. Le condizioni nelle miniere congolesi e il loro impatto negativo sulla regione ribadiscono ancora una volta che fermare il riscaldamento globale non è affatto sufficiente.

Che tu stia leggendo un lavoro accademico o guardando il telegiornale, il nostro mondo, per via del processo di surriscaldamento, è una fonte quasi costante di notizie connesse con il cambiamento climatico. E cosí, chiunque si trovi in uno stato d'animo cupo e preoccupato avrà sempre a portata di mano una notizia o dei dati utili per cadere in una crisi esistenziale o farsi prendere dal panico. Allo stesso tempo il partito di destra tedesco Afd, che ha fatto della negazione del cambiamento climatico uno dei punti chiave della sua agenda politica, sta ottenendo risultati record[2] e un'ampia porzione della popolazione tedesca trova le azioni del gruppo Ultima Generazione esagerate o sbagliate[3], nonostante pretendano soltanto che siano rispettati gli impegni assunti dalla Germania con la ratifica dell'accordo di Parigi. Allo stesso tempo i tedeschi considerano il cambiamento climatico come il problema piú importante della nostra epoca[4]. Come si concilia tutto questo?

Evidentemente molte persone in Germania hanno paura del cambiamento climatico, ma allo stesso tempo non sono disposte a fare nulla al riguardo. Non appena gli attivisti e le attiviste come le persone che animano Ultima Generazione fanno notare questa contraddizione, o non vengono capiti o ricevono risposte ostili. In altri paesi del Nord europeo e globale le due narrazioni dominanti si presentano in modo molto simile. Da una parte, «il cambiamento climatico è una catastrofe inarrestabile che presto distruggerà l'umanità» e, dall'altra, «anche il piú cauto tentativo di cambiare lo *status quo* è un attacco alla libertà personale». Di fronte a queste due convinzioni inconciliabili, finiamo per seppellire la testa nella sabbia mentre ci aggrappiamo, contro ogni ragione, allo stato attuale delle cose. Ma tutto ciò ha ben poco a che fare con la realtà del cambiamento climatico, e ancor meno con quello di cui le persone hanno bisogno per condurre una vita decente. Oggi consideriamo inaccettabile rinunciare all'uso dell'automobile, ma questo non ha nulla a che fare con le nostre esigenze piú intime e ancor di meno con la comodità. È un'esigenza prodotta dalla lobby automobilistica, che ha agito senza alcun riguardo rispetto al clamore delle proteste da parte di persone che vorrebbero città piú vivibili e prive di gas di scarico o rumore[5]. Inoltre, numerosi studi mostrano con una chiarezza impressionante che il Pil è un parametro di riferimento assolutamente inadeguato per stimare la qualità della vita. Già nel 1968 Robert Kennedy sosteneva che il Pil di un paese «misura tutto, eccetto ciò che rende la vita veramente degna di essere vissuta»[6]. Ma oggi, decenni dopo, la prassi politica è ancora condotta come se l'unica cosa che conta in una società sia massimizzare i profitti per pochi eletti. Tra il 1930 e il 1980 il Pil è cresciuto e la qualità della vita è migliorata per tutti. Da allora la qualità della vita è migliorata solo per una piccola fetta di popolazione ricca, mentre la disuguaglianza è aumentata nella società nel suo complesso. Un processo iniziato prima ancora della pandemia e dell'invasione dell'Ucraina da parte della Russia, anche se di certo questi due eventi hanno contribuito a rendere la situazione ancora piú drammatica[7].

Il fatto di esser costretti a vivere la nostra intera vita all'interno della cornice narrativa colonial-fossile dettata da una manciata di lobby, cosí da massimizzare il profitto di pochi e allo stesso tempo generare svantaggi per tutti gli altri – in particolare per i poveri, i meno istruiti, i non bianchi e soprattutto per le persone che abitano i paesi del Sud globale –, genera in me un senso di rabbia. Ma l'ira di per sé è inutile, cosí come è inutile sapere che siamo stati indottrinati dalle lobby industriali per decenni. Quello che ci manca non è la conoscenza. Sappiamo tutto sulle strategie dell'industria. Sono state provate e testate su tabacco, automobili, pesticidi, piombo, carbone, gas e petrolio. Eppure molti giornalisti e giornaliste mi chiedono, ancora e ancora, perché non stiamo facendo nulla contro il cambiamento climatico. Alcuni trovano la mia risposta banale. Per coloro che non sono abituati a sottoporsi alla fatica dell'esame critico delle proprie convinzioni e dei propri comportamenti potrebbe anche sembrare una teoria complottista. Quindi cosa dobbiamo fare per far sí che cambi qualcosa? A mio parere, abbiamo bisogno di dar forma a nuove cornici narrative e iniziare a raccontare storie migliori. Le narrazioni sono incredibilmente potenti eppure a crearle e a istituirle sono le persone.

Nel dibattito tedesco sul clima una posizione centrale è occupata dai cosiddetti punti di non ritorno; si tratta di elementi del sistema climatico che in determinate circostanze, quando la temperatura globale supera una certa soglia, subiscono cambiamenti irreversibili. Al momento possiamo solo stimare in modo approssimativo le temperature a cui si verificherebbero questi processi. Il passaggio vero e proprio da una condizione a un'altra non avviene all'improvviso, ma secondo un processo, appunto irreversibile, che dura decenni o secoli. Quando esattamente questi punti di non ritorno saranno superati è irrilevante per le misure che dobbiamo (dovremmo) prendere oggi stesso. Anche se questi punti di non ritorno non esistessero affatto, i cambiamenti causati dalle emissioni di gas a effetto serra sono già cosí drammatici che non c'è alcuna giustificazione economica o etica per non porre immediatamente fine all'uso dei combustibili fossili. L'esistenza di punti di non ritorno può costituire un ulteriore argomento per sbrigarsi, ma questi non sono cruciali per le decisioni concrete che vanno prese nell'immediato. Di certo hanno una funzione quando si tratta di diffondere la paura. Ecco perché i media amano parlarne. La paura vende, ma non ispira le persone ad agire. L'unico effetto che produce è quello di paralizzare per lo shock. Quindi parlare di punti di non ritorno non è utile quando si cerca di sostituire il racconto colonial-fossile con un'altra cornice narrativa.

L'attenzione, invece, dovrebbe essere rivolta verso le vite e le storie di Tema e Tamaria, Manuela e Jasmine, e Iracadju Ka'apor. In altre parole, l'attenzione dovrebbe essere rivolta a come il cambiamento climatico colpisce davvero le persone. Ciò vale sia per i media sia per la comunità scientifica, che tende a concentrarsi troppo sulle cause omettendo i veri danni: le morti, le colture decimate e le case distrutte. Sul versante delle cause vengono, di contro, effettuati regolarmente degli inventari che riguardano le emissioni a livello nazionale e sono concordate norme standard per la loro misurazione. Possiamo paragonare la situazione nella quale ci troviamo con una scena del crimine: sappiamo esattamente quali armi sono state comprate e usate e sappiamo anche chi lo ha fatto, sappiamo quali munizioni sono state sparate e da chi. Ma le vittime della sparatoria non vengono prese in considerazione, in molti casi sono proprio ignorate, e nessuno si preoccupa di mettere al sicuro i bossoli o le impronte digitali per usarli come prova. Solo se si verifica un massacro particolarmente sanguinoso, allora ci sarà anche un breve clamore dei media, ma nulla cambierà. Il cambiamento climatico segue uno schema simile. Non esistono norme concordate a livello globale per la misurazione o la registrazione sistematica dei danni. Le prove presentate in questo libro sono ancora costituite da casi individuali, e non esistendo una panoramica sistematica dei danni e delle perdite è estremamente difficile confrontare le diverse prove parziali. Ciò significa che i danni causati dal cambiamento climatico possono essere sovrastimati o minimizzati a nostro piacimento. Spesso è quest'ultima opzione a prevalere e le prove scientifiche disponibili sono solitamente viste e analizzate attraverso la lente colonial-fossile. Tornando alla similitudine della scena di un crimine, i colpevoli potrebbero anche essere costretti a cambiare le armi di tanto in tanto, ma nessuno li disturba, mentre il numero delle vittime aumenta costantemente. Le lobby che rappresentano i colpevoli raccontano storie per distrarci dai cadaveri che vengono portati via e rendere plausibile quanto sia benefico l'uso delle armi per l'umanità. Sembra assurdo, vero?

Quando incontriamo una nuova cornice narrativa, di solito questa suona come completamente assurda. Ancora a marzo del 2020 non avrei potuto immaginare che il mio governo mi avrebbe di lí a poco vietato di lasciare il paese. Un mese dopo questa è diventata una risposta ovvia a una pandemia globale. In poche settimane qualcosa che avevamo a lungo considerato assurdo era diventata la normalità e non potevamo immaginare di averlo creduto strano. Le nuove cornici narrative spesso impiegano piú tempo per affermarsi. Nel XIX secolo l'idea che le donne fossero persone a pieno titolo era generalmente considerata una sciocchezza scandalosa. Era un fatto irrefutabile che gli uomini fossero forti e le donne inferiori «per natura», e qualsiasi prova scientifica del contrario (sia riguardante gli ominidi sia le altre specie animali) veniva ignorata. Ed è anche per questo che abbiamo ancora un'idea completamente fuorviante di come la riproduzione e l'evoluzione funzionano; gli organi riproduttivi, le strategie di selezione di un partner e la chimica del cervello delle femmine di animali sono stati studiati (se e quando è stato fatto) con l'ipotesi incontestata che fossero a prescindere tutte passive e materne. Ragni e api sono stati visti come anomalie evolutive e non come qualcosa che avrebbe dovuto mettere in discussione l'idea del «maschio forte» e della «femmina passiva». La scienza sta lentamente scoprendo quanto si sia sbagliata e quante cose siano sfuggite in centocinquant'anni di biologia evolutiva a causa della nostra mancanza di comprensione del sesso femminile, con risultati interessanti, ad esempio, su lemuri, iene, albatros e gechi[8]. Probabilmente dovremo aspettare ancora un po' di tempo perché queste informazioni trovino spazio anche nei documentari sulla natura e sui regni animali. Ma la storia sta lentamente cambiando. Oggi viviamo all'interno di un racconto in cui le donne hanno diritti e capacità uguali a quelli degli uomini, e iniziamo a vedere che il binarismo di genere non è una descrizione cosí accurata di come stanno le cose. Naturalmente si continua a tentare di minare l'idea stessa di uguaglianza, ma ormai è possibile farlo solo esercitando una violenza brutale, come in Iran o in Afghanistan.

Sarà possibile intraprendere azioni efficaci contro l'ingiustizia climatica solo quando riusciremo a raccontare storie migliori di quella incentrata sulla paura dei punti di non ritorno, sul non volare mai piú, eccetera. E migliori anche di quella che delinea un ipotetico tornare indietro a prima della globalizzazione. Abbiamo bisogno di narrazioni costruttive e potenti che aiutino a smantellare la disuguaglianza strutturale.

Cosa succederebbe se seguissimo l'esempio della scrittrice e attivista Rebecca Solnit e raccontassimo la storia al contrario, dicendo che non nel passato ma proprio ora, nel presente, le nostre vite sono piene di difficoltà e privazioni, mentre la ricchezza e l'abbondanza devono ancora arrivare?[9]. Che ci crediate o no, è esattamente ciò che accadrebbe alla maggior parte delle persone se si mettessero in atto misure significative per affrontare il cambiamento climatico: una migliore qualità della vita, migliori condizioni di salute, maggiore libertà di essere chi vogliono essere, case migliori, piú farfalle e piú api... La sola ragione per cui questo sembra assurdo è perché abbiamo una visione del tutto distorta di ciò che significano privazione e abbondanza. Non mancano gli studi e le informazioni che ci dimostrano quanto piú vivibile sarebbe un mondo con città piú verdi, case con un migliore isolamento termico, piú libertà di movimento, sistemi sociali funzionanti e maggiore biodiversità. Eppure ci opponiamo emotivamente a tutto questo e percepiamo ciò che si discosta dalla narrazione colonial-fossile come un sacrificio, un attacco ai nostri valori, alla nostra cultura, alle nostre tradizioni.

La parola «noi» sta giocando una difficile partita all'interno di queste frasi. Io spero che molte delle persone che leggeranno queste parole stiano sognando – proprio come me – che tutti i veicoli privati svaniscano durante la notte (sostituiti, naturalmente, da una rete di trasporti pubblici ben strutturata). Ma tutti siamo stati socializzati attraverso questa vecchia cornice narrativa. Sia in Germania sia nel Regno Unito è possibile vedere la forza di questa narrazione nelle reazioni aggressive contro gli attivisti e le attiviste per il clima.

Se vogliamo cambiare qualcosa, dobbiamo fare di piú che spiegare le cose e diffondere informazioni; abbiamo bisogno di raccontare storie migliori, che siano cosí potenti da sovrastare quelle raccontate dalle aziende piú influenti del mondo. Sembra un compito arduo perché, come ho cercato di mostrare, riguarda tutti i livelli della società. Ma questo libro cerca di offrire una possibile soluzione. Quindi sta a noi. Possiamo dipingere scenari catastrofici, cadere nel panico e arrenderci, o possiamo renderci conto che ci sono molti ambiti che richiedono miglioramenti e abbiamo un'ampia capacità di agire in modo specifico per affrontarli. Il cambiamento climatico non è una catastrofe dinanzi alla quale dobbiamo nascondere la testa sotto la sabbia, ma al contrario è un motivo per cambiare le cose e per farlo tutti insieme.

Al momento «noi» non siamo cosí tanti, e abbiamo un'influenza limitata sui gruppi che hanno potere all'interno della società. È frustrante vedere come la maggior parte della domanda di combustibili fossili sia generata da campagne industriali furbe, accattivanti e generosamente finanziate che incoraggiano le persone a continuare a bruciare gas e petrolio. L'idea di diffondere vergogna e imbarazzo se si prende un volo potrebbe essere in ultima analisi alimentata dall'industria dei combustibili fossili, perché rafforza il pregiudizio che il consumo sia l'unico modo in cui un individuo può influenzare qualsiasi cosa, e che non c'è libertà senza combustibili fossili.

In queste circostanze è facile sentirsi impotenti e arrivare a chiedersi: cosa può fare un individuo? La risposta è: «Smetti di essere un individuo!» Questa è una delle idee chiave dietro ogni forma di cambiamento sociale e ogni protesta. Quando sempre piú persone iniziano a chiedere il cambiamento, questo alla fine diventa inevitabile. Per ventotto anni la Germania Est e la Germania Ovest sono state separate da un muro fatto di violenza e morte. Ciò che era iniziato con delle riunioni segrete è culminato in proteste sempre piú grandi, fino a che le pressioni esercitate dalla popolazione (accanto ai problemi economici del governo della Rdt e alle riforme nell'Unione Sovietica) hanno portato non solo alla caduta del muro di Berlino ma anche a quella dell'intero sistema politico di una dittatura. Questo è un buon modello non solo per gli sforzi congiunti da compiere nella lotta al cambiamento climatico in generale, ma pure per smantellare le storie che ne stanno alla base.

Vorrei potervi presentare un piano effettivo per il cambiamento. Cerco di mostrare e spiegare come il razzismo, il colonialismo, il sessismo e i mutamenti climatici siano collegati alla giustizia e come le svolte positive a un certo livello possano ricadere sugli altri. Per riuscire a comprendere e quasi toccare con mano tutto questo, e quindi per riuscire a immaginare un futuro migliore, abbiamo bisogno di storie raccontate sui giornali e nelle riviste, in televisione, nei romanzi, nei libri illustrati, nei teatri, nei cinema e anche nelle arti visive. Eppure quando visito la Tate Modern, una delle piú significative collezioni di arte contemporanea (che si trova, per un caso fortunato, a pochi passi da casa mia), sono entusiasta per gli allestimenti e le mostre temporanee ma resto un po' delusa per il fatto che quasi nessuna opera affronta il cambiamento climatico; allo stesso tempo le poche opere che lo fanno non sono buoni esempi del vero potenziale dell'arte. L'arte è bella e suggestiva, è emozionante e inquietante, e questo è ciò che la rende necessaria. L'arte è il contrario della rinuncia e della sconfitta, è ciò in cui troviamo rifugio per elaborare un trauma, ma anche per acquisire forza e comprendere qualcosa in piú sull'umanità. Grazie a Maya Angelou sappiamo tutti perché l'uccello in gabbia canta. Senza Toni Morrison la rielaborazione dell'esperienza della schiavitú negli stati del Sud non sarebbe diventata centrale per tutti gli Usa. Abbiamo bisogno dell'arte per immaginare mondi ideali e di eroine che lottino per crearli. Se il film *Barbie* riesce a mettere in discussione lo *status quo* patriarcale (indipendentemente se si pensi o meno che sia stato un film riuscito), chi si opporrà al superamento dell'idea che l'uomo della Mattel rappresenti uno stile di vita desiderabile?

Note

I. METTERE A FUOCO L'INGIUSTIZIA

[1] T. Cowan, S. Undorf, G. C. Hegerl, L. J. Harrington e F. E. L. Otto, *Present-day greenhouse gases could cause more frequent and longer Dust Bowl heatwaves*, in «Nature Climate Change», X (2020), pp. 505-10: https://www.nature.com/articles/s41558-020-0771-7.

[2] R. F. Stuart-Smith, G. H. Roe, S. Li *et al.*: *Increased outburst flood hazard from Lake Palcacocha due to human-induced glacier retreat*, in «Nature Geoscience», XIV (febbraio 2021), pp. 85-90: https://www.nature.com/articles/s41561-021-00686-4.

[3] Cfr. il sito: https://eur-lex.europa.eu/legal-content/IT/TXT/PDF/?uri=CELEX:22016A1019(01)&from=IT.

[4] Cfr. le note relative alla voce «pericolo» sul sito dell'Undrr: https://www.undrr.org/terminology/hazard.

[5] M. Zachariah, C. Barnes, F. E. L. Otto *et al.*: *Climate change exacerbated heavy rainfall leading to large scale flooding in highly vulnerable communities in West Africa*, in «World Weather Attribution», novembre 2022: https://www.worldweatherattribution.org/climate-change-exacerbated-heavy-rainfall-leading-to-large-scale-flooding-in-highly-vulnerable-communities-in-west-africa/.

[6] *Ibid.*

[7] M. Fernandes-Jesus, B. Barnes e R. Farias Diniz: *Communities reclaiming power and social justice in the face of climate change*, in «Community Psychology in Global Perspective», IV, (2020), n. 2, pp. 1-21: https://ray.yorksj.ac.uk/id/eprint/5518/.

[8] R. Knutti, J. Rogelj, J. Sedláček *et al.*: *A scientific critique of the two-degree climate change target*, in «Nature Geosci», IX (2016), pp. 13-18: https://www.nature.com/articles/ngeo2595.

[9] Cfr. A. Epstein, *How Fossil Fuels Cleaned Up Our Environent*, in «Forbes», 28 gennaio 2015: https://www.forbes.com/sites/alexepstein/2015/01/28/how-fossil-fuels-cleaned-up-our-environment/.

II. UN CONTINENTE FUORI DA OGNI PARAMETRO

[1] Cfr. l'articolo sul sito di Human Rights Watch: *Canada: Disastrous Impact of Extreme Heat*, in Human Rights Watch: Canada, 5 ottobre 2021:

https://www.hrw.org/news/2021/10/05/canada-disastrous-impact-extreme-heat.

[2] Cfr. l'articolo sul sito di West Coast Environmental Law: *Physicians, lawyers call on BC to investigate thousands of Heat Dome injuries*, in West Coast Environmental Law, 29 luglio 2021: https://wcel.org/media-release/physicians-lawyers-call-bc-investigate-thousands-heat-dome-injuries.

[3] Cfr. *Canada: Disastrous Impact of Extreme Heat* cit.

[4] Cfr. le informazioni turistiche su Lytton sul portale di viaggi BritishColumbia.com: https://britishcolumbia.com/plan-your-trip/regions-and-towns/vancouver-coast-mountains/lytton/.

[5] Cfr. l'articolo *Nach der Hitze kam das Feuer – Kanadische Ortschaft Lytton fast ganz abgebrannt*, in «Welt», 2 luglio 2021: https://www.welt.de/vermischtes/article232241267/Nach-der-Hitze-kam-das-Feuer-Kanadische-Ortschaft-Lytton-fast-ganz-abgebrannt.html.

[6] *Ibid.*

[7] Cfr. l'articolo sul sito di World Weather Attribution: *Western North American extreme heat virtually impossible without human-caused climate change*, in World Weather Attribution, 7 luglio 2021: https://www.worldweatherattribution.org/western-north-american-extreme-heat-virtually-impossible-without-human-caused-climate-change/.

[8] S. Y. Philip, S. F. Kew, F. E. L. Otto *et al.*, *Rapid attribution analysis of the extraordinary heat wave on the Pacific coast of the US and Canada in June 2021*, in «Earth System Dynamics», XIII (dicembre 2022), n. 4: https://esd.copernicus.org/articles/13/1689/2022/esd-13-1689-2022-discussion.html.

[9] D. Wallace-Wells, *Can You Even Call Deadly Heat «Extreme» Anymore?*, in «The New York Times», 17 maggio 2022: https://www.nytimes.com/2022/05/17/opinion/india-heat-wave-pakistan-climate-change.html.

[10] Undicesimo capitolo del sesto rapporto di valutazione dell'Ipcc, *Weather and Climate Extreme Events in a Changing Climate*, p. 11: https://www.ipcc.ch/report/ar6/wg1/downloads/report/IPCC_AR6_WGI_Chapter11.pdf.

[11] *Ibid.*

[12] Per l'India e il Pakistan consultare il World Weather Attribution: *Climate Change made devastating early heat in India and Pakistan 30 times more likely*, in World Weather Attribution, 23 maggio 2022: https://www.worldweatherattribution.org/climate-change-made-devastating-early-heat-in-india-and-pakistan-30-times-more-likely/; per l'Argentina il World Weather Attribution: *Climate change made record breaking early season heat in Argentina and Paraguay about 60 times more likely*, in World Weather Attribution, 21 dicembre 2022: https://www.worldweatherattribution.org/climate-change-made-record-breaking-early-season-heat-in-argentina-and-paraguay-about-60-times-more-likely/.

[13] Undicesimo capitolo del sesto rapporto di valutazione dell'Ipcc, *Weather and Climate Extreme Events in a Changing Climate* cit.

[14] J. E. Overland, *Causes of the Record-Breaking Pacific Northwest Heatwave, Late June 2021*, in «Atmosphere», XII (ottobre 2021): https://www.mdpi.com/2073-4433/12/11/1434; cfr. anche C. Wang, J. Zheng, W. Lin *et al.*, *Unprecedented Heatwave in Western North America during Late June of 2021. Roles of Atmospheric Circulation and Global Warming*, in «Advances in Atmospheric Sciences», XL (luglio 2022), pp. 14-28: https://link.springer.com/article/10.1007/s00376-022-2078-2.

[15] Cfr. l'articolo: *Physicians, lawyers call on BC to investigate thousands of Heat Dome injuries* cit.

[16] Cfr. L. J. Harrington, K. L. Ebi, D. J. Frame e F. E. L. Otto: *Integrating attribution with adaptation for unprecedented future heatwaves*, in «Climate Change», CLXXII (maggio 2022): https://link.springer.com/article/10.1007/s10584-022-03357-4.

[17] Cfr. Philip, Kew, Otto *et al.*, *Rapid attribution analysis of the extraordinary heatwave* cit.

[18] A. Vaidyanathan, J. Malilay, P. Schramm e S. Saha, *Heat-Related Deaths – United States, 2004-2018*, in «Morbidity and Mortality Weekly Report», LXIX (giugno 2020), n. 24, pp. 729-34: https://www.cdc.gov/mmwr/volumes/69/wr/mm6924a1.htm.

[19] K. R. Weinberger, D. Harris, K. R. Spangler *et al.*, *Estimating the number of excess deaths attributable to heat in 297 United States counties*, in «Environmental Epidemiology», IV (giugno 2020), n. 3: https://pubmed.ncbi.nlm.nih.gov/32613153/.

[20] Cfr. il report: *Heatwave mortality monitoring report: 2020*, aggiornato nel giugno 2020: https://www.gov.uk/government/publications/phe-heatwave-mortality-monitoring/heatwave-mortality-monitoring-report-2020; cfr. anche il rapporto fornito al coroner in capo della Columbia Britannica: *Extreme Heat and Human Mortality: A Review of Heat-Related Deaths in B. C. in Summer 2021*, giugno 2022: https://www2.gov.bc.ca/assets/gov/birth-adoption-death-marriage-and-divorce/deaths/coroners-service/death-review-panel/extreme__heat__death__review__panel__report. pdf.

[21] Cfr. l'articolo *Number of deaths due to hurricanes in the United States from 2000 to 2021*, in «Statista», dicembre 2022: https://www.statista.com/statistics/203729/fatalities-caused-by-tropical-cyclones-in-the-us/.

[22] K. S. Robinson, *Il ministero per il futuro*, Fanucci Editore, Roma 2020.

[23] Cfr. l'articolo: *Canada: Disastrous Impact of Extreme Heat* cit.

[24] K. Blaze Baum e M. McClearn, *Extreme, deadly heat in Canada is going to come back, worse than ever. Will we be ready?*, in «The Globe and Mail», 25 settembre 2021: https://www.theglobeandmail.com/canada/article-extreme-deadly-heat-in-canada-is-going-to-come-back-and-worse-will-we/.

[25] Cfr. Philip, Kew, Otto *et al.*, *Rapid attribution analysis of the extraordinary heatwave* cit.

[26] G. Johnson e S. Cline, *Northwest US faces hottest day of intense heat wave*, in «The Seattle Times», 28 giugno 2021: https://www.seattletimes.com/

seattle-news/oregon-washington-idaho-hang-on-for-hottest-day-of-intense-heat-wave/.

[27] M. Jones, A. Smith, R. Betts *et al.*, *Climate Change Increases the Risk of Wildfires*, in «ScienceBrief», 14 gennaio 2020: https://www.preventionweb.net/files/73797__wildfiresbriefingnote.pdf.

[28] Blaze Baum e McClearn, *Extreme, deadly heat in Canada is going to come back, worse than ever* cit.

[29] Cfr. F. Otto, *Wütendes Wetter,* Ullstein Buchverlage, Berlin 2019, cap. 9.

[30] Cfr. le raccomandazioni per la preparazione di piani d'azione contro il caldo del ministero federale tedesco dell'Ambiente, della Protezione della natura, dell'Edilizia e della Sicurezza dei reattori nucleari: https://www.bundesgesund-heitsministerium.de/service/begriffe-von-a-z/h/hitze-hitzeak-tionsplaene.html.

[31] J. Schwaab, R. Meier, G. Mussetti *et al.*, *The role of urban trees in reducing land surface temperatures in European cities*, in «Nature Communications», 12 novembre 2021: https://www.nature.com/articles/s41467-021-26768-w.

[32] R. Fuller, P. J. Landrigan, K. Balakrishnan *et al.*, *Pollution and health: a progress update*, in «The Lancet Planetary Health», VI (giugno 2022), n. 6, pp. 535-45: https://www.sciencedirect.com/science/article/pii/S2542519622000900.

[33] Cfr. Y. N. Harari, *Sapiens. Da animali a dèi: Breve storia dell'umanità*, trad. it. di G. Bernardi, Bompiani, Milano 2014.

[34] Comunicato stampa del 29 dicembre 2022 della società di proprietà di Ernst & Young Global Limited, EY-Organisation: https://www.ey.com/de__ch/news/2022-press-releases/12/us-companies-are-dominating-stock-exchanges-globally.

III. UN FANTASMA AFRICANO?

[1] S. S. Cordall: *«We can't endure this»: Migrants suffer in extreme Tunisian heat*, in «Al Jazeera», 24 luglio 2023: https://www.aljazeera.com/news/2023/7/24/we-cant-endure-this-migrants-suffer-in-extreme-tunisian-heat.

[2] Cfr. l'articolo sul sito di Human Rights Watch: *Canada: Disastrous Impact of Extreme Heat*, in Human Rights Watch: Canada, 5 ottobre 2021: https://www.hrw.org/news/2021/10/05/canada-disastrous-impact-extreme-heat.

[3] A. E. Manyuchi, C. Vogel, C. Y. Wright *et al.*, *The self-reported human health effects associated with heat exposure in Agincourt sub-district of South Africa*, in «Humanities and Social Sciences Communications», IX (2022): https://www.nature.com/articles/s41599-022-01063-1.

[4] S. Spencer, T. Samateh, K. Wabnitz *et al.*, *The Challenges of Working in the Heat Whilst Pregnant: Insights From Gambian Women Farmers in the Face of Climate Change*, in «Front Public Health», febbraio 2022: https://www.ncbi.nlm.nih.gov/pmc/articles/PMC8883819/.

[5] Cfr. il modo in cui il Cred si presenta all'interno del suo sito: https://www.cred.be.

[6] S. E. Perkins-Kirkpatrick e S. C. Lewis, *Increasing trends in regional heatwaves*, in «Nature Communications», XI (2020): https://www.nature.com/articles/s41467-020-16970-7.

[7] C. Mora, B. Dousset, I. Caldwell *et al.*, *Global risk of deadly heat*, in «Nature Climate Change», VII (2017), pp. 501-6: https://www.nature.com/articles/nclimate3322.

[8] C. Raymond *et al.*, *The emergence of heat and humidity too severe for human tolerance*, in «Science Advances», VI (maggio 2020): https://www.science.org/doi/10.1126/sciadv.aaw1838.

[9] J. Zscheischler, O. Martius, S. Westra *et al.*, *A typology of compound weather and climate events*, in «Nature Reviews Earth & Environment», I (2020), pp. 333-47: https://www.nature.com/articles/s43017-020-0060-z.

[10] Si veda l'articolo sul sito di World Weather Attribution: *Human-induced climate change increased drought severity in Horn of Africa*, in World Weather Attribution, 27 aprile 2023: https://www.worldweatherattribution.org/human-induced-climate-change-increased-drought-severity-in-southern-horn-of-africa/.

[11] Cfr. il servizio di informazione della Nasa: https://firms.modaps.eosdis.nasa.gov/.

[12] M. W. Jones, J. T. Abatzoglou, S. Veraverbeke *et al.*, *Global and regional trends and drivers of fire under climate change*, in «Reviews of Geophysics», LX (2022): https://agupubs.onlinelibrary.wiley.com/doi/epdf/10.1029/2020RG000726.

[13] I dati storici della qualità dell'aria possono essere consultati sul sito: https://www.iqair.com/.

[14] Parole pronunciate da Adenike Titilope Oladosu durante un discorso tenuto presso il Teatro statale di Stoccarda nel 2021: https://www.environewsnigeria.com/climate-change-nowhere-is-safe-if-africa-isnt-adenike-oladosu-warns/.

[15] R. Kotharkar e A. Ghosh, *Progress in extreme heat management and warning systems. A systematic review of heat-health action plans (1995-2020)*, in «Sustainable Cities and Society», LXXVI (gennaio 2022): https://doi.org/101016/j.scs.2021103487.

[16] J. J. Hess, L. M. Sathish, K. Knowlton *et al.*, *Building Resilience to Climate Change: Pilot Evaluation of the Impact of India's First Heat Action Plan on All-Cause Mortality*, in «Journal of Environmental and Public Health», 2018: https://www.hindawi.com/journals/jeph/2018/7973519/.

[17] M. A. Folkerts, P. Bröde, W. J. Wouter Botzen *et al.*, *Long Term Adaptation to Heat Stress: Shifts in the Minimum Mortality Temperature in the Netherlands*, in «Frontiers in Physiology», XI (marzo 2020), n. 225: https://pubmed.ncbi.nlm.nih.gov/32256386/.

[18] Cfr. il report del secondo gruppo di lavoro del sesto rapporto dell'Ipcc, che tratta i temi della povertà, dei mezzi di sussistenza e dello sviluppo

sostenibile, p. 1192: https://www.ipcc.ch/report/ar6/wg2/downloads/report/IPCC_AR6_WGII_Chapter08.pdf.

19 Spencer, Samateh, Wabnitz *et al.*, *The Challenges of Working in the Heat Whilst Pregnant* cit.

20 J. Flocks, V. Vi Thien, J. Runkle *et al.*, *Female Farmworkers' Perceptions of Heat-Related Illness and Pregnancy Health*, in «Journal of Agromedicine», XVIII (2013), n. 4, pp. 350-58: https://pubmed.ncbi.nlm.nih.gov/24125050/.

21 Cfr. i dati relativi al settore agricolo del Gambia all'interno del sito del Dipartimento del commercio internazionale degli Stati Uniti: https://www.trade.gov/country-commercial-guides/gambia-agriculture.

22 Cfr. il capitolo ottavo del report del secondo gruppo di lavoro del sesto rapporto dell'Ipcc, che tratta i temi della povertà, dei mezzi di sussistenza e dello sviluppo sostenibile: https://www.ipcc.ch/report/ar6/wg2/downloads/report/IPCC_AR6_WGII_Chapter08.pdf; cosí come l'obiettivo cinque del Dipartimento di Economia e Affari Sociali delle Nazioni Unite: https://sdgs.un.org/goals.

IV. QUANDO LA GIUSTIZIA FINISCE SOTTO IL TAPPETO

1 A. Harding, *Cape Town's Day Zero: «We are axing trees to save water»*, in «BBC News»: https://www.bbc.co.uk/news/world-africa-59221823.

2 J. Heggie, *Day Zero: Where next?*, in «National Geographic»: https://www.nationalgeographic.com/science/article/partner-content-south-africa-danger-of-running-out-of-water.

3 In merito al consumo di acqua nell'Unione Europea e nel Regno Unito nel 2016: https://www.europarl.europa.eu/news/en/headlines/society/20181011STO15887/drinking-water-in-the-eu-better-quality-and-access.

4 R. Dixon, *Global Development: How Cape Town found water savings California never dreamed of*, in «Los Angeles Times», 1° aprile 2018: https://www.latimes.com/world/africa/la-fg-south-africa-drought-20180401-story.html.

5 Cfr. il sito web del governo del Capo Occidentale e i relativi livelli di acqua riportati: https://www.westerncape.gov.za/latest-western-cape-dam-levels.

6 Cfr. l'articolo sul sito di World Weather Attribution: *Climate change-exacerbated rainfall causing devastating flooding in Eastern South Africa*, in «World Weather Attribution»: https://www.worldweatherattribution.org/climate-change-exacerbated-rainfall-causing-devastating-flooding-in-eastern-south- africa/.

7 Heggie, *Day Zero: Where next?* cit.

8 J. Dugard, *Water Rights in a Time of Fragility. An Exploration of Contestation and Discourse around Cape Town's «Day Zero»*, in «Water», 2021: https://www.mdpi.com/2073-4441/13/22/3247.

[9] Cfr. l'undicesimo capitolo del report del primo gruppo di lavoro del sesto rapporto Ipcc (AR6-WGI), p. 1557 e sgg.: https://www.ipcc.ch/report/ar6/wg1/downloads/report/IPCC_AR6_WGI_Chapter11.pdf.

[10] *Ibid.*

[11] Quarto capitolo del rapporto del secondo gruppo di lavoro all'interno del sesto rapporto di valutazione dell'Ipcc (AR6-WGII). Il rapporto completo, in lingua inglese può essere consultato al seguente link: https://www.ipcc.ch/report/ar6/wg2/; in riferimento alle conseguenze delle siccità agricole, si veda nello specifico da p. 578 e sgg., in particolare p. 584.

[12] F. E. L. Otto, P. Wolski, F. Lehner *et al.*, *Anthropogenic influence on the drivers of the Western Cape drought 2015-2017*, in «Environmental Research Letters», 13-12 novembre 2018: https://iopscience.iop.org/article/10.1088/1748-9326/aae9f9.

[13] *Ibid.*

[14] Cfr. il programma ufficiale dell'economia del settore agricolo del Capo Occidentale del 2021, in particolare la figura 4.1: https://www.elsenburg.com/wp-content/uploads/2022/07/2021-WC-Agric-Sector-Profile-1.pdf.

[15] Per il quadro ufficiale dell'approvvigionamento idrico di Città del Capo: https://resource.capetown.gov.za/documentcentre/Documents/Graphics percento 20and percento20educational percento20material/Water percento 20Services percento 20and percento20Urban percento20Water percento20Cycle.pdf.

[16] E. Luker e L. M. Harris, *Developing new urban water supplies: investigating motivations and barriers to groundwater use in Cape Town*, in «International Journal of Water Resources Development», XXXV (2019), n. 6, pp. 917-37: https://ideas.repec.org/a/taf/cijwxx/v35y2019i6p917-937.html.

[17] Cfr. il sito: https://greencape.co.za/assets/Uploads/Water-Outlook-2018-Rev-22- updated-23-March-2019.pdf. Una panoramica ufficiale della situazione idrica nel Capo Occidentale del 2018 è presente a p. 1.

[18] Cfr. il quadro presentato all'interno della piattaforma istituita dalla Banca mondiale, The 2030 Water Resources Group: https://2030wrg.org/where-we-work/sao-paulo-brazil/.

[19] Cfr. la relazione sulla situazione economica e sulle prospettive per il 2017, p. 49: https:// www.westerncape.gov.za/assets/departments/treasury/Documents/Research-and-Report/2017/2017_pero_printers_proof_21_september_2017_f.pdf.

[20] M. Muller, *Lessons from Cape Town's drought*, in «Nature», DLIX (luglio 2018), pp. 174-76: https://media.nature.com/original/magazine-assets/d41586-018-05649-1/d41586-018-05649-1.pdf.

[21] M. Muller, *Understanding the origins of Cape Town's water crisis*, in «Civil Engineering Journal», giugno 2017, pp. 13-16.

[22] Muller, *Lessons from Cape Town's drought* cit.

[23] R. Caball e S. Malekpour, *Decision making under crisis: Lessons from the Millennium Drought in Australia*, in «International Journal of Disaster

Risk Reduction», marzo 2019: https://www.sciencedirect.com/science/article/abs/pii/S2212420918308835.

[24] V. Lucena Empinotti, J. Budds e M. Aversa, *Governance and water security: The role of the water institutional framework in the 2013-15 water crisis in São Paulo, Brazil*, in «Geoforum», gennaio 2019: https://research-portal.uea.ac.uk/en/publications/governance-and-water-security-the-role-of-the-water-institutional.

[25] M. Rüb: *São Paulo geht das Wasser aus*, in «FAZ», 21 ottobre 2014: https://www.faz.net/aktuell/politik/ausland/amerika/duerre-in-brasilien-s-o-paulo-geht-das-wasser-aus-13220076.html?printPagedArticle=true#pageIndex__2.

[26] Cfr. il rapporto dell'Istituto per la politica alimentare e agricola (Bfap) in merito alle strategie contro i periodi di siccità: https://www.bfap.co.za/wp-content/uploads/2023/05/DroughtPolicyBrief__2018.pdf.

[27] M. Fanadzo, B. Ncube, A. French e A. Belete, *Smallholder farmer coping and adaptation strategies during the 2015-18 drought in the Western Cape, South Africa*, in «Physics and Chemistry of the Earth», dicembre 2021: https://www.sciencedirect.com/science/article/abs/pii/S1474706521000103.

[28] J. Verschuur, S. Li, P. Wolski e F. E. L. Otto, *Climate change as a driver of food insecurity in the 2007 Lesotho-South Africa drought*, in «Scientific Reports», XI (febbraio 2021): https://www.nature.com/articles/s41598-021-83375-x#citeas.

[29] Dichiarazione congiunta delle seguenti istituzioni: Organizzazione delle Nazioni Unite per l'alimentazione e l'agricoltura (Fao), Fondo monetario internazionale (Fmi), Banca mondiale, Programma alimentare mondiale (Pam), Organizzazione mondiale del commercio (Omc) in merito alla crisi globale della sicurezza alimentare e nutrizionale. Dichiarazione apparsa sul sito della Banca mondiale: https://www.worldbank.org/en/news/statement/2023/02/08/joint-statement-on-the-global-food-and-nutrition-security-crisis.

[30] Cfr. l'articolo: *Climate Change made devastating early heat in India and Pakistan 30 times more likely* cit.

[31] D. J. Frame, M. F. Wehner, I. Noy *et al.*, *The economic costs of Hurricane Harvey attributable to climate change*, in «Climatic Change», CLX (2020), pp. 271-81: https://link.springer.com/article/10.1007/s10584-020-02692-8.

[32] J. Rising, M. Tedesco, F. Piontek *et al.*, *The missing risks of climate change*, in «Nature», DCX (2022), pp. 643-51: https://www.nature.com/articles/s41586-022-05243-6.

[33] Verschuur, Li, Wolski e Otto, *Climate change as a driver of food insecurity* cit.

[34] Sulla pagina dell'Hdi è possibile esaminare in modo completo i dati e scaricarli: https://hdr.undp.org/data-center/human-development-index#/indicies/HDI.

[35] Cfr. i dati rilasciati dalla Banca mondiale in merito a Lesotho: https://www.worldbank.org/en/country/lesotho/overview#1.

[36] Per saperne di piú è possibile consultare la presentazione del paese al seguente link: https://www.gov.ls/economy/.

[37] J. Verschuur e F. E. L. Otto, *How climate change drove food insecurity in the 2007 Lesotho drought*, in «Carbon Brief», 22 marzo 2021: https://www.carbonbrief.org/guest-post-how-climate-change-drove-food-insecurity-in-the-2007-lesotho-drought/.

[38] Cfr. il sito: https://www.leftvoice.org/day-zero-is-already-here-for-cape-town-s-poor/.

[39] A. Baker, *What It's Like to Live Through Cape Town's Massive Water Crisis*, in «Time», 2023: https://time.com/cape-town-south-africa-water-crisis/.

[40] R. Belano, *Day Zero is Already Here for Cape Town's Poor*, in «Left Voice», 30 marzo 2018: https://www.left voice.org/day-zero-is-al-ready-here-for-cape-town-s-poor/.

[41] N. McCauley, *Water rights and day zero: perspectives on the Cape Town water crisis*, UCLA School of Law, Los Angeles 2019: https://law.ucla.edu/sites/default/files/PDFs/Academics/McCauley-Water%20Rights%20and%20Day%20Zero.pdf.

[42] I. Turok *et al.*, *Can social housing help to integrate divided cities?*, in «Cambridge Journal of Regions, Economy and Society», XV (marzo 2022), n. 1, pp. 93-16: https://doi.org/101093/cjres/rsab031.

V. LA POVERTÀ È LA RADICE DELLA CRISI

[1] Cfr. l'articolo su ReliefWeb: *Don't look the other way: Madagascar in the grip of drought and famine*, 9 luglio 2021: https://reliefweb.int/report/madagascar/don-t-look-other-way-madagascar-grip-drought-and-famine.

[2] Cfr. il Rapporto globale sulle crisi alimentari a opera del Food Security Information Network, p. 107 e sgg.: https://www.fsinplatform.org/sites/default/files/resources/files/GRFC2023-country-madagascar.pdf.

[3] Cfr. l'Indice di sviluppo umano del Programma delle Nazioni Unite per lo sviluppo: https://hdr.undp.org/data-center/specific-country-data#/countries/MDG.

[4] G. Vieilledent, C. Grinand, F. A. Rakotomalala *et al.*, *Combining global tree cover loss data with historical national forest cover maps to look at six decades of deforestation and forest fragmentation in Madagascar*, in «Biological Conservation», CCXXII (giugno 2018), pp. 189-97, fig. 2: https://www.sciencedirect.com/science/article/pii/S0006320718301125#f0010.

[5] Dichiarazione apparsa sul sito delle Nazioni Unite: *WFP: Madagascar families facing world's first potential climate change famine*, 7 ottobre 2021: https://news.un.org/en/audio/2021/10/1103682.

[6] L. J Harrington, P. Wolski, I. Pinto *et al.*, *Limited role of climate change in extreme low rainfall associated with southern Madagascar food insecurity*,

2019-21, in «Environmental Research: Climate», I (30 dicembre 2022), n. 2: https://iopscience.iop.org/article/10.1088/2752-5295/aca695/meta.

[7] F.-Borge Wietzke, *Institution Building from the Bottom and the Top. Long-Term Consequences of Missionary Activity and Settler Colonialism in Madagascar*, in «SSRN», 18 ottobre 2018: https://papers.ssrn.com/sol3/papers.cfm?abstract__id=3255 653.

[8] *Ibid.*

[9] E. Raju, E. Boyd,e F. E. L. Otto: *Stop blaming the climate for disasters*, in «Communications Earth & Environment», III (10 gennaio 2022): https://www.nature.com/articles/s43247-021-00332-2.

[10] M. Hülssiep, T. Thaler e S. Fuchs, *The impact of humanitarian assistance on post-disaster social vulnerabilities: some early reflections on the Nepal earthquake in 2015*, in «Wiley Online Library», 11 aprile 2020: https://onlinelibrary.wiley.com/doi/full/101111/disa.12437.

[11] *Ibid.*

[12] P. Cianconi, S. Betrò e L. Janiri, *The Impact of Climate Change on Mental Health: A Systematic Descriptive Review*, in «Frontiers in Psychiatry», XI (marzo 2020), n. LXXIV, doi: 10.3389/fpsyt.2020.00074.

[13] W. Easterly, *The Cartel of Good Intentions: Bureaucracy Versus Markets in Foreign Aid*, in «Working Papers 4, Center for Global Development», 2002: https://www.cgdev.org/sites/default/fi les/2786__fi le__cgd__wp004__rev. pdf.

[14] Cfr. il sito: https://iopscience.iop.org/article/10.1088/1748-9326/acaa46.

[15] A. K. Magnan, E. L. F. Schipper, M. Burkett *et al.*, *Adressing the risk of maladaptation to climate change*, in «WIREs Climate Change», VII (17 maggio 2016), n. 5, pp. 646-65: https://wires.onlinelibrary.wiley.com/doi/abs/10.1002/wcc.409.

[16] L. Weekes-Richemond, *Dear White Women In International Development*, in «Amplify», 18 agosto 2021: https://medium.com/amplify/dear-white-women-in-international-development-4164f5f219a0.

[17] Perkins-Kirkpatrick e Lewis, *Increasing trends in regional heatwaves* cit.

[18] Cfr. l'articolo su World Weather Attribution: *Climate change increased rainfall associated with tropical cyclones hitting highly vulnerable communities in Madagascar, Mozambique & Malawi*, in «World Weather Attribution», 11 aprile 2022: https://www.worldweatherattribution.org/climate-change-increased-rainfall-associated-with-tropical-cyclones-hitting-highly-vulnerable-communities-in-madagascar-mozambique-malawi/.

[19] Cfr. l'articolo su DGAP Report: *Smart Sovereignty. Ideenwerkstatt Deutsche Außenpolitik*, in «DGAP Report», I (gennaio 2022): https://dgap.org/sites/default/files/article__pdfs/smart-sovereignty__ideenwerkstatt-aussenpolitik__e-final.pdf.

[20] V. Koubi, *Climate Change and Conflict*, in «Annual Review of Political Science», XXII (2019): https://www.annualreviews.org/doi/abs/10.1146/annurev-polisci-050317-070830.

VI. LA FINE DELLE FORESTE FLUVIALI

[1] Iracadju Ka'apor, un capo villaggio di Ka'apor.

[2] Catholic News Service, *Pope Francis urges action to save burning Amazon rainforest*, in «America», 26 agosto 2019: https://www.america-magazine.org/faith/2019/08/26/pope-francis-urges-action-save-burning-amazon-rainforest.

[3] Cfr. l'articolo sul sito Human Rights Watch: *Rainforest Mafias. How Violence and Impunity Fuel Deforestation in Brazil's Amazon*, in «Human Rights Watch», 17 settembre 2019: https://www.hrw.org/report/2019/09/17/rainforest-mafias/how-violence-and-impunity-fuel-deforestation-brazils-amazon.

[4] C. Smith-Schoenwalder, *Amazon Rainforest Burning in Record Fires*, in «U. S. News», 21 agosto 2019: https://www.usnews.com/news/world-report/articles/2019-08-21/amazon-rainforest-burning-in-record-fires.

[5] Cfr. l'articolo sul sito della Nasa: *Reflecting on a Tumultuous Amazon Fire Season*, in «NASA Earth Observatory», 4 marzo 2020: https://earthobservatory.nasa.gov/images/146355/reflecting-on-a-tumultuous-amazon-fire-season.

[6] *Ibid.*

[7] *Ibid.*

[8] Cfr. Nada Firms Fire Map: https://firms.modaps.eosdis.nasa.gov/map/.

[9] Cfr. l'articolo sul sito della Nasa: *Reflecting on a Tumultuous Amazon Fire Season*, in «NASA Earth Observatory», 4 marzo 2020: https://earthobservatory.nasa.gov/images/146355/reflecting-on-a-tumultuous-amazon-fire-season.

[10] Cfr. l'articolo sul sito di Global Forest Watch, *Global Primary Forest Loss*: https://gfw.global/3tPD51Y.

[11] M. G Coelho-Junior, A. P Valdiones, J. Z Shimbo *et al.*, *Unmasking the impunity of illegal deforestation in the Brazilian Amazon: a call for enforcement and accountability*, in «Environmental Research Letters», XVII (9 marzo 2022), n. 4: https://iopscience.iop.org/article/10.1088/1748-9326/ac5193/meta#erlac5193s5.

[12] Cfr. l'articolo: *Rainforest Mafias* cit.

[13] Hannah Ritchie offre una buona panoramica dello stato e delle conseguenze della deforestazione: H. Ritchie, *Deforestation and Forest Loss*, in «Our World Data», 4 febbraio 2021: https://ourworldindata.org/deforestation.

[15] R. F. Stuart-Smith, B. J. Clarke, L. J. Harrington *et al.*, *Global Climate Change Impacts Attributable to Deforestation driven by the Bolsonaro Administration Expert report for submission to the International Criminal Court*, Oxford Sustainable Law Programme, agosto 2021: https://www.smithschool.ox.ac.uk/sites/default/files/2022-03/ICC__report__final-sept-2021.pdf.

[16] Cfr. l'articolo su Reuters: *Deforestation in Brazil's Amazon falls 66% in August*, in «Reuters», 6 settembre 2023: https://www.reuters.com/business/environment/deforestation-brazils-amazon-falls-70-august-2023-09-05/.

[17] F. E. L. Otto ed E. Raju, *Harbingers of decades of unnatural disasters*, in «Communications Earth & Environment», IV (agosto 2023): https://www.researchgate.net/publication/372970213_Harbingers_of_decades_of_unnatural_disasters.

[18] Stuart-Smith, Clarke, Harrington *et al.*, *Global Climate Change Impacts Attributable* cit.

[19] Cfr. l'articolo sul sito di World Weather Attribution: *Vulnerabilitiy and high temperatures exacerbate impacts of ongoing drought in Central South America*, in «World Weather Attribution», 16 febbraio 2023: https://www.worldweatherattribution.org/vulnerability-and-high-temperatures-exacerbate-impacts-of-ongoing-drought-in-central-south-america/.

[20] Cfr. il secondo capitolo del sesto rapporto sintetico di valutazione dell'Ipcc: *Current Status and Trends*: https://www.ipcc.ch/report/ar6/syr/downloads/report/IPCC_AR6_SYR_SPM.pdf.

[21] L. Shilan *et al.*, *Anthropogenic climate change contribution to wildfire-prone weather conditions in the Cerrado and Arc of deforestation*, in «Environmental Research Letters», XVI (2021), n. 9: https://iopscience.iop.org/article/10.088/1748-9326/ac1e3a/meta.

[22] Rapporto speciale delle Nazioni Unite sui diritti umani e l'ambiente: *Safe Climate. A Report of the Special Rapporteur on Human Rights and the Environment*, in «Unep», ottobre 2019, p. 34: https://www.unep.org/resources/report/safe-climate-report-special-rapporteur-human-rights-and-environment.

[23] Cfr. il sito: https://www.dw.com/en/a-peruvian-farmer-battles-a-german-fossil-fuel-giant/a-67019583.

[24] Cfr. Climate Change Litigation Databases: https://climatecasechart.com/.

[25] Cfr. *PSB et al. v. Brazil (on Climate Fund)*, in «Climate Change Litigation Databases», 2020: https://climate-laws.org/geographies/brazil/litigation_cases/psb-et-al-v-brazil-on-climate-fund.

[26] Accordo di Parigi, https://eur-lex.europa.eu/legal-content/IT/TXT/PDF/?uri=CELEX:22016A1019(01)&from=IT [abbiamo segnalato il documento in lingua italiana, *N.d.T.*].

[27] T. Fischermann, *«Diese Regierung besteht aus Knallköpfen»*, in «Zeit Online», 22 settembre 2022: https://www.zeit.de/2022/39/amazonas-zerstoerung-regenwald-brasilien-politik/komplettansicht.

[28] Statuto di Roma della Corte penale internazionale, https://www.difesa.it/giustizia-militare/rassegna/cortepenaleinternazionale/statutoromacortepenaleint/29036.html [abbiamo segnalato il documento in lingua italiana, *N.d.T.*].

[29] Cfr. l'articolo su Climate Change Litigation Databases: *The Planet v. Bolsonaro*, in «Climate Change Litigation Databases», 2021: https://climate-laws.org/geographies/international/litigation_cases/the-planet-v-bolsonaro.

[30] F. E. L. Otto, P. Minnerop, E. Raju *et al.*, *Causality and the fate of climate litigation: The role of the social super-structure narrative*, in «Global Policy», XIII (27 luglio 2022), n. 13: https://onlinelibrary.wiley.com/doi/10.1111/1758-5899.13113.

VII. DA PEDINA A *GAME-CHANGER*

[1] Sono le parole di un membro dei volontari del Servizio antincendio australiano, in S. Gardiner, *Bushfires test Australia's volunteer firefighters to their limits*, in «The Guardian», 15 dicembre 2019: https://www.theguardian.com/australia-news/2019/dec/15/bushfires-australia-shattered-volunteer-firefighters-tested-to-their-limits.

[2] Parole pronunciate da John Merson, direttore del Blue Mountains World Heritage Institute in Australia, in L. Cox e N. Evershed: *«It's heart-wrenching»: 80% of Blue Mountains and 50% of Gondwana rainforests burn in bushfires*, in «The Guardian», 16 gennaio 2020: https://www.theguardian.com/environment/2020/jan/17/its-heart-wrenching-80-of-blue-mountains-and-50-of-gondwana-rainforests-burn-in-bushfires.

[3] Cfr. *Digital News Report: Australia 2020*, in «APO», 16 giugno 2020: https://apo.org.au/node/305057.

[4] K. Mathiesen, *Brian Cox's sceptic takedown: a low point for climate journalism*, in «Climate Home News», 18 agosto 2016: https://climatechangenews.com/2016/08/18/brian-coxs-sceptic-takedown-a-low-point-for-climate-journalism/.

[5] C. Wright, D. Nyberg e V. Bowden, *Beyond the discourse of denial. The reproduction of fossil fuel hegemony in Australia*, in «Energy Research & Social Science», luglio 2021: https://www.sciencedirect.com/science/article/abs/pii/S2214629621001870.

[6] *Ibid.*

[7] R. Hillman, *Fuel switch not long-term solution*, in «The Australian», 29 marzo 2008, p. 5.

[8] R. Conniff, *The Myth of Clean Coal*, in «Yale Environment 360», 2 giugno 2008: https://e360.yale.edu/features/the__myth__of__clean__coal.

[9] J. C. Liu, G. Pereira, S. A. Uhl *et al.*, *A systematic review of the physical health impacts from non-occupational exposure to wildfire smoke*, in «Environmental Research», CXXXVI (20 novembre 2014): https://www.sciencedirect.com/science/article/pii/S0013935114003788#s0040.

[10] Cfr. l'articolo su Skeptical Science: *What were climate scientists predicting in the 1970s?*, in «Skeptical Science»: https://skepticalscience.com/ice-age-predictions-in-1970s-basic.htm.

[11] Dichiarazione annuale sul clima dell'Ufficio meteorologico australiano, 2019: http://www.bom.gov.au/climate/current/annual/aus/2019/.

[12] G. J. van Oldenborgh, F. Krikken, S. Lewis *et al.*, *Attribution of the Australian bushfire risk to anthropogenic climate change*, in «Egu», XXI (11

marzo 2021), n. 3: https://nhess.copernicus.org/articles/21/941/2021/nhess-21-941-2021.pdf.

[13] S. J. Pyne, *The Pyrocene comes to Australia: A commentary*, in «Journal and Proceedings of the Royal Society of New South Wales», CLIII (2020), nn. 477-478, pp. 30-35: https://www.royalsoc.org.au/wp-content/uploads/2020/03/153-1-CompleteIssue.pdf.

[14] Oldenborgh, Krikken, Lewis *et al.*, *Attribution of the Australian bushfire risk to anthropogenic climate change* cit.

[15] G. Mocatta ed E. Hawley, *Uncovering a Climate Catastrophe? Media Coverage of Australia's Black Summer Bushfires and the Revelatory Extent of the Climate Blame Frame*, in «M/C Journal», XXIII (2020), n. 4, doi: https://journal.media-culture.org.au/index.php/mcjournal/article/view/1666.

[16] *Ibid.*

[17] *Ibid.*

[18] *Ibid.*

[19] *Ibid.*

[20] *Ibid.*

[21] *Ibid.*

[22] *Ibid.*

[23] Cfr. il Tweet scritto dal profilo @RoyPentland, https://x.com/RoyPentland/status/1223873572872916994?s=20; e il Tweet scritto dal profilo @PRGuy17, https://x.com/PRGuy17/status/1308012297952964608?s=20.

[24] C. Meyer, *Jörg Kachelmann äußert sich zu Waldbränden in Kanada*, in «Kölner Stadt-Anzeiger», 14 giugno 2023: https://www.ksta.de/panorama/joerg-kachelmann-aeussert-these-zu-waldbraenden-in-kanada-1-590495.

[25] A. Brügger, C. Demski, S. Capstick: *How Personal Experience Affects Perception of and Decisions Related to Climate Change. A Psychological View*, in «Weather, Climate and Society», XIII (15 aprile 2021), n. 3, pp. 397-408, doi: https://doi.org/10.1175/WCAS-D-20-0100.1.

[26] Climate Change Litigation Databases: «Bushfire Survivors for Climate Action Incorporated v. Environmental Protection Authority», 2020, https://climate-laws.org/geographies/australia/litigation__cases/bushfire-survivors-for-climate-action-incorporated-v-environment-protection-authority.

[27] *Ibid.*

[28] *Ibid.*

[29] R. F. Stuart-Smith, F. E. L. Otto, A. I. Saad *et al.*, *Filling the evidentiary gap in climate litigation*, in «Nature Climate Change», XI (28 giugno 2021), pp. 651-55: https://www.nature.com/articles/s41558-021-01086-7.

[30] Cfr. l'articolo su Climate Change Litigation Databases: *Gloucester Resources Limited v. Minister for Planning*, in «Climate Change Litigation Databases», 2017: http://climatecasechart.com/non-us-case/gloucester-resources-limited-v-minister-for-planning/.

[31] Cfr. il sito di Green Legal Impact: https://www.greenlegal.eu/.

[32] B. H. Strauss, P. M. Orton, K. Bittermann *et al.*, *Economic damages from Hurricane Sandy attributable to sea level rise caused by anthropogenic climate change*, in «Nature Communications», XII (18 maggio 2021): https://www.nature.com/articles/s41467-021-22838-1.

[33] Si veda l'articolo su LawTeacher: *Fairchild v. Glenhaven Funeral Services*, in «LawTeacher», settembre 2021: https://www.lawteacher.net/cases/fairchild-v-glenhaven-funeral-services.php

[34] S. Park, C. Fisher, J. Young Lee *et al.*, *Digital news report: Australia 2020*, «News and Media Research Centre (Hg)», luglio 2020: https://apo.org.au/node/305057.

[35] *Ibid.*

VIII. COLPA E RESPONSABILITÀ

[1] C. Parth e L. Caspari, *Die Ahnungslosen*, in «Zeit Online», 13 luglio 2022: https://www.zeit.de/politik/deutschland/2022-07/flutuntersuchungsausschuss-hochwasserkatastrophe-nrw-rlp.

[2] S. Martyanowa, *Entsetzt und verzweifelt: Augenzeugen berich ten von Hochwasser-Katastrophe*, in «SNA», 20 luglio 2021: https://web.archive.org/web/20211207040532/https:/snanews.de/20210720/entsetzt-verzweifelt-augenzeugen-berichten-von-hochwasser-katastrophe-2911888.html.

[3] I. Schaible, *Ein Jahr nach der Flutkatastrophe: «Die Aufbaueuphorie ist verflogen»*, in «GEO», 11 luglio 2022: https://www.geo.de/wissen/ahrtal–1-jahr-nach-der-flutkatastrophe-32529436.html.

[4] C. Nova, *Die Wut nach der Flut: «Tod von Johanna war unnötig»*, in «SWR Aktuell», 13 luglio 2022: https://www.swr.de/swraktuell/rheinland-pfalz/koblenz/johanna-orth-bad-neuenahr-flutopfer-100.html.

[5] A. J. Truedinger, A. Jamshed, H. Sauter *et al.*, *Adaptation after Extreme Flooding Events: Moving or Staying? The Case of the Ahr Valley in Germany*, in «Sustainability», XV (gennaio 2023), n. 2: https://www.mdpi.com/2071-1050/15/2/1407.

[6] J. S. Tradowski, S. Y. Philip, F. Kreienkamp *et al.*, *Attribution of the heavy rainfall events leading to severe flooding in Western Europe during July 2021*, in «Climate Change», CLXXVI (luglio 2023): https://link.springer.com/article/10.1007/s10584-023-03502-7.

[7] Cfr. il sito dell'Em-Dat: https://www.emdat.be/.

[8] Vedi la legge per la costituzione di un fondo speciale per gli «aiuti alla ricostruzione 2021» del 10 settembre 2021: https://www.bundesregierung.de/resource/blob/974430/1960344/14187d88e595078e560929ab674465f5/2021-09-15-gesetz-aufbauhilfe-data.pdf?download=1.

[9] M. Dietze, R. Bell, U. Ozturk *et al.*, *More than heavy rain turning into fast-flowing water – a landscape perspective on the 2021 Eifel floods*, in «Natural Hazards and Earth System Sciences», XXII (giugno 2022), n. 6: https://nhess.copernicus.org/articles/22/1845/2022/.

[10] Comunicato stampa dell'Ufficio del procuratore di Coblenza del 7 luglio 2023: https://stako.justiz.rlp.de/presse-aktuelles/detail/pressemitteilung-sachstand-im-ermittlungsverfahren-ahrflut.

[11] A. H. Thieken, P. Bubeck, A. Heidenreich *et al.*, *Performance of the flood warning system in Germany in July 2021 – insights from affected residents*, in «Natural Hazards and Earth System Sciences», XXIII (marzo 2023), n. 2: https://nhess.copernicus.org/articles/23/973/2023/.

[12] *Ibid.*

[13] E. Coughlan de Perez, K. B. Berse, L. Angelico, C. Depante *et al.*, *Learning from the past in moving to the future. Invest in communication and response to weather early warnings to reduce death and damage*, in «Climate Risk Management», XXXVIII (2022): https://www.sciencedirect.com/science/article/pii/S2212096322000687.

[14] *Ibid.*

[15] G. Thunberg, *The Climate Book*, Mondadori, Milano 2022, ebook.

[16] P. Büsken, *Wie reagieren die Fraktionen im Bundestag auf die Fridays for Future Bewegung?*, dicembre 2019: https://regierungsforschung.de/wie-reagieren-die-fraktionen-im-bundestag-auf-die-fridays-for-future-bewegung/.

[17] W. Eckert, *«Das Klimabuch» von Greta Thunberg: Weise und infantil zugleich*, in «SWR2», 26 ottobre 2022: https://web.archive.org/web/20221028225807/https://www.swr.de/swr2/literatur/das-klimabuch-von-greta-thunberg-weise-und-infantil-zugleich-100.html.

[18] C. Eriksen, A. Hauri, D. Nicolai Kollmann, *Adapting Civil Protection to a Changing Climate*, in «Policy Perspectives», X (ottobre 2022), n. 12: https://ethz.ch/content/dam/ethz/special-interest/gess/cis/center-for-securities-studies/pdfs/PP10-12__2022-EN.pdf.

[19] M. Liboiron, M. Tironi e N. Calvillo, (2018), *Toxic politics: Acting in a permanently polluted world*, in «Social Studies of Science», XLVIII (2018), n. 3, pp. 331-49: https://journals.sagepub.com/doi/10.1177/0306312718783087.

IX. UN PAESE ANNEGATO NEI DANNI CLIMATICI

[1] Intervista della NPR con Steve Inskeep e il dottor Imran Lodhi: *A doctor in Punjab province describes relief efforts for Pakistan's floods*, in «NPR», 2022: https://www.npr.org/2022/08/31/1120223451/ a-doctor-in-punjab-province-describes-relief-efforts-for-pakistans-floods.

[2] S. Mohsin, *Pakistan floods leave people desperate and hungry with warning more is to come*, 4 settembre 2022: https://news.sky.com/story/paki-

stan-floods-leave-people-desperate-and-hungry-with-warning-more-is-to-come-12689655#.

[3] H. Ellis-Petersen e S. Meer Baloch, *Pakistani PM says he should not have to beg for help after catastrophic floods*, in «The Guardian», 6 ottobre 2022: https://www.theguardian.com/world/2022/oct/06/pakistani-pm-says-he-should-not-have-to-beg-for-help-after-catastrophic-floods.

[4] Cfr. il settimo censimento della popolazione e delle abitazioni in Pakistan: https://www.pbs.gov.pk/sites/default/files/population/2023/Press%20Release.pdf.

[5] F. E. L. Otto, M. Zachariah, F. Saeed *et al.*, *Climate change increased extreme monsoon rainfall, flooding highly vulnerable communities in Pakistan*, in «Environmental Research: Climate», II (marzo 2023), n. 2: https://iopscience.iop.org/article/10.1088/2752-5295/acbfd5.

[6] *Ibid.*

[7] Cfr. la dichiarazione dell'Ufficio delle Nazioni Unite per il coordinamento degli affari umanitari: *2022 Monsoon Floods – Situation Report No. 5*, settembre 2022: https://reliefweb.int/report/pakistan/pakistan-2022-monsoon-floods-situation-report-no-5-9-september-2022.

[8] Cfr. *Climate Risk Index 2021*, in «Germanwatch»: https://www.germanwatch.org/en/cri.

[9] J. Ridley, A. Wiltshire e C. Mathison, *More frequent occurrence of westerly disturbances in Karakoram up to 2100*, in «Science of The Total Environment», dicembre 2013, nn. 468-469, pp. S31-S35, doi: 10.1016/j.scitotenv.2013.03.074.

[10] H. Douville, K. Raghavan, J. Renwick *et al.*, *Water Cycle Changes*, in «Climate Change 2021: The Physical Science Basis», giugno 2023, pp. 1055-1210: https://www.ipcc.ch/report/ar6/wg1/downloads/report/IPCC_AR6_WGI_Chapter08.pdf.

[11] *Die Flut 2010*, Report della commissione d'inchiesta sull'inondazione in Pakistan: https://www.pakissan.com/english/watercrisis/flood/report.of.flood.inquiry.commission.html.

[12] Cfr. l'Indice di Notre Dame (Nd-Gain Country Index): https://gain.nd.edu/our-work/country-index/methodology/.

[13] A. Sarwar Qureshi, *Water Management in the Indus Basin in Pakistan. Challenges and Opportunities*, in «Mountain Research and Development», XXXI (agosto 2011), n, 3: https://doi.org/10.1659/MRD-JOURNAL-D-11-00019.1.

[14] Cfr. il sito ufficiale dell'Ufficio di statistica del Pakistan: https://www.pbs.gov.pk/.

[15] D. Ahmad e M. Afzal, *Climate change adaptation impact on cash crop productivity and income in Punjab province of Pakistan*, in «Environmental Science and Pollution Research», XXVII (maggio 2020): https://link.springer.com/article/10.1007/s11356-020-09368-x.

[16] F. E. L. Otto e F. Fabian: *Equalising the evidence base for adaptation and loss and damages*, in «Global Policy», settembre 2023: https://onlinelibrary.wiley.com/doi/10.1111/1758-5899.13269.

[17] Cfr. il testo dell'accordo di Parigi: https://eur-lex.europa.eu/legal-content/EN/TXT/PDF/?uri=CELEX:22016A1019(01).

[18] Cfr. la legge sull'adattamento climatico del ministero federale dell'Ambiente, della Tutela della natura, dell'Edilizia e della Sicurezza nucleare: https://www.bmuv.de/fileadmin/Daten__BMU/Download__PDF/Klimaanpassung/information__klimaanpassungsgesetz__bf.pdf.

[19] Cfr. l'accordo di Copenhagen: https://eur-lex.europa.eu/LexUriServ/LexUriServ.do?uri=OJ:C:2010:341E:0025:0028:IT:PDF.

[20] Cfr. il testo dell'accordo di Parigi: https://eur-lex.europa.eu/legal-content/EN/TXT/PDF/?uri=CELEX:22016A1019(01).

[21] E. Boyd, R. A. James, R. G. Jones *et al.*, *A typology of loss and damage perspectives*, in «Nature Climate Change», VII (settembre 2017), S. 723-29: https://www.nature.com/articles/nclimate3389.

[22] S. Fraser, *Pakistan floods are «a monsoon on steroids», warns UN chief*, in «BBC News», 30 agosto 2022: https://www.bbc.co.uk/news/world-asia-62722117.

[23] F. Otto, M. Zachariah, F. Saeed *et al.*, *Climate change increased extreme monsoon rainfall, flooding highly vulnerable communities in Pakistan*, in «Environmental Research: Climate», II (marzo 2023), n. 2: https://iopscience.iop.org/article/10.1088/2752-5295/acbfd5/meta.

[24] C. Li, F. Zwiers, X. Zhang *et al.*, *Changes in Annual Extremes of Daily Temperature and Precipitation in CMIP6 Models*, in «Journal of Climate», XXXIV (marzo 2021), n. 9, pp. 3441-60: https://journals.ametsoc.org/view/journals/clim/34/9/JCLI-D-19-1013.1.xml.

[25] Cfr. il paragrafo 52 dell'articolo 8 dell'accordo di Parigi, https://eur-lex.europa.eu/legal-content/EN/TXT/PDF/?uri=CELEX:22016A1019(01).

[26] Discorso del segretario generale delle Nazioni Unite: https://www.un.org/sg/en/content/sg/speeches/2022-09-20/secretary-generals-address-the-general-assembly.

[27] Cfr. BBC News, Bramble Cay melomys: *Climate change-ravaged rodent listed as extinct*, in «BBC News», 20 febbraio 2019: https://www.bbc.com/news/world-australia-47300992.amp.

[28] Si veda l'articolo su ClientEarth: *Torres Strait Islanders win historic human rights legal fight against Australia*, in «ClientEarth»: https://www.clientearth.org/latest/press-office/press/torres-strait-islanders-win-historic-human-rights-legal-fight-against-australia.

[29] P. Tschakert, N. R. Ellis, C. Anderson *et al.*, *One thousand ways to experience loss: A systematic analysis of climate-related intangible harm from around the world*, in «Global Environmental Change», LV (marzo 2019), pp. 58-72: https://www.sciencedirect.com/science/article/abs/pii/S0959378018308276.

[30] Cfr. il rapporto del gruppo di lavoro I del sesto Ipcc, https://doi.org/101017/9781009157896.

[31] A. Tandon, *How the diversity of IPCC authors has changed over three decades*, in «CarbonBrief», 15 marzo 2023: https://www.carbonbrief.org/analysis-how-the-diversity-of-ipcc-authors-has-changed-over-three-decades/.

[32] J. Bohannon, *How much did your university pay for your journals?*, in «Science», 16 giugno 2014: https://www.science.org/content/article/how-much-did-your-university-pay-your-journals.

[33] C. Ketcham, *How scientists from the «Global South» are sidelined at the Ipcc*, in «The Intercept», 17 novembre 2022: https://theintercept.com/2022/11/17/climate-un-ipcc-inequality/.

[34] J. Hickel e A. Slamersak, *Existing climate mitigation scenarios perpetuate colonial inequalities*, in «The Lancet Planetary Health», luglio 2020: https://www.sciencedirect.com/science/article/pii/S2542519622000924.

[35] *Ibid.*

[36] Per una descrizione dei compiti e delle funzioni di tale comitato transitorio: https://unfccc.int/topics/adaptation-and-resilience/groups-committees/transitional-committee.

[37] Cfr. il sito: https://unfccc.int/sites/default/files/resource/CP2022L01E.pdf.

[38] Relazione sintetica del dialogo tecnico della prima valutazione globale dell'Unfccc: https://unfccc.int/documents/631600#.

[39] Cfr. il sito: https://wires.onlinelibrary.wiley.com/doi/full/10.1002/wcc.816.

[40] F. Green e H. van Asselt, *COP27 flinched on phasing out «all fossil fuels». What's next for the fight to keep them in the ground?*, in «The Conversation», 21 novembre 2022: https://theconversation.com/cop27-flinched-on-phasing-out-all-fossil-fuels-whats-next-for-the-fight-to-keep-them-in-the-ground-194941.

[41] D. Dunne, J. Gabbatiss, A. Chandrasekhar *et al.*, *Q&A: Should developed nations pay for «loss and damage» from climate change?*, in «Carbon Brief», 26 settembre 2022: https://interactive.carbonbrief.org/q-a-should-developed-nations-pay-for-loss-and-damage-from-climate-change/. «Teoricamente» è una mia aggiunta in quanto al momento il finanziamento destinato all'adattamento è ancora molto carente sul piano dell'attuazione.

[42] T. Farbin e S. Huq: *Designing a Comprehensive Institutional Structure to Address Loss and Damage from Climate Change in Bangladesh*, 2021: https://www.lossanddamagecollaboration.org/stories/designing-a-comprehensive-institutional-structure-to-address-loss-and-damage-from-climate-change-in-bangladesh.

[43] African Risk Capacity, aggiornamento del 12 agosto 2022: https://www.arc.int/news/african-risk-capacity-launches-its-first-parametric-insurance-product-against-high-impact.

X. E ADESSO?

[1] Cfr. l'articolo sul sito di World Weather Attribution: *Limited data prevent assessment of role of climate change in deadly floods affecting highly vul-*

nerable communities around Lake Kivu, in «World Weather Attribution», giugno 2023: https://www.worldweatherattribution.org/limited-data-prevent-assessment-of-role-of-climate-change-in-deadly-floods-affecting-highly-vulnerable-communities-around-lake-kivu/.

[2] Cfr. i dati dell'Istituto Infratest Dimap: *Sonntagsfrage Bundestagswahl*, 13 ottobre 2023: https://www.infratest-dimap.de/umfragen-analysen/bundesweit/sonntagsfrage/.

[3] V. Pawlik, *Bewertung der Klimaproteste der Gruppe «Letzte Generation»*, in «Statista», agosto 2023: https://de.statista.com/statistik/daten/studie/1345160/umfrage/bewertung-der-letzte-generation-klimaproteste/.

[4] E. Ehni, *Klimawandel als wichtigstes Problem*, in «tagesschau.de», 6 aprile 2023: https://www.tagesschau.de/inland/deutschlandtrend/deutschlandtrend-3339.html.

[5] P. Norton, *The Hidden History of American Anti-Car Protests*, in «Bloomberg», 8 ottobre 2019: https://www.bloomberg.com/news/articles/2019-10-08/the-hidden-history-of-american-anti-car-protests.

[6] R. Costanza, I. Kubiszewski, E. Giovanni *et al.*, *Development: Time to leave GDP behind*, in «Nature», DV (gennaio 2014), pp. 283-85: https://www.nature.com/articles/505283a.

[7] Cfr. l'editoriale *Reducing inequality benefits everyone – so why isn't it happening?*, in «Nature», LCXX (2023), n. 468: https://www.nature.com/articles/d41586-023-02551-3.

[8] L. Cooke, *Bitch. A Revolutionary Guide to Sex, Evolution and the Female Animal*, Doubleday, New York 2022.

[9] R. Solnit, *What if climate change meant not doom – but abundance?*, in «The Washington Post», 15 marzo 2023: https://www.washingtonpost.com/opinions/2023/03/15/rebecca-solnit-climate-change-wealth-abundance/.

Ringraziamenti.

Nei due anni che ho dedicato alla stesura di questo libro tutto è cambiato. Nuova città, nuovo lavoro, nuova scuola, nuova casa, nuovo cane, nuovo gatto. Ma tutto ciò che veramente conta è ancora qui con me. Anche se spesso non è stato né facile né immediato. Grazie, Alek; grazie, Hanni! Grazie, Matt.

Grazie mamma e grazie anche a te, sorellina.

La vita, i libri e la scienza poggiano sempre su molte spalle e per questo il rischio di dimenticare qualcuno nel tentativo di nominare tutti è troppo alto. Voi lo sapete. Grazie, team!

Indice

Einaudi usa carta certificata PEFC
che garantisce la gestione sostenibile delle risorse forestali

PEFC
PEFC/18-32-03

Certificato PEFC
Questo prodotto è realizzato con materia prima da foreste gestite in maniera sostenibile e da fonti controllate
www.pefc.it

Stampato su carta HOLMEN con fibra vergine
proveniente da foreste sostenibili
www.holmen.com/paper

Stampato per conto della Casa editrice Einaudi
presso ELCOGRAF S.p.A. - Stabilimento di Cles (Tn)
nel mese di maggio 2025

C.L. 26524

Ristampa						Anno			
0	1	2	3	4	5	2025	2026	2027	2028